广州市高等教育教学质量与教学改革工程项目成果
（项目编号：2023CJRHJD007）

老年人力资源开发
我国积极老龄化的现实路径

谢宇 著

Development of Elderly Human Resources
A Practical Path to Active Aging in China

中山大学出版社
SUN YAT-SEN UNIVERSITY PRESS

·广州·

版权所有　翻印必究

图书在版编目（CIP）数据

老年人力资源开发：我国积极老龄化的现实路径 / 谢宇著. -- 广州：中山大学出版社, 2025.7. -- ISBN 978-7-306-08461-3

Ⅰ. F249.21

中国国家版本馆 CIP 数据核字第 2025VR1216 号

出 版 人：	王天琪
策划编辑：	金继伟
责任编辑：	王　璞
封面设计：	曾　斌
责任校对：	周　玢
责任技编：	靳晓虹
出版发行：	中山大学出版社
电　　话：	编辑部 020-84110283，84111996，84111997，84113349
	发行部 020-84111998，84111981，84111160
地　　址：	广州市新港西路 135 号
邮　　编：	510275　传　真：020-84036565
网　　址：	http://www.zsup.com.cn　E-mail: zdcbs@mail.sysu.edu.cn
印 刷 者：	佛山家联印刷有限公司
规　　格：	787mm×1092mm　1/16　18.5 印张　330 千字
版次印次：	2025 年 7 月第 1 版　2025 年 7 月第 1 次印刷
定　　价：	88.00 元

如发现本书因印装质量影响阅读，请与出版社发行部联系调换。

序

中国式现代化是人口规模巨大的现代化，也是老龄人口规模巨大的现代化。截至2023年末，我国60周岁及以上的人口为29697万，占总人口的21.1%，其中65周岁及以上的人口为21676万，占总人口的15.4%。低出生率和低死亡率导致少子化和老龄化趋势加速到来，我国已进入重度老龄化社会。[①] 预计2025年我国60岁及以上老年人口将突破3亿，2033年突破4亿，2035年前后进入超级老龄化社会阶段。2053年，我国老年人口数将达到峰值4.87亿，占到总人口的34.9%[②]，占全球老年人口的比例也将超过20%，也就是说，世界上平均每4个老年人中就有1个生活在中国，中国老年人口总数比发达国家老年人口的总和还要多。

人口老龄化的加速发展给中国式现代化带来巨大挑战，诸如加重经济和养老负担、造成劳动力供给减少等。如何把人口老龄化的挑战转化为机遇，将老龄化压力转化为发展动力，确保中国式现代化进程，贯彻积极应对人口老龄化的国家战略？关键在于实施有效的老年人力资源开发战略，促进老年人广泛参与经济社会活动，创造新的价值，实现人口红利向长寿红利的转变，为中国式现代化提供重要的人力资源支撑和内生动力。

关于中国式现代化与老年人力资源开发的研究，近年来已成为学术界和其他各界热议的话题。虽然关于中国式现代化和老年人力资源开发已有许多相关的研究成果，但是，从积极响应人口老龄化国家战略特别是从中国式现代化视角研究老年人力资源开发的成果并不多见。近日，欣闻广州开放大学副研究员谢宇老师《老年人力资源开发：我国积极老龄化的现实路径》一书即将付梓，并邀请我为该书撰写序言。作为一位长期关注老年教育和老年

---

① 劳动观察：《2023年末全国总人口为140967万人，劳动年龄人口占比61.3%》，https://www.51ldb.com/shsldb/zc/content/018d15eabd27c0010000b9ff6f110fdc.html。

② 吴玉韶：《到2050年前后，我国老年人口将达到峰值4.87亿！》，http://www.sohu.com/a/224250293_611014。

问题的老人，我欣然应允。

综观全书，《老年人力资源开发：我国积极老龄化的现实路径》紧扣中国式现代化的进程和人口老龄化日益加剧的时代背景，依据积极响应老龄化的国家战略和部署，着眼解决推进中国式现代化进程中人口老龄化与人力资源短缺的矛盾问题，聚焦探讨中国式老年人力资源开发，具有一定的学术价值和应用价值。我认为，本书有以下特色。

首先，研究视角多元。一是理论和实践相结合，能结合马克思主义中国化的最新理论成果展开研究，有助于老年人力资源开发基本理论基础的进一步深化；通过中国式老年人力资源开发，促进老年群体积极参与现代化进程并共享发展成果，进一步拓展了积极老龄化研究命题。二是兼顾宏观、中观和微观。既有对中央政府层面的法律政策的理解，也有对地方政府的创新实践研究，还涉及社会组织和老年群体的终身学习课题。三是国际和国内比较。人口老龄化是全球性现象，是卫生医疗革命和经济社会进步的产物。他山之石，可以攻玉。那些较早进入老龄化的国家的成功做法，对我们有借鉴价值。四是立足当前，放眼长远。从全生命周期和人的全面发展出发，对中国式现代化和老年人力资源开发进行了较为全面的分析和研究，许多创新观点具有延展性。

其次，研究内容丰富，逻辑严谨。全书各章节采用递进式结构，按研究背景、理论依据、现实依据、政策依据、策略路径、比较借鉴这一内在逻辑对各章节展开阐述。本书从中国式现代化视角出发，运用马克思主义中国化最新成果，系统论述了作为积极老龄化重要途径的老年人力资源开发的必要性和可行性的理论和现实依据、域外经验和国内探索，以及相关政策建议和推进策略等，可以帮助读者从更宏观的视野理解老年人力资源开发的价值和核心问题。

再次，研究方法多样，分析论证比较充分。作者采用定性研究与定量分析相结合的方法，详列数据、图表等资料并辅以理性分析；同时运用点与面相结合的方法，既有全面的问卷调查，又有案例分析；还运用国内外比较研究的方法，使论证更有说服力。

更为难得的是，我认为作者在治学认真严谨的同时，还开展了积极的创新研究，形成了中国式老年人力资源开发的诸多创新观点。诸如强调"中国式老年人力资源开发应着眼于中国式现代化进程之中"，应从宏观、中观和微观相协调的层面大力推进我国老年人力资源开发以及为全球积极老龄化提供中国视角和中国方案；提出了中国式老年人力资源开发需遵循的原则，包括思想意识先行原则、政策导向原则、"三因"原则等；并指出应以老年人社会参与能力提升为核心，重构老年教育结构形态，精准实施老年人力资源分层开发；依托老年教育阵地建设老年智库，推进中国式老年人力资源开发迈向高层次；等等。

最后，我相信，本书的出版将为老年人力资源开发相关政策的制定和决策提供参考，同时也能为该领域研究的进一步深化与拓展提供重要的借鉴。希望谢宇老师能以此研究为基础，在老年人力资源开发和老年教育等研究方面拿出更多更好的研究成果。

叶忠海

2024 年 10 月 16 日

（叶忠海系华东师范大学人才发展战略研究院学术委员会主任、教授，中国成人教育协会学术委员会原主任，现兼任上海老年教育研究院首席专家）

前　言

中国式现代化是中国共产党领导的社会主义现代化，既有各国现代化的共同特征，更有基于国情的中国特色。党的二十大报告明确指出，中国式现代化有五个基本特征，其中"中国式现代化是人口规模巨大的现代化"是重要的基本特征。超大人口规模是中国式现代化的基本国情。我国第七次全国人口普查数据显示，我国人口总量为141178万人，其中具有大学文化程度的人口为21836万人，与2010年相比，每10万人中具有大学文化程度的由8930人上升为15467人，15岁及以上人口的平均受教育年限由9.08年提高至9.91年，文盲率由4.08%下降为2.67%，人口素质得到显著提升；从年龄构成来看，60岁及以上人口为26402万人，占18.70%（其中，65岁及以上人口为19064万人，占13.50%）。① 我国不仅是人口大国，亦是人口老龄化大国。② 统计数据表明，预计到2053年，我国老年人口数将达到峰值4.87亿，占到总人口的34.9%。③ 这表明，中国式现代化有着体量巨大的人力资源，其进程又不可逆地伴随着人口老龄化的日益加剧。如何有效地为中国式现代化提供强大的人力资源支撑，行之有效的老年人力资源开发无疑是中国式现代化进程中不可或缺的构成部分。

为什么是中国式老年人力资源开发？因为我国的老年人力资源开发有着自身鲜明的中国特色和时代特点。首先，我国老龄化形势极为严峻。我国自2000年步入老龄化社会，到2021年迅速步入深度老龄化社会。④ 相较国际

---

① 《第七次全国人口普查公报》，https://www.gov.cn/guoqing/2021-05/13/content_5606149.htm。
② 《必看时政！全国第七次人口普查数据汇总！》，https://www.sohu.com/a/466236811_131153。
③ 《到2050年老年人将占我国总人口约三分之一》，http://www.xinhuanet.com/politics/2018-07/19/c_1123151410.htm。
④ 《中国统计年鉴2023》，https://www.stats.gov.cn/sj/ndsj/2023/indexch.htm。

老龄化的发展，我国面临着比其他国家更加突出的老龄化问题与挑战，主要表现为：老龄化速度快、老龄人口基数大、老年抚养任务重。从老龄化速度看，从老龄化社会过渡到深度老龄化社会，法国用了126年，德国用了40年，日本用了24年，而我国只用了21年。从深度老龄化社会到超老龄化社会，法国用了28年，德国用了36年，日本用了13年，预计我国用20年左右。① 从规模来看，作为人口大国的中国拥有世界上最庞大的老龄人口。2022年，我国65周岁及以上人口将近2.1亿，占全球老年人口的26.9%，相当于全球每4个老年人中就有1个是中国人。② 从老年抚养比看，我国老年抚养比于2001年突破10，2016年突破15，2020年突破20，2022年达到21.8，这意味着10个劳动年龄人口需要抚养约2.18个老年人。③ 联合国《世界人口展望2022》中的方案人口预测结果显示，到2050年，中国老年抚养比将上升至78.02，表明每10个劳动年龄人口需要抚养近7.802个老年人，养老负担尤其沉重。④ 其次，我国处于老年人力资源开发的关键时期。参照国际积极老龄化实践经验来看，55～74岁的低龄老年阶段属于老年人力资源开发的关键时期。根据我国2024年9月实施的渐进式延迟退休政策，2025年1月起法定退休最高年龄为：政府事业单位，男63岁，女58岁（副高、副处以上可选择60岁退休）；工人，男63岁，女55岁；⑤ 在此之前，法定退休年龄较低，而实际上还有不少人提前退休。在我国进入重度老龄化并达到老龄人口峰值这个阶段，50～74岁的老年人体量最大。故此，当前到未来近20年正是我国有效开发老年人力资源、深挖低龄老年人口长寿红利的最佳窗口期。再次，我国老年人力资源开发是中国式现代化进程的重要组成部分。习近平总书记指出："我国现代化同西方发达国家有很大不同。西方发达国家是一个'串联式'的发展过程，工业化、城镇化、农业现代化、信息化顺序发展，发展到目前水平用了二百多年时间。我们要后来居

---

① 任泽平：《2024年中国人口形势报告》，http://www.china-cer.com.cn/baogao/2024012227118.html。
② 联合国：《2022年世界人口展望报告（2022）》，https://www.un.org/development/desa/pd/sites/www.un.org.development.desa.pd/files/wpp2022_summary_of_results.pdf。
③ 国家统计局：《中国统计年鉴2023》，https://www.stats.gov.cn/sj/ndsj/2023/indexch.htm。
④ 代志新等：《中国老年人口抚养比再估计与人口老龄化趋势再审视》，载《人口研究》2023年第1期，第94-107页。
⑤ 《全国人民代表大会常务委员会关于实施渐进式延迟法定退休年龄的决定》，载《中华人民共和国全国人民代表大会常务委员会公报》2024年第5期，第720-734页。

上,把'失去的二百年'找回来,决定了我国发展必然是一个'并联式'的过程,工业化、信息化、城镇化、农业现代化是叠加发展的。"① 现代化的"并联式"发展既是中国式现代化与西方发达国家在时空上的显著区别,又对人力资源的层次、领域等维度提出了更高更全面的要求。尤其是在农业现代化的进程中,从全国看,乡村60岁、65岁及以上老人的比重分别为23.81%、17.72%,比城镇分别高出7.99、6.61个百分点;占全国老年人口将近1/4的农村老年人口无疑将成为现代化不可或缺的人力支撑。② 最后,我国老年人力资源开发拥有历史悠久的中国特色传统文化。一是具有广泛的传统文化物质基础。我国地大物博,幅员辽阔,各地特色资源丰富多样;五千年来的优秀传统文化更是博大精深,各类非物质文化遗产亦是弥足珍贵、精彩纷呈,各类丰富的资源为老年人力资源开发提供了重要的现实基础。二是具有世代传承的伟大民族精神。"以爱国主义为核心的团结统一、和谐守礼、爱好和平、勤劳勇敢、自强不息等伟大民族精神"③,为老年人力资源开发提供了宝贵的精神源泉。

本课题紧扣中国式现代化进程和人口老龄化日益加剧的时代背景,将老年人力资源开发置于积极响应老龄化国家战略的宏大场景之中,着眼解决推进中国式现代化进程中人口老龄化与人力资源短缺的矛盾问题,聚焦探讨中国式老年人力资源开发隐藏的规律和特点,具有较强的学术价值和应用价值。学术价值方面,结合马克思主义中国化的相关理论成果展开研究,促进了老年人力资源开发基本理论的进一步深化;通过老年人力资源开发,促进老年人积极参与中国式现代化进程并共享发展成果,进一步拓展了积极老龄化研究命题。应用价值方面,研究和掌握中国式老年人力资源开发的规律和特点,将为积极应对我国人口老龄化问题提供切实可行的解决方案;积极有效的老年人力资源开发,将促进我国由人力资本大国向人力资源强国转变,并为中国现代化高质量发展提供强大的人力资源支撑;同时,也将为全球积极应对人口老龄化问题提供中国方案。

---

① 中共中央文献研究室:《习近平关于社会主义经济建设论述摘编》,中央文献出版社2017年版,第159页。
② 《第七次全国人口普查最新数据发布,老龄人口超过2.6亿人,占比18.70%!》,https://zhuanlan.zhihu.com/p/371447143。
③ 江泽民:《全面建设小康社会,开创中国特色社会主义事业新局面——在党的十六大上所作报告全文》,载《前进》2002年第12期,第4-24页。

在内容安排上，本书各章节采用递进式结构，按研究背景、理论依据、现实依据、政策依据、策略路径、比较借鉴这一内在逻辑对各章节展开阐述。第一章基于全球人口老龄化发展趋势及国际积极老龄化理论的丰富和发展，探讨了积极老龄化背景下，老年人力资源开发是中国式现代化的必然选择；通过积极的老年人力资源开发，实现从"人口红利"向"长寿红利"转变，是中国式现代化进程的重要支撑。第二章探讨了中国式老年人力资源开发的理论依据。该章阐述了老年人力资源开发的一般理论，如生产性老龄化、积极老龄化、人力资源开发等理论，并着重阐述了马克思主义中国化的理论成果对老年人力资源开发的重要指引，充分彰显了老年人力资源开发的中国化特点。第三章阐述了中国式老年人力资源开发的现实依据，基于我国老年人力资源现状及特点，探讨了老年人"老有所为"的内涵、外延及价值特点，阐明老年人口是中国式现代化的宝贵资源，亦是我国由人口资源大国发展为人力资源强国的不可或缺的部分，并探讨了我国老年人力资源开发的主要模式及成功案例。第四章阐述了中国式老年人力资源开发的政策依据，着重阐述了国家宏观政策的支持和地方政府政策的创新探索，探讨了迄今中国式老年人力资源开发政策逐步发展和完善过程中的主要成就与亟须解决的问题，提出新时代中国式老年人力资源开发科学化、体系化和法制化的发展方向。第五章阐述了中国式老年人力资源开发策略，着重探讨了中国式老年人力资源开发必须遵循的原则，并从宏观、中观、微观三个层面对老年人力资源开发策略展开了研究。第六章基于新时代我国老年教育的快速发展，探讨老年教育强力助推中国式老年人力资源开发实践，重点阐述了老年教育是创新老年人力资源开发最为重要且最直接的路径，即重构老年教育结构形态、依托老年大学建设老年智库、搭建广阔的老年人才应用平台，创新老年人力资源开发路径。

本书的特色和创新之处在于，基于我国人口老龄化日益加剧的社会背景，将老年人力资源开发这一积极老龄化战略举措置于中国式现代化进程的宏大叙事背景中，并以马克思主义中国化最新理论成果为指引，从理论、政策与实践层面层层深入探究中国式老年人力资源开发的规律和特点，形成了中国式老年人力资源开发的创新观点。一是人口老龄化是中国式现代化的重要国情和显著特征，规模巨大的老年人口是中国式现代化的重要组成部分，亦是中国式现代化不可或缺的人力资源支撑，中国式现代化强烈呼唤中国式老年人力资源开发。二是基于我国人口老龄化发展的特点及其所处的时代背景和制度优势,中国式老年人力资源开发为国际积极老龄化提供了中国方案。三是习近平总书记关于积极应对老龄化的系列重要论述是习近平新时代中国特色社会主义思想的重要组成部分,是中国式老年人力资源开发的行动指南。四是依据老年经济学、生产性老龄化等理论,需将无报酬劳动(如家庭照料、志愿服务等)纳入中国式老年人力资源开发量化体系。五是依据老年人力资源开发现实、政策、理论依据及存在的问题,从宏观策略层面,提出了加快完善老龄问题相关法律规范,加快推进老年人力资源开发专项立法,切实保障老年人健康、教育、社会参与权益,将老年人力资源开发教育纳入终身职业教育体系,大力发展老年职业教育,增强老年人就业核心能力等核心观点;从中观策略层面提出设立省市区(县)三级老年人力资源开发实施专门机构,以创新发展为驱动促进"养为结合",建设"老年教育+人才+就业"的综合服务平台等核心观点;从微观策略层面,提出从优化社区服务、促进企事业单位助力、家庭有效支持、老年人追求终身而全面的发展四个维度促进老年人力资源开发实践的探索等核心观点。六是以老年人就业能力提升为核心,重构老年教育结构形态,精准实施老年人力资源分层开发;依托老年教育阵地建设老年智库,推进中国式老年人力资源开发迈向高层次的新境界。

  我们寄希望于通过本书系统性的梳理,帮助我们在未来的研究工作中进一步思考、探索、挖掘,同时也希望能为我国老年人力资源开发和老年教育学研究起到一点抛砖引玉的作用。

目 录

第一章 中国式老年人力资源开发是中国式现代化的必然选择 …………… 1
　第一节 人口老龄化的背景及内涵发展 …………………………………… 1
　　一、全球老龄化趋势及政策演进 ………………………………………… 1
　　二、我国积极应对人口老龄化政策的发展与完善 …………………… 10
　　三、积极应对人口老龄化是中国式现代化的必然选择 ……………… 14
　第二节 中国式现代化人力资源现状 …………………………………… 17
　　一、我国人力资源现状及发展趋势 …………………………………… 17
　　二、我国老年人力资源现状及发展趋势 ……………………………… 22
　　三、人口红利向长寿红利转变 ………………………………………… 25
　第三节 老年人力资源开发在中国式现代化进程中的多维价值 ……… 29
　　一、中国式现代化的发展与基本内涵 ………………………………… 29
　　二、老年人力资源开发为中国式现代化提供战略支撑 ……………… 34
　　三、中国式老年人力资源开发为国际积极老龄化提供中国
　　　　方案 …………………………………………………………………… 38

第二章 中国式老年人力资源开发的理论依据 ………………………… 43
　第一节 马克思主义中国化奠定强大而坚实的基础 …………………… 43
　　一、马克思主义中国化的成果 ………………………………………… 43
　　二、习近平关于积极老龄化的重要论述 ……………………………… 51
　第二节 老年经济学提供理论支撑 ……………………………………… 54
　　一、老年经济学的概念与基本内涵 …………………………………… 54
　　二、对老年人力资源开发的理论指导 ………………………………… 62

第三节　生产性老龄化理论的参考价值 ·················· 67
　　一、生产性老龄化的概念与基本内涵 ·················· 67
　　二、对老年人力资源开发的理论指导 ·················· 75
第四节　积极老龄化理论升华实践认知 ·················· 78
　　一、积极老龄化的内涵演进 ·························· 78
　　二、对老年人力资源开发的理论指导 ·················· 83
第五节　人力资源开发理论的深化和涵盖 ················ 86
　　一、人力资源开发的概念与基本内涵 ·················· 86
　　二、对老年人力资源开发的理论指导 ·················· 89

第三章　中国式老年人力资源开发的现实依据 ·············· 98
第一节　人力资源大国向人力资源强国发展的必然性 ······ 98
　　一、人力资源强国的概念和基本特征 ·················· 98
　　二、建设人力资源强国的基础 ························ 100
　　三、建设人力资源强国的价值意蕴 ···················· 106
第二节　老年人口是中国式现代化的宝贵资源 ············ 111
　　一、老有所为的内涵及实践形式 ······················ 111
　　二、老有所为的特点及价值 ·························· 117
　　三、新时代老年人口素质的发展 ······················ 122
第三节　老年人力资源开发的典型模式及成功案例 ········ 128
　　一、老年人力资源开发的典型模式 ···················· 128
　　二、老年人力资源开发的成功案例 ···················· 139

第四章　中国式老年人力资源开发的政策依据 ·············· 146
第一节　国家宏观政策支持 ···························· 146
　　一、国家立法 ······································ 146
　　二、老龄工作政策 ·································· 148
　　三、老年教育政策 ·································· 155
第二节　地方政策的创新探索 ·························· 159
　　一、地方政府相关法规政策的创新探索 ················ 159

二、地方政策创新探索中需关注的问题 …………………………… 177
　第三节　老年人力资源开发政策的科学化和法制化 ……………… 180
　　一、老年人力资源开发政策的完善和发展 ………………………… 180
　　二、老年人力资源开发政策发展需关切的核心问题 ……………… 186

第五章　中国式老年人力资源开发的策略 ………………………… 191
　第一节　中国式老年人力资源开发必须遵循的基本原则 ………… 191
　　一、思想意识先行原则 ……………………………………………… 191
　　二、政策导向原则 …………………………………………………… 196
　　三、"三因"利导原则 ……………………………………………… 201
　第二节　中国式老年人力资源开发的宏观策略 …………………… 203
　　一、完善老年人权益保障法律法规建设 …………………………… 203
　　二、强化顶层规划设计和统筹管理 ………………………………… 208
　　三、建立健全政策制度生态环境 …………………………………… 210
　第三节　中国式老年人资源开发的中观策略 ……………………… 214
　　一、设立三级老年人力资源开发专门机构 ………………………… 214
　　二、完善老年人就业支持保障措施 ………………………………… 215
　　三、构建老年人就业支持服务平台 ………………………………… 220
　第四节　中国式老年人力资源开发的微观策略 …………………… 224
　　一、社区服务老年人力资源开发 …………………………………… 224
　　二、企业助力老年人力资源开发 …………………………………… 228
　　三、家庭支持老年人参与社会活动 ………………………………… 229
　　四、老年人追求终身而全面的发展 ………………………………… 231

第六章　老年教育强力助推中国式老年人力资源开发 …………… 234
　第一节　老年教育创新人力资源开发路径 ………………………… 234
　　一、我国老年教育在新时代发展壮大 ……………………………… 234
　　二、老年人力资源开发教育存在的主要问题 ……………………… 237
　　三、老年人力资源开发教育增权赋能路径 ………………………… 239
　　四、重构老年人力资源开发教育结构形态 ………………………… 246

第二节 依托老年教育阵地建设中国式老年智库 ……………… 250
　一、智库的发展及作用 …………………………………………… 250
　二、老年智库建设推动老年人力资源开发 ……………………… 252
　三、老年大学建设老年智库的强劲行动 ………………………… 258
第三节 老年教育搭建老年人才应用平台 …………………… 262
　一、中国式老年教育的办学优势 ………………………………… 262
　二、老年教育拓宽老年人才应用平台 …………………………… 268

参考文献 ………………………………………………………… 273

后记 ……………………………………………………………… 276

第一章　中国式老年人力资源开发是中国式现代化的必然选择

本章基于全球人口老龄化发展趋势及国际积极老龄化理论的丰富和发展，探讨了积极老龄化背景下，中国式老年人力资源开发是中国式现代化的必然选择。本章基本框架分为三个部分。第一部分，基于国际视野梳理了全球老龄化发展趋势及国际积极老龄化的形成和发展；并基于我国国情，探讨了中国在21世纪全球老龄化时代追寻现代化的进程中积极应对人口老龄化的必然要求。第二部分探讨了我国人力资源与老年人力资源现状及发展趋势，即人口总量进入低速增长甚至负增长，老龄人口体量巨大，劳动力供给呈现下降趋势。依据我国老年人力资源的特点，开发低龄健康老年人力资源，推动"人口红利"向"长寿红利"转变，是中国式现代化进程的重要人力支撑。第三部分阐述了中国式现代化的内涵与特点，进一步探讨了中国式老年人力资源开发是中国式现代化的必然选择，并为全球积极老龄化提供中国方案。

第一节　人口老龄化的背景及内涵发展

一、全球老龄化趋势及政策演进

（一）人口老龄化的全球发展趋势

《人口科学词典》将人口老龄化定义为"人口中60岁以上的老年人比重日益上升的过程，尤其是指在已经达到老年状态的人口中，老年人口比重持续提升的过程"①。根据1956年《人口老龄化及其经济社会后果》中的划分标准，65岁被界定为老龄化的起点。当一个国家或地区的65岁及以上人口占总人口比例达到7%时，这一国家或地区进入老龄化社会；比例达到14%时，进入深度老龄化社会；比例达到20%时，进入超老龄化社会。② 国际上通常采用这一标准，本研究亦使用这一标准。在经济社会发展的不同阶段，因人口预期寿命的不同，国际社会对人口老龄化的具体界定也不尽相同。因此，国际社会对老龄化另一个划分标准为当一个国家60岁以上人口占比超过10%时，即认为该国已经进入了人口老龄化社会。③

19世纪后期，随着生育率的下降和人均预期寿命的延长，部分发达国家开始步入人口老龄化社会。④ 法国1865年进入老龄化，成为世界上第一个进入老龄化社会的国家。⑤ 全球人口老龄化的出现则要晚得多——20世纪的最后25年，65岁以上人口的比例仅超过6%。随着经济社会发展和科学技术的进步，全球医疗健康状况显著改善，人口死亡率不断降低，人口预期寿命日益延长，以及人口生育率低等诸多因素的影响，在21世纪前50年，全球人口结构迅速老化，老龄化问题已经成为国际社会共同面临的危机与挑战。⑥ 2000年，全球国家中65岁及以上人口的最高比例为18%，预计到2050年，这一比例将增至38%。⑦ 全球老龄化成为不可逆的发展趋势，导致人口结构发生着深刻的变化，并将对经济社会发展产生广泛且深远的影响。联合国《2022年世界人口展望报告》显示，2022年全球65岁及以上人口有7.71亿，几乎占世界人口的10%（其中，欧洲和北美洲达到18.7%）；报告预计，到2050年，65岁及以上人口将占世界总人口的16%；到2100年，

---

① 吴忠观：《人口科学词典》，西南财经大学出版社1997年版，第379页。
② United Nations. *The Ageing of Populations and Its Economic and Social Implications*, https://digitallibrary.un.org/record/3975472?ln=en&v=pdf.
③ 张兴：《国际老年教育发展及启示》，载《比较教育学报》2020年第5期，第50–60页。
④ Ronald Lee, "The Demographic Transition: Three Centuries of Fundamental Change", *The Journal of Economic Perspectives*, 2003, 17 (4): 167–190.
⑤ 张兴：《国际老年教育发展及启示》，载《比较教育学报》2020年第5期，第50–60页。
⑥ 郭玉贵：《老龄化：全球共同面对的问题与挑战》，载《社会治理》2017年第1期，第53–62页。
⑦ Donald T. Rowland, "Global Population Aging: History and Prospects", in Peter Uhlenberg (eds) International Handbook of Population Aging. International Handbooks of Population, vol 1. Springer, Dordrecht. https://doi.org/10.1007/978-1-4020-8356-3_3.

这一比例将达到24.03%，相当于每4个人中约有1个老人，而中国65岁及以上人口的比例将达到惊人的40.93%；在撒哈拉以南非洲地区65岁及以上人口的比重在2022年时仅为3.0%，2050年也仅为4.7%。① 相比东亚国家（如中国、日本、韩国），许多欧美国家实施了更为开放的移民政策，不仅吸引年轻劳动力，还从中受益于移民带来的新生人口。联合国人口司估计，2020年全球移民总数（存量）达到2.81亿，其中近75%的国际移民年龄在20岁至64岁之间，而14.6%（4100万人）的国际移民年龄在20岁以下。也就是说，近90%的国际移民小于65岁。联合国另一研究显示，对于高收入国家而言，2000年至2020年期间，国际移民对人口增长的贡献（净流入8050万人）超过了出生人数与死亡人数的差额（6620万人）。未来几十年，移民将成为高收入国家人口增长的唯一驱动力。此外，在有些国家，移民群体较高的高生育率也为延缓人口老龄化做出了积极的贡献。例如，2019年，美国移民女性的总和生育率为2.02个孩子，而美国本土出生的女性的总和生育率为1.69个孩子。② 未来，全球人口老龄化发展将出现进一步的分化。

1982年到2020年期间，我国60岁及以上老年人口占比由7.62%快速增长至18.7%，65岁及以上老年人口占比由4.91%快速增长至13.5%。2000年，我国65岁及以上老年人口占比达7%，正式迈入老龄化社会。2021年，这一比例达到14.2%，我国进入深度老龄化社会；2022年这一比例上升至14.9%，2023年继续上升至15.4%。③ 联合国《世界人口展望2022》中的方案人口预测结果显示，到2050年，我国60岁及以上老年人口规模将超过5亿人，占比将达到38.81%，80岁及以上高龄老年人口占比将超过10%。④ 与世界其他国家相比，我国老龄化形势更加严峻，主要有老化速度快、老年人口规模大、老化率不均衡、老年抚养比高、"未富先老"等特点。

第一，老化速度快。从老龄化社会过渡到深度老龄化社会，法国用了

---

① United Nations. World population Prospects. 2022 Summry of Results, https://www.un.org/development/desa/pd/sites/www.un.org.development.desa.pd/files/wpp2022_summary_of_results.pdf.

② Steven A. Camarota and Karen Zeigler. Fertility Among Immigrants and Native – Born Americans, https://cis.org/Report/Fertility – Among – Immigrants – and – NativeBorn – Americans#: ~ : text = Figure%201%20reports%20the%20TFR, %E2%80%94%20a%200.38%2Dchild%20decline.

③ 国家统计局：《中国统计年鉴2023》, https://www.stats.gov.cn/sj/ndsj/2023/indexch.htm.

④ United Nations. World Population Prospects 2022, https://www.un.org/development/desa/pd/sites/www.un.org.development.desa.pd/files/wpp2022_summary_of_results.pdf.

126年,德国用了40年,日本用了24年,而中国只用了21年。①

第二,老年人口规模最大。作为人口大国的中国拥有世界上最庞大的老龄人口。2022年,中国65岁及以上人口将近2.1亿,占全球老年人口的26.9%,相当于全球每4个老年人中就有1个是中国人。

第三,老化率不均衡。从地区来看,东北、川渝地区老龄化更为严重。按省份来看,2022年,只有西藏尚未进入老龄化(65岁及以上人口比例低于7%);新疆、广东、青海等11个省级以上地区已经进入老龄化(65岁及以上人口占比7%~14%);山西、河南、陕西、内蒙古等19个省级以上地区已经进入深度老龄化(65岁及以上人口比例大于14%),其中,辽宁、上海、重庆、四川、江苏、黑龙江、吉林65岁及以上人口比例分别高达20.0%、18.7%、18.3%、18.1%、17.9%、17.8%、17.8%。②

第四,老年抚养比高。老年抚养比指总人口中老年人口数与劳动年龄人口数的比值,表明劳动年龄人口负担老年人口的程度。随着人口老龄化进程的加速推进,我国老年抚养比呈加速升高的趋势。我国老年抚养比于2001年突破10,2016年突破15,2020年突破20,2022年达到21.8,这意味着每10个劳动年龄人口需要抚养约2.18个老年人。③ 联合国《世界人口展望2022》中的方案人口预测结果显示,到2050年,中国老年抚养比将上升至78.02,表明每10个劳动年龄人口需要抚养近7.802老年人,养老负担不断加重。④

第五,"未富先老"。即人口老龄化的速度快于社会经济收入增长速度。我国社会经济发展水平尚未达到发达国家水平的阶段,便已进入了老龄化阶段,即"未富先老",人口红利将逐渐消失。我国进入老龄化社会时人均GDP为800美元,而发达国家人均GDP达10000美元;我国进入深度老龄化社会时人均GDP为10000美元,而发达国家人均GDP为20000美元

---

① 李频捷:《积极应对人口老龄化提高人民养老质量》,载《国际公关》2023年第11期,第25-27页。
② 李频捷:《积极应对人口老龄化提高人民养老质量》,载《国际公关》2023年第11期,第25-27页。
③ 《中国统计年鉴2023》,https://www.stats.gov.cn/sj/ndsj/2023/indexch.htm。
④ 代志新等:《中国老年人口抚养比再估计与人口老龄化趋势再审视》,载《人口研究》2023年第1期,第94-107页。

以上。①

(二) 国际积极老龄化的发展及演变

伴随着经济社会发展的进程,国际积极老龄化亦经历了不断发展及演变的进程。受早期工业社会结构和传统文化价值等因素影响,老年人在很大程度上被边缘化,视为经济社会发展的负担,是社会救济和福利保障的对象,曾导致出现老龄化的黑暗时代,即"消极老龄化"时代。② 故此,早期国际老龄政策核心关切点聚焦于老年人权益保障问题。然而,老龄化不是一个简单的生理变化现象,而是一个被社会和历史环境所建构的概念。③ 随着经济社会的发展,人们对老龄化的认知逐步发展为积极老龄观,进而推进了国际积极老龄化政策的发展演变,并不断丰富和完善积极老龄化的内涵意蕴。

1. 第一阶段:国际社会逐步重视人口老龄化问题

1948 年,联合国大会通过《世界人权宣言》,规定了适用于所有人的基本权利和自由,包括老年人。这是世界人权史上的一个里程碑式的文件。虽然这一宣言不专门针对老年人,但为老年人的权利保障奠定了基础。20 世纪五六十年代以后,在终身教育理念的推动下,老年人的学习权益保障引起高度重视,认为老年人需要借助持续学习获得新知识、新能力,以适应不断变化的社会环境。④

1956 年,联合国经济和社会事务部下属的人口司出版了题为《人口老龄化及其社会经济含义》的奠基性报告⑤,内容涵盖了多方面的议题,包括人口老龄化发展趋势与地区间的差异、形成原因,以及人口老龄化的社会经济含义等。《人口老龄化及其社会经济含义》是人口司在其负责出版的《人口研究》系列报告中第一次专题研究人口老龄化问题。因发达国家率先进入老龄化社会,人口司早期的研究主要关注发达国家的人口老龄化问题,并一

---

① 李喜云:《中国人口老龄化及养老体系发展问题探析》,载《现代营销(上旬刊)》2024 年第 10 期,第 106 – 108 页。

② Mary M. Gergen, Kenneth J. Gergen, "Positive ageing: New images for a new age", *Ageing International*, 2001, 27, pp. 3 – 23.

③ 刘文:《积极老龄化在东亚的发展》,经济科学出版社 2020 年版,第 29 页。

④ 范方春、吴湘玲:《老龄问题应对理念的辨析——历史和比较的视野》,载《社会保障研究》2018 年第 4 期,第 13 – 21 页。

⑤ United Nations. The ageing of populations and its economic and social implications, https://digitallibrary.un.org/record/3975472?ln=en&v=pdf。

直致力于呼吁国际社会关注这一问题。①

2. 第二阶段：国际社会重点关注老年人健康与发展权利

随着全球人口老龄化的加速发展，老年人的健康、新能力开发与终身发展等问题逐步得到国际社会的高度关注。1982年，联合国在维也纳召开第一届老龄问题世界大会，通过了《维也纳老龄问题国际行动计划》。② 这是第一个关于老龄化的国际文书，指导了老龄化相关理念及政策的形成，为未来全球积极老龄化政策奠定了基础。其62条行动建议主要涉及培训和教育，涵盖健康和营养、保护老年消费者、住房和环境、家庭、社会福利、收入保障和就业等方面，旨在通过行动计划增强政府和公民社会有效应对老龄化问题的能力，以及应对老年人发展潜力和依赖需求的能力；③ 确定老龄问题的核心为"人道主义和发展"两个方面，重点关注老年人的社会权利和生活质量。此后，国际社会为促进老年人的健康与发展权利开展了积极的行动。

1987年，世界卫生组织首次提出了"健康老龄化"的概念，④ 目标为提高老年人健康长寿的机会，即在延长老年人寿命的同时保障其生活质量。

1990年，联合国大会确定10月1日为国际老年人日。同年，世界卫生组织在哥本哈根举行的第四十届欧洲区域委员会会议明确将"健康老龄化"作为应对人口老龄化的一项发展战略。⑤ 每年的国际老年人日均聚焦当下热门的老年人议题，通过广泛宣传与深入研讨，以增进国际社会对老龄化的了解，增加联合国相关倡议的影响力。

1991年，联合国大会通过《联合国老年人原则》⑥，针对老年人的权利提出了18项原则，鼓励各国将其纳入国家计划。这18项原则分为五个主题，即独立、参与、照顾、自我实现和尊严。独立原则主要指经济上的独

---

① 吴素华：《深化对国际老年人年主题的认识促进社会经济的可持续发展》，载《农村金融与市场经济》1999年第6期，第61-63页。

② 第一届老龄问题世界大会，https://www.un.org/zh/conferences/ageing/vienna1982。

③ United Nations. First World Assembly on Ageing, https://www.un.org/en/conferences/ageing/vienna1982。

④ 刘文、焦佩：《国际视野中的积极老龄化研究》，载《中山大学学报（社会科学版）》2015年第1期，第167-180页。

⑤ World Health Organization. Fortieth Regional Committee for Europe: Copenhagen, 10-15 September 1990: healthy aging, https://iris.who.int/handle/10665/349053。

⑥ United Nations Principles for Older Persons, https://www.ohchr.org/sites/default/files/olderpersons.pdf。

立,包括老年人享有工作机会、能按自己的喜好选择进入或退出劳动力市场;参与原则主要指老年人能继续融入社会,积极参与社会活动;照顾原则主要指老年人能在人道和安全的环境中获得家庭、社区、医疗保健、社会和法律的照顾和保护;自我实现原则主要指老年人享有获得教育、文化、精神资源的机会,促进实现终身发展;尊严原则主要指老年人能过上有尊严和安全的生活,免受虐待、剥削和歧视。

1992年,联合国大会通过了《老龄化宣言》,旨在敦促国际社会的利益相关者——政府、非政府组织、学术界和私营部门等——建立广泛务实的合作关系,有效应对来自人权、发展、人口、教育、健康等方面的挑战,并敦促各国依据本国文化和国情确立应对人口老龄化的国家举措。大会重申了1982年《维也纳老龄问题国际行动计划》和1991年《联合国老年人原则》,呼吁各国在1992—2001年10年间制定一项切实可行的老龄化战略,并决定将1999年定为国际老年人年。[1]

1994年,联合国在开罗举行国际人口与发展会议,其行动纲领秉承了历次重要国际活动的核心观点并加以发展,主要包括1974年在开罗举行的联合国世界人口会议、1984年在墨西哥城举行的联合国国际人口会议、1992年在里约热内卢举行的联合国环境与发展会议、1993年在维也纳举行的世界人权会议等相关精神。与以往的人口会议相比,这次会议赋予了"发展"这一议题更多的权重,凸显了人口、生产模式、消费模式、经济增长、可持续发展、贫困、环境等问题之间的相互联系,表明人口问题不是一个孤立的问题,而是复杂系统的一部分。[2]

1995年,联合国在哥本哈根召开社会发展问题世界首脑会议,通过了《哥本哈根社会发展问题宣言》和《社会发展问题世界首脑会议行动纲领》,提出了"建立不分年龄人人共享的社会"的理念,将人放置于发展的中心,提出了消除贫困、减少不平等、促进充分就业和社会包容等10项承诺。大会指出了老年人容易受到排斥而处于社会边缘的事实,设立了提高老年人获得美好生活的可能性目标,并承诺制定和执行政策,使老年人有适当的经济

---

[1] United Nations. Proclamation on Ageing: resolution / adopted by the General Assembly, https://www.un.org/development/desa/ageing/resources/international-year-of-older-persons-1999/resolution-475.html.

[2] 联合国:《国际人口与发展会议的报告》,https://www.un.org/development/desa/pd/sites/www.un.org.development.desa.pd/files/icpd_ch.pdf。

和社会保障。①

3. 第三阶段：国际积极老龄化政策框架的确立与推进实施

1997年，西方七国丹佛会议首次提出了"积极老龄化"概念；② 1999年，国际老年日的主题为"建立不分年龄人人共享的社会"，③ 希望通过全球化宣传，拓展国际社会对老年人的关注和认知，使老年人均等享有参与社会活动的权利并共享社会发展成果。

2002年，联合国在马德里举行了第二届老龄问题世界大会，大会对第一届老龄问题世界大会的成果进行了评估和审议，并为应对21世纪老龄化问题提出了新议题。大会通过了《政治宣言》和《2002年马德里老龄问题国际行动计划》，承诺制定和实施应对老龄化挑战的措施，并致力于在三个优先方向采取行动，即"老年人与发展，提高老龄健康和福祉，以及确保有利和支助性的环境"④。文件提出了100多项行动建议，成为应对人口老龄化的全球战略指南，并明确指出"提供机会、方案和支持，鼓励老年人参与或继续参与文化、经济、政治、社会生活和终身学习"。"积极老龄化"被纳入政策框架，强调老年人参与社会和发展的权利，重视老年人口的生产力，注重为老年人提供就业和培训机会。自此，老年人力资源开发不仅被视为社会生产性投资，更被视为提升老年人自我价值、生命和生活质量的重要途径。国际积极老龄化理念的形成标志着人类在应对老龄化问题上的一次重大理念变革。联合国人口司向大会提交了《世界人口老龄化：1950—2050》的报告，描述了全球人口老龄化趋势，包括按地区和国家划分的一系列老龄化进程指标。世界卫生组织向联合国提交了题为《积极老龄化：一个政策框架》的报告⑤，这一政策框架旨在推动健康和积极老龄化，为全球各国推动积极应对人口老龄化措施和政策构建提供了基础性指引。此后，国际社会通

---

① 社会发展问题世界首脑会议：1995年3月6—12日，丹麦哥本哈根，https://www.un.org/zh/conferences/social-development/copenhagen1995.

② 刘文、焦佩：《国际视野中的积极老龄化研究》，载《中山大学学报（社会科学版）》2015年第1期，第167-180页。

③ 《国际老年人年：建立不分年龄人人共享的社会》，https://www.un.org/zh/ga/50/res/a50r141.htm.

④ 联合国：《第二次老龄问题世界大会的报告》，http://globalag.igc.org/agingwatch/docs/mipaachinese.pdf.

⑤ 世界卫生组织：《积极老龄化：一个政策框架》，https://extranet.who.int/agefriendlyworld/wp-content/uploads/2014/06/WHO-Active-Ageing-Framework.pdf.

过一系列行动，积极推进积极老龄化政策及行动方案的实施。

2010年，联合国大会成立"老龄问题不限成员名额工作组"，向所有成员国开放，主要目标是审议现有的老年人权利框架，确定需要改善的领域。[1] 2012年世界卫生组织制定了《2012—2016年欧洲健康老龄化战略和行动计划》。[2] 2024年5月，工作组将进行第14次工作会议。[3]

2015年9月，联合国所有成员国一致通过《变革我们的世界：2030年可持续发展议程》[4]，为之后的15年设立了17项可持续发展目标，包括消除贫困、促进经济增长、保护环境等，目标内容如"确保健康的生活方式，促进各年龄段人群的福祉"等，体现了对弱势群体（包括老年人）的极大重视。2015年10月1日，正值国际老年人日之际，世界卫生组织发布了《关于老龄化与健康的全球报告》，[5] 主要针对以往行动的不足，以及刺激全球公共卫生应对机制的必要性，建议在政策设计中采取双轨制方法，即强调既要实现健康老龄化，也要实现积极老龄化；并提出三个行动领域，即建设老年人友好型环境、调整卫生系统使之满足老年人的需求、政府需发展长期保健系统，以促进并推动全球积极老龄化行动。

2016年，在第六十九届世界卫生大会上，世界卫生组织发布了《2016—2020年老龄化与健康的全球战略和行动计划》，[6] 其以"人权、公平、平等和反歧视（特别是基于年龄的歧视）、性别平等和代际团结"等原则为基础，重点关注五个战略目标，即致力于采取促进健康老龄化的行动，使卫生系统适应老年人口的需求，发展关爱老年人的环境，建立并维持可持续的、公平的长期护理制度，改进测量、监测和研究健康老龄化的方法，为

---

[1] Open-Ended Working Group (OEWG) on Ageing, https://www.un.org/development/desa/ageing/open-ended-working-group-oewg-on-ageing.html.

[2] Policies and priority interventions for healthy ageing, https://who-sandbox.squiz.cloud/en/health-topics/Life-stages/healthy-ageing/publications/2012/policies-and-priority-interventions-for-healthy-ageing.

[3] Fourteenth Session, https://social.un.org/ageing-working-group/fourteenthsession.shtml.

[4] 联合国：《可持续发展目标》，https://www.un.org/sustainabledevelopment/zh/health/。

[5] 黄石松：《积极应对人口老龄化：北京探索与国际借鉴》，中国人民大学出版社2023年版，第78页。

[6] World Health Organizations. Global strategy and action plan on ageing and health, https://cdn.who.int/media/docs/default-source/mca-documents/ageing/gsap-summary-en.pdf?sfvrsn=b1ef0fae_5&download=true.

促进全球老年健康水平的提升,以实现积极老龄化提供了行动指南。

2020年12月,联合国大会发布名为《2020—2030健康老龄化十年》的全球倡议,其核心内容为"加强老年人的健康服务,增进社会参与,改善环境及政策支持"等。①

2023年,联合国举行可持续发展目标峰会。2024年2月27日,联合国大会决定于2025年召开"第二次社会发展问题世界首脑会议"。这两次会议旨在推进落实2015年联合国通过的《2030年可持续发展议程》的实施,特别强调了促进社会公平,并将老年人群体纳入更广泛的社会发展规划之中。②

国际积极老龄化政策框架的不断发展与完善,为促进积极应对全球人口老龄化问题提供了政策指引。具体而言,从个人层面上,高度关注老年人终身而全面的发展,包括促进老年健康水平的提升,以及其适应社会与技术变革能力的提升,重视老年人在社会经济发展中的作用;从行为主体上,强调充分整合政府、私营部门、非营利组织等多主体力量,促进不同利益主体形成广泛合作;从政策内容上,涵盖了健康、社会保障、公共服务、住房、交通、就业和收入保障等多个政策领域;从社会责任上,促进健全发展全面科学的积极老龄化政策框架,构建全局视角跨政策领域的老龄化问题治理体系。

二、我国积极应对人口老龄化政策的发展与完善

1982年维也纳第一届老龄问题世界大会之后,我国针对老龄化问题的政策制度和相关研究获得逐步发展。2002年,我国参加了马德里第二届老龄问题世界大会,与其他成员国共同通过了《老龄问题国际行动计划》,并将国际积极老龄化理念带回国内。③此后,积极老龄化成为我国应对人口老龄化问题和挑战的核心理念和发展策略。早在1987年,党的十三大报告中明确指出"要注意人口迅速老龄化的趋向,及时采取正确的对策",这是第

---

① 《2020—2030健康老龄化十年》,https://www.who.int/docs/default-source/decade-of-healthy-ageing/full-decade-proposal/decade-proposal-fulldraft-zh.pdf。

② World Social Report 2023: Leaving No One Behind In An Ageing World, https://desapublications.un.org/publications/world-social-report-2023-leaving-no-one-behind-ageing-world; Ageing, Older Persons and the 2030 Agenda for Sustainable Development, https://www.undp.org/publications/ageing-older-persons-and-2030-agenda-sustainable-development。

③ 刘文、焦佩:《国际视野中的积极老龄化研究》,载《中山大学学报(社会科学版)》2015年第1期,第167-180页。

一次在党的纲领性文件中提出人口老龄化问题。① 随后党的十三届七中全会、党的十四届三中全会和党的十四届五中全会都强调建立多层次的社会保障制度、多形式的老年人保障制度，以适应人口老龄化。② 1996 年，《中华人民共和国老年人权益保障法》明确"老年人有参与社会发展的权利""国家应当为老年人参与社会主义物质文明建设创造条件"等规定，从立法高度保障了老年人社会参与的权利。③ 2006 年我国出台的《中华人民共和国国民经济和社会发展第十一个五年规划纲要》首次提出了"积极应对人口老龄化"概念。④ 进入中国特色社会主义时代，我国处于人口老龄化与工业化、信息化、城市化、农业现代化交织发展以及社会结构重大转型时期，人口老龄化给社会经济发展带来复杂、全面和长期的影响。党和国家高度重视和关心人口老龄化问题，并根据我国具体国情，逐步形成了具有中国特色的积极应对人口老龄化的政策框架，丰富并发展了积极老龄化理论和实践。

（一）积极应对人口老龄化政策的确立⑤（党的十八大至党的十九大期间）

党的十八大以来，我国将积极应对人口老龄化确定为国家战略，制定并实施中长期规划，推动老龄事业的整体设计更加完善，有效落实重大改革措施，为应对人口老龄化问题奠定了牢固基础。⑥ 2012 年 11 月，党的十八大报告明确了要"积极应对人口老龄化，大力发展老龄服务事业和产业"⑦。2013 年 11 月，党的十八届三中全会通过的《中共中央关于全面深化改革若干重大问题的决定》指出"积极应对人口老龄化，加快建立社会养老服务

---

① 杜鹏、谢立黎、王煜霏：《中国共产党老龄工作的思想与政策演变——百年历程的回顾与思考》，载《人口与经济》2021 年第 5 期，第 1 - 12 页。
② 杜鹏、谢立黎、王煜霏：《中国共产党老龄工作的思想与政策演变——百年历程的回顾与思考》，载《人口与经济》2021 年第 5 期，第 1 - 12 页。
③ 《中华人民共和国老年人权益保障法》，载《中华人民共和国全国人民代表大会常务委员会公报》2015 年第 3 期，第 508 - 515 页。
④ 《中华人民共和国国民经济和社会发展第十一个五年规划纲要》，载《中华人民共和国国务院公报》2006 年第 12 期，第 16 - 48 页。
⑤ 杜鹏：《推动实施积极应对人口老龄化国家战略研究》，人民出版社 2023 年版，第 2 - 3 页。
⑥ 刘天亮：《实施积极应对人口老龄化国家战略——落实重大发展战略，开创事业新局》，载《人民日报》2023 年 4 月 27 日，第 5 版。
⑦ 胡锦涛：《坚定不移沿着中国特色社会主义道路前进　为全面建成小康社会而奋斗——在中国共产党第十八次全国代表大会上的报告》，载《前线》2012 年第 12 期，第 6 - 25 页。

体系和发展老年服务产业"①。2015年10月,党的十八届五中全会关于《中共中央关于制定国民经济和社会发展第十三个五年规划的建议》指出"积极开展应对人口老龄化行动",并提出了行动的具体方向。②

2016年,习近平总书记在中共中央政治局就我国人口老龄化的形势和对策举行的第三十二次集体学习讲话中强调要着力增强全社会积极应对人口老龄化的思想观念。③ 同年颁布的《中华人民共和国国民经济和社会发展第十三个五年规划纲要》设立"积极应对人口老龄化"专门章节。④ 2016年10月,《国务院办公厅关于印发老年教育发展规划(2016—2020年)的通知》明确"老年人是国家和社会的宝贵财富。老年教育是我国教育事业和老龄事业的重要组成部分。发展老年教育,是积极应对人口老龄化、实现教育现代化、建设学习型社会的重要举措"⑤。2017年,国务院印发《"十三五"国家老龄事业发展和养老体系建设规划》,从社会保障、社会参与和权益保障等八个领域做出了部署。⑥ 至此,我国积极应对人口老龄化政策制度体系框架逐步形成。

2017年,党的十九大报告明确"积极应对人口老龄化,构建养老、孝老、敬老政策体系和社会环境,推进医养结合,加快老龄事业和产业发展"⑦。2019年6月,中共中央、国务院印发了《国家积极应对人口老龄化中长期规划》,该规划指出,近期到2022年,中期到2035年,远期到2050年,它是我国到21世纪中叶"积极应对人口老龄化的战略性、综合性、指导性文件"。规划强调"积极应对人口老龄化,是贯彻以人民为中心发展思

---

① 《中共中央关于全面深化改革若干重大问题的决定》,载《理论学习》2013年第12期,第4-20页。
② 习近平:《关于〈中共中央关于制定国民经济和社会发展第十三个五年规划的建议〉的说明》,载《理论学习》2015年第12期,第20-26页。
③ 本刊编辑部:《积极应对人口老龄化 推动老龄事业全面协调可持续发展》,载《社会福利》2016年第6期,第4-5页。
④ 《中华人民共和国国民经济和社会发展第十三个五年规划纲要》,载《人民日报》2016年3月18日,第1版。
⑤ 国务院办公厅:《国务院办公厅关于印发老年教育发展规划(2016—2020年)的通知》,载《中华人民共和国国务院公报》2016年第31期,第28-32页。
⑥ 国务院:《国务院关于印发"十三五"国家老龄事业发展和养老体系建设规划的通知》,载《中华人民共和国国务院公报》2017年第7期,第5-16页。
⑦ 习近平:《决胜全面建成小康社会 夺取新时代中国特色社会主义伟大胜利——在中国共产党第十九次全国代表大会上的报告》,载《实践(思想理论版)》2017年第11期,第4-21页。

想的内在要求",要"改善人口老龄化背景下的劳动力有效供给"。① 2019年10月,党的十九届四中全会通过《中共中央关于坚持和完善中国特色社会主义制度 推进国家治理体系和治理能力现代化若干重大问题的决定》,指出"积极应对人口老龄化,加快建设居家社区机构相协调、医养康养相结合的养老服务体系"②。至此,我国积极应对人口老龄化国家战略全面确立。

(二) 积极应对人口老龄化政策的实施(党的二十大期间)

2020年,党的十九届五中全会通过《中共中央关于制定国民经济和社会发展第十四个五年规划和二〇三五年远景目标建议》,首次提出"实施积极应对人口老龄化国家战略",并强调"积极开发老龄人力资源,发展银发经济"③。2021年3月颁布的《中共中央关于制定国民经济和社会发展第十四个五年规划和二〇三五年远景目标纲要》中用"实施积极应对人口老龄化国家战略"专门章做出了具体实施部署。④ 2021年党中央和国家领导人多次强调要贯彻落实积极应对人口老龄化国家战略,加快建立健全相关政策体系和制度框架。2021年11月党中央、国务院出台《关于加强新时代老龄工作的意见》,该意见是全面贯彻落实积极应对人口老龄化国家战略、指导新时代老龄工作的纲领性文件。⑤ 2022年12月召开的中央经济工作会议上,习近平总书记强调:"完善生育支持政策体系,适时实施渐进式延迟法定退休年龄政策,积极应对人口老龄化少子化。"⑥ 2022年,国家卫生健康委、教育部、科技部等十五部门联合印发的《"十四五"健康老龄化规划》明确提出"落实全面推进健康中国建设和积极应对人口老龄化国家战略要求",

---

① 党俊武:《〈国家积极应对人口老龄化中长期规划〉全文解读》,载《老龄科学研究》2019年第12期,第3-8页。
② 新华社:《中共中央关于坚持和完善中国特色社会主义制度 推进国家治理体系和治理能力现代化若干重大问题的决定》,载《共产党员》2019年第23期,第4-14页。
③ 《中共中央关于制定国民经济和社会发展第十四个五年规划和二〇三五年远景目标的建议》,见清研智库系列研究报告2020(06)专题资料汇编,第103-120页。
④ 《中华人民共和国国民经济和社会发展第十四个五年规划和2035年远景目标纲要》,载《人民日报》2021年3月13日,第1版。
⑤ 《中共中央 国务院关于加强新时代老龄工作的意见》,载《中华人民共和国国务院公报》2021年第34期,第10-15页。
⑥ 朱艳霞:《积极应对人口老龄化少子化》,载《中国银行保险报》2022年12月21日,第1版。

"将积极老龄观、健康老龄化理念融入经济社会发展全过程"。①

从党和国家的政策文件中提出"积极应对人口老龄"的概念，到制定积极应对人口老龄化的中长期规划，表明我国积极应对人口老龄化国家战略地位的持续提升。"积极应对人口老龄化"与"积极老龄化"虽然只有四字之差，但充分体现了"积极老龄化"的"中国化"。② 我国积极应对人口老龄化的政策框架结合了国际社会积极老龄化与健康老龄化的思想理念，在实践中发展和丰富了更符合国情的积极老龄化内涵，体现了本土化理念，是对原有理论的创新，彰显了中国特色和中国智慧。

三、积极应对人口老龄化是中国式现代化的必然选择

（一）人口老龄化是中国式现代化的重要国情

我国人口老龄化呈加速度发展，并成为伴随中国式现代化进程的重要国情和显著特征。在迈向第二个百年奋斗目标的进程中，我国的老年人口将几乎翻倍，超越发达地区老年人口总数，进入超老龄化的新阶段。③ 老龄化将对中国式现代化进程产生深刻的影响，并可能在未来带来某些负面效应。一方面，老龄化可能会对社会心理造成一定冲击；可能会造成劳动力短缺，进而削弱社会活力和技术进步动力；亦可能会影响消费市场，导致有效需求减少。④ 另一方面，人口结构矛盾凸显，少子化、老龄化形势严峻，社会保障支出增加，储蓄率和投资率可能会下降；如果人口进入低速增长阶段或长期保持负增长态势，将对国家安全造成一定的威胁。全面实施积极应对人口老龄化国家战略是中国式现代化的必然，也是中国式现代化的重要支撑。⑤

---

① 柯善北：《积极应对"银发潮" 托起灿烂"夕阳红"——〈"十四五"健康老龄化规划〉解读》，载《中华建设》2022年第3期，第12—13页。
② 邬沧萍：《积极应对人口老龄化理论诠释》，载《老龄科学研究》2013年第1期，第4—13页。
③ 杜鹏：《积极应对人口老龄化，推进中国式现代化》，载《人口与发展》2022年第6期，第2—6页。
④ 蔡昉：《人口负增长的经济影响》，载《新金融》2023年第7期，第4—10页。
⑤ 宋健：《高质量发展视域下中国人口均衡发展》，载《四川大学学报》2024年第2期，第55—62、210页。

(二) 老龄人口的现代化是中国式现代化的重要议题

2023年5月,习近平总书记在主持召开二十届中央财经委员会第一次会议时强调:"人口发展是关系中华民族伟大复兴的大事,必须着力提高人口整体素质,以人口高质量发展支撑中国式现代化。"[①] 现代化的核心是人的现代化。提升人口素质,促进人的全面发展,实现人口高质量发展,是中国式现代化的根本要求。高素质人力资本是推动中国式现代化高质量发展的关键性生产要素,高水平人才则是中国式现代化高质量发展的第一生产要素。从当前人口总量来看,我国仍是世界人力资源大国。但在少子化和老龄化双重因素影响下,我国未来劳动力供给呈下降趋势;此外,劳动力供给与新技术新产业发展需求相矛盾的问题日益突出。因此,改善人口老龄化背景下劳动力的有效供给是实现人口高质量发展需要直接回应的重大议题,也是积极应对人口老龄化的本质要求。[②] 改善劳动力的有效供给包括优化人口结构、保障劳动力供给总量、提升整体人口素质、高水平人才资源的合理配置等方面。这必然要求将当前近3亿60岁以上的老龄人口,以及未来30年逐步成为老龄人口的2亿人口的高质量发展纳入中国式现代化发展进程,并通过实施积极老龄化战略促进老年人力资源开发,为中国式现代化提供重要的人力支撑。

(三) 积极应对人口老龄化是"以人民为中心发展"的根本要求

中国式现代化是全体人民共同富裕的现代化。党的二十大报告中指出,坚持以人民为中心的发展思想,维护人民根本利益,增进民生福祉,提高人民生活品质,不断实现发展为了人民、发展依靠人民、发展成果由人民共享,让现代化建设成果更多更公平惠及全体人民。"全体人民共同富裕的现代化"是中国式现代化的重要特征和本质要求,也是"以人民为中心发展"的价值追求。[③] "共同富裕"思想最早体现在毛泽东于1953年提出的"借助

---

① 《习近平主持召开二十届中央财经委员会第一次会议 以人口高质量发展支撑中国式现代化》,载《中国人才》2023年第6期,第5页。
② 杜鹏、罗叶圣:《以人口高质量发展积极应对人口老龄化:内在逻辑与治理路径》,载《行政管理改革》2024年第6期,第22-31页。
③ 习近平:《高举中国特色社会主义伟大旗帜 为全面建设社会主义现代化国家而团结奋斗——在中国共产党第二十次全国代表大会上的报告》,载《创造》2022年第11期,第6-29页。

农村合作社的开展、逐步向着人民共同富裕目标前进"中,① 并在中国特色社会主义发展中不断得以丰富和完善。习近平总书记提出了以"中国式现代化全面推进中华民族伟大复兴"为指引,齐心协力努力实现社会共同富裕的伟大目标。②"全体人民共同富裕"是"以人民为中心发展"思想的根本要求和目标。以人民为发展中心必然包括体量巨大的老年人口在内,一方面以人的全面而自由的发展为中心,另一方面通过发展增进民生福祉。积极应对人口老龄化无疑是对"以人民为中心"发展思想的根本遵循和重要体现。实施积极应对人口老龄化国家战略,促进包括全体老年人在内的全体人民的现代化,实现终身而全面的发展,共享改革发展成果,共享健全的养老公共服务、健康幸福生活,是中国式现代化的根本目标。

(四) 积极应对人口老龄化是中国式现代化的重要组成部分

中国式现代化是一项多方协同推进的系统工程。全面建设社会主义现代化国家,高质量发展是首要任务,教育、科技、人才是基础性和战略性支撑,人民民主是应有之义,尊重自然、顺应自然、保护自然是内在要求。③人才是高质量发展的基础之一,老年人才必然包含在其中。高质量发展需要全方位通盘将老龄化工作纳入系统范畴。积极应对人口老龄化的国家战略是高质量发展不可或缺的组成部分,更是中国式现代化的必然要求。在中国式现代化进程中,需要深入了解并掌握老龄化及人口发展趋势及其对国家经济社会发展带来的问题和挑战,并将积极应对人口老龄化工作纳入经济社会深化改革全局和高质量发展的全过程;推进老龄问题治理与社会治理的协同发展、老年人口素质提升与整体人口素质提升的协同推进、老年人力资源开发与整体人力资源开发相得益彰、老年福利保障与人民美好幸福生活保障的相互促进、养老产业和养老事业与社会主义精神文明建设的协调发展,着力构建协同发展的积极应对人口老龄化治理体系,有效助推中国式现代化发展进程。

---

① 贾嘉:《新时代中国式现代化的共同富裕理论内涵与路径选择》,载《活力》2024年第14期,第178-180页。
② 贾嘉:《新时代中国式现代化的共同富裕理论内涵与路径选择》,载《活力》2024年第14期,第178-180页。
③ 蔡昉:《中国式现代化发展战略与路径》,中信出版集团2023年版。

第一章　中国式老年人力资源开发是中国式现代化的必然选择

以国际积极老龄化理论的最新发展为借鉴，以迄今为止对老龄化最为全面的了解为基础，结合我国具体国情及对未来人口发展趋势的精准预测，我国不断完善和发展的积极应对人口老龄化的国家战略是立足于时代并领先于时代的，是中国式现代化的必要组成部分。

第二节　中国式现代化人力资源现状

一、我国人力资源现状及发展趋势

通常认为，人力资源是指能够推动特定社会系统发展进步并达成其目标的该系统的人的能力的总和，即指一定范围内的人所具有的劳动能力的总和，是以劳动者的数量和质量表示的资源。① 人力资源与人口资源的概念有所区别。人口资源是指一个国家或地区的人口总和，是进行社会生产不可缺少的基本物质条件，不仅受生物与生态环境等自然因素的影响，还特别受人类社会所特有的政治、经济、文化等诸多因素的影响。人口资源概念偏重于数量的维度，劳动力资源、人力资源、人才资源等概念均以此为基础。②

（一）我国人口总量进入低速增长期

根据我国历次人口普查的数据来看（图1-1），1982年我国人口增长达到最高峰。2020年全国人口总量为141212万人，2021年仅增长48万人至141260万人，2022年降至141175万人，这是我国人口61年以来首次出现负增长。根据《2023年国民经济和社会发展统计公报》，2023年末全国人口140967万人，比上年末减少208万人，其中城镇常住人口93267万人。全年出生人口902万人，出生率为6.40‰；死亡人口1110万人，死亡率为7.87‰；自然增长率为-1.48‰。③ 出生人口自2017年以来持续7年下降，

---

① 王萍：《人力资源》，浙江大学出版社2012年版，第2页。
② 王萍：《人力资源》，浙江大学出版社2012年版，第2页。
③ 国家统计局：《中华人民共和国2023年国民经济和社会发展统计公报》，载《中国统计》2024年第3期，第4-21页。

且减量扩大。根据联合国人口司预测，2023年年中，印度人口将达到14.286亿，超过中国人口14.257亿，成为世界人口最多的国家。① 此外，根据联合国《世界人口展望2022》中方案的预测数据显示，到2035年我国人口总量还将维持在14亿的水平，而到2050年逐步降至13.1亿，到21世纪末为7.7亿。② 最新的统计数据显示，中国人口发展正在经历一个关键的转折，即人口总量达到峰值，随后常态化地转入持续低速增长乃至负增长。③ 人口资源结构的重大变化将对中国式现代化进程产生深远的影响。

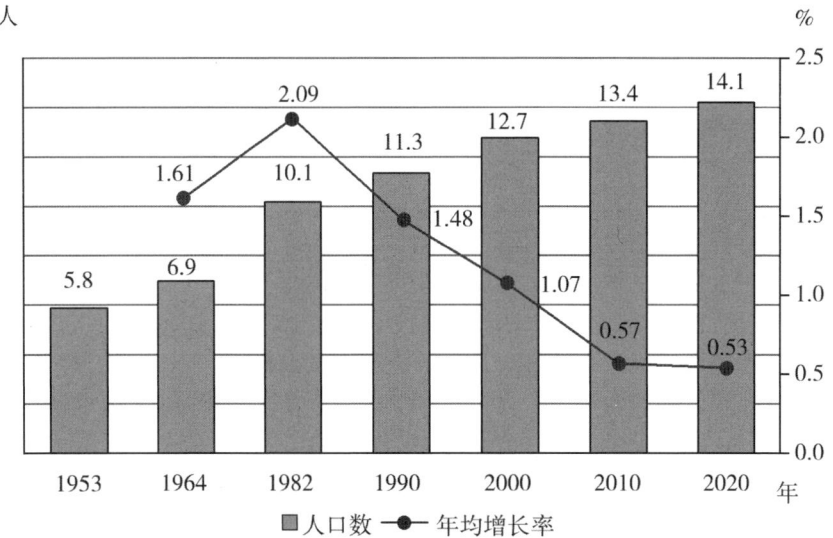

图1-1 历次人口普查全国人口规模和年均增长率④

---

① 钱小岩：《印度将成为世界第一人口大国？》，载《第一财经日报》2023年4月20日，第A01版。
② 杜鹏、罗叶圣：《以人口高质量发展积极应对人口老龄化：内在逻辑与治理进路》，载《行政管理改革》2024年第6期，第26-27页。
③ 蔡昉：《人口负增长时代——中国经济增长的挑战与机遇》，中信出版集团2022年版，第21页。
④ 国务院第七次全国人口普查领导小组办公室：《2020年第七次全国人口普查主要数据》，中国统计出版社2021年版，第50页。

（二）我国劳动力供给呈下降趋势

1. 我国劳动人口出现负增长，且早于总人口负增长

我国历次人口普查数据显示，60岁及以上人口不断增加，并在2020年超过0～14岁人口数。① 老龄人口持续增长，少儿人口持续减少，人口年龄结构逐步向"倒梯形"转变。早在2012年，我国劳动年龄人口便进入负增长的历史拐点。根据国家统计局数据，2012年我国15～59岁劳动年龄人口为93727万人，比上年减少345万人，占总人口的比重为69.2%，比上年末下降0.60个百分点，这是我国自改革开放以来劳动力总量首次出现下降。② 全国第六次人口普查数据显示，2010年0～14岁和60岁及以上人口比例分别为16.60%和13.26%，14～59岁人口比例为70.14%；③ 全国第七次人口普查数据显示，2020年0～14岁少儿比为17.95%，60岁及以上比为18.70%，14～59岁人口比例为63.35%。④ 对比两组数据可见，2010—2020年期间，老龄人口快速增长，多于少儿人口，且劳动年龄人口下降6.79%，表明我国出现劳动人口负增长，且早于总人口负增长。

2. 劳动人口总量持续下降

自1949年中华人民共和国成立以来，我国经历了三次生育高峰期，分别在1949—1958年、1962—1975年以及1982—1991年，三个时期对应的出生人口数量分别为2亿、3.6亿与2.3亿。⑤ 但随着第二轮婴儿潮人口（1962—1975年期间出生的人口）逐渐到达退休年龄，退出劳动力市场，劳动力的规模开始缩减。根据我国第七次人口普查预测，15～59岁的劳动年龄人口规模将从2020年的8.95亿人降至2035年的8亿人，并在2050年进一步降至6.28亿人；15～59岁人口占总人口的比重将从2020年的63.4%

---

① 侯佳伟：《从七次全国人口普查看我国人口发展新特点及新趋势》，载《学术论坛》2021年第5期，第1-14页。
② 定军：《劳动力总量首现下降 人口红利窗口加速关闭》，载《21世纪经济报道》2013年1月21日，第2版。
③ 国家统计局：《2010年第六次全国人口普查主要数据公报（第1号）》，载《人民日报》2011年4月29日，第9版。
④ 国家统计局、国务院第七次全国人口普查领导小组办公室：《第七次全国人口普查公报（第五号）——人口年龄构成情况》，载《中国统计》2021年第5期，第10-11页。
⑤ 乔晓春：《中国人口老龄化的过去、现在与未来》，载《社会政策研究》2024年第1期，第48-49页。

降至2035年的58.0%，并在2050年进一步降至48.4%。① 国务院发展研究中心发布的《中国发展报告2023》显示，自2011年以来，中国已经先后经历了劳动年龄人口达峰（2013年）和人口总量（2021年）达峰，这是两个重要的转折点，意味着我国劳动年龄人口和人口总量将在未来较长时间内继续下降，这将限制潜在的经济增长；② 同时意味着人口红利正在逐渐消失。人口老龄化程度加深的同时，潜在劳动力供给和真实劳动力供给也会随之减少；③ 即使劳动力需求规模也在缩减，但劳动力供给规模下降速度更快，长期的供需变化不匹配将导致劳动力短缺。④ 自2020年起，我国老少比开始出现倒置，且生育率持续下降，这将深刻影响我国未来人口结构的变化，最直接的表现为16～59岁的劳动力资源伴随着低生育率逐步减少。

3. 多重因素叠加深化了劳动力资源短缺问题

国务院发展研究中心发布的《未来十年我国劳动力供求趋势分析》⑤ 指出，在低生育率和人口老龄化加速并行的背景下，劳动力短缺问题不仅是劳动年龄人口下降导致的，它还受到产业结构变化所带来的劳动力需求变化的影响，同时也受到劳动年龄人口的劳动参与率等因素的影响。一方面，报告预测，2020—2030年，我国第一产业的劳动力需求将从1.87亿降至1.09亿，第二产业的劳动力需求将从2亿降至1.6亿，第三产业的劳动力需求将从3.8亿增加至4.9亿，2030年的总劳动力需求约为7.59亿人。另一方面，中等教育、高等教育扩招延长了劳动年龄人口在校的时间，推迟了其进入就业市场的时间，降低了劳动参与率。因此，同一时期，我国劳动年龄人口数量从9.89亿降至9.63亿，劳动参与率从68.44%降至65.17%，也就是说，2030年的劳动力供给约为6.27亿人。劳动力需求（7.59亿人）和处于劳动年龄的劳动力供给（6.27亿人）之间存在巨大的差距。

---

① 张翠玲、李月：《基于第七次人口普查的中国长期人口趋势预测》，载《人口与健康》2023年第7期，第15-17页。
② 《中国发展报告2023》，中国发展出版社2023年版。
③ 呼倩：《中国人口老龄化的劳动供给效——基于省级面板数据的分析》，载《广东财经大学学报》2019年第4期，第33-48页。
④ 童玉芬、刘志丽、宫倩楠：《从七普数据看中国劳动力人口的变动》，载《人口研究》2021年第3期，第65-74页。
⑤ 李建伟、钱诚：《未来十年我国劳动力供求趋势分析》，载《理论导报》2020年第10期，第44-46页。

（三）我国全面进入严重少子化时代

人口发展政策主要通过生育政策、生育理念等实现人口结构优化，促进人口长期均衡发展，与国家经济社会发展相协调。新中国成立初期，我国作为农业大国，采取了积极宽松的人口生育政策，为新中国建设提供了强有力的人力支撑。但鼓励性的人口生育政策带来的人口过快增长与社会资源供给不足的矛盾不断凸显，①为促进人口发展与经济社会发展相协调，我国自 1966 年 1 月 28 日开始研究制定计划生育政策。1972 年，我国召开全国第一次计划生育会议，正式实施以人口控制为中心的计划生育政策。1973 年，我国人口出生率和自然增长率从 1972 年的 29.77% 和 22.16% 分别下降为 27.93% 和 20.89%，1979 年下降为 17.82% 和 11.61%。②1982 年，计划生育被确定为基本国策。根据我国人口普查数据，2000—2010 年期间，我国人口增长率由 2000 年的 1.07 垂直下降为 2010 年的 0.57，呈现人口低生育率发展趋势（联合国的代际平衡黄金总和生育率是 2.1）。为优化人口结构，促进人口长期均衡发展，并与新时代中国特色社会主义经济建设相适应，我国逐步出台新的人口发展政策。2013 年实施"单独二孩"政策，鼓励父母中有一人为独生子女的家庭生育二孩，将生育决策权交还家庭。自此，我国人口生育政策逐步趋向宽松。2015 年，"全面二孩"政策出台，即一对夫妇可生育两个孩子，取消了之前关于"单独"的限制。2021 年实施"三孩政策"，鼓励一对夫妻可以生育三个子女，并取消社会抚养费等制约措施、清理和废止相关处罚规定，配套实施积极生育支持措施。③但从第七次全国人口普查数据来看，全面放开二孩政策效应低于预期，我国人口增长率 2020 年仅为 0.53，仍呈现为低生育率状态，人口增长率仍呈下降趋势；而 0～14 岁人口占比仅为 17.1%，全面进入严重少子化时代（人口学家认为，一个社会 0～14 岁人口占比 15%～18% 为"严重少子化"，15% 以内为"超少子化"④），这将对我国人口结构均衡发展以及人力资源开发产生极大的影响。

---

① 马红鸽、贺晓迎：《建党百年中国共产党人口生育政策变迁及启示》，载《西安财经大学学报》2021 年第 5 期，第 29 - 38 页。
② 高书国：《教育强国：中国教育发展战略选择》，广东高等教育出版社 2018 年版，第 51 页。
③ 《中共中央 国务院关于优化生育政策促进人口长期均衡发展的决定》，载《健康中国观察》2023 年第 2 期，第 11 - 14 页。
④ 高书国：《教育强国：中国教育发展战略选择》，广东高等教育出版社 2018 年版，第 53 页。

二、我国老年人力资源现状及发展趋势

(一) 我国老龄人口将在 21 世纪前半叶加速增长

我国人口老龄化呈超快速度、超高水平特点发展,成为 21 世纪不可逆的稳定发展趋势。根据联合国预测,到 2033 年,我国老年人口占比将超过 20%,将进入超老龄化社会。[①] 根据人口发展预测,2022—2036 年是老年人口增长最快的时期,2035 年老龄人口将达 4.12 亿高峰,2037—2051 年进入中速增长阶段,2050 年老龄人口将达 4.80 亿最高峰。[②] 老年人口的快速增长,主要基于两方面的原因。一是随着健康水平的发展,人口预期寿命不断增长。《"健康中国 2030"规划纲要》提出男女两性合一预期寿命目标,预计到 2030 年时,男女平均预期寿命 79.0 岁,男性预期寿命约为 76.50 岁,女性约为 82.10 岁。[③] 而根据联国经典预期寿命模型高速方案推算出到预测期末的各个年份所对应的预期寿命水平,到 2050 年时,男女两性预期寿命平均为 83.37 岁,男性约为 79.06 岁、女性约为 84.57 岁。[④] 二是我国在 20 世纪 60 年代中后期和 20 世纪 70 年代中前期经历了人口生育高峰,该阶段出生的人口在 2022—2036 年期间陆续进入老年期,与我国人口老龄化进入峰值直接相关。根据预测,我国老龄化在出现峰值后,即 2050 年左右往后的 21 世纪后半叶,老年人口数量不会一直增长,预计在峰值水平持续 6 年左右,而后才会跨过"拐点",总体上形成稳中有降的趋势。[⑤]

[①] 谢攀攀:《中国人口老龄化新特点与地区老龄化差异——基于全国人口普查数据的实证分析》,载《黑龙江人力资源和社会保障》2022 年第 13 期,第 27 – 29 页。

[②] 乔晓春:《中国人口老龄化的过去、现在和未来》,载《社会政策研究》2024 年第 1 期,第 47 – 63、133 页。

[③] 新华社:《中共中央 国务院印发〈"健康中国 2030"规划纲要〉》,载《中华人民共和国国务院公报》2016 年第 32 期,第 5 – 20 页。

[④] 杜鹏、李龙:《新时代中国人口老龄化长期趋势预测》,载《中国人民大学学报》2021 年第 1 期,第 96 – 109 页。

[⑤] 杜鹏、李龙:《新时代中国人口老龄化长期趋势预测》,载《中国人民大学学报》2021 年第 1 期,第 96 – 109 页。

第一章　中国式老年人力资源开发是中国式现代化的必然选择

（二）我国是全球老年人口规模最大的国家

我国是目前世界上唯一老龄人口超过2亿人的国家。截至2023年底，我国60周岁及以上人口达到29697万人，占全国总人口的21.1%。其中，65周岁及以上人口为21676万人，占全国总人口的15.4%。①预计2025年，我国60岁及以上老年人口将突破3亿，2033年突破4亿。②自2030年起，中国老年人口数量将超过发达国家老年人口总和。③

（三）人口老龄化城乡倒置，区域差异显著

在人口老龄化加剧的背景下，区域老龄人口差异显著，主要体现在三方面。其一是老龄人口"城乡倒置"，即在农村经济发展水平还远低于城镇的情况下，其人口老龄化水平却高于城镇。④造成这一现象的主要原因是农村地区大量青壮年劳动力向城市迁移，以及农村人口健康水平发展和预期寿命增加。自我国2000年步入老龄化社会后到2015年期间，城乡倒置现象出现并迅速扩展。⑤国家统计局数据显示，2010—2022年，城市、镇和乡村老年人口占比分别由7.7%、8.9%、10.1%增至12.0%、13.3%、19.3%，⑥这表明农村人口老龄化程度和发展速度远高于城镇。但学者们认为，随着城镇化浪潮进入城镇生活的农村青壮年人口步入老年后，城镇老年人口将急速上升，城乡倒置现象将发生改变。⑦其二是区域间老龄化呈现东升西降趋势。国家统计数据显示，2022年我国31个省级及以上行政单位（不含港澳台）中，有19个进入深度老龄化，辽宁、上海、重庆老龄化程度最高；西藏、

---

① 李庆：《民政部　全国老龄办发布〈2023年度国家老龄事业发展公报〉》，载《益时报》2024年10月15日，第2版。
② 刘波：《勾勒老龄事业和产业发展新蓝图》，载《中国产经新闻》2022年2月26日，第2版。
③ 杜鹏：《中国人口老龄化现状与社会保障体系发展》，载《社会保障评论》2023年第2期，第31-47页。
④ 杜鹏、王武林：《论人口老龄化程度城乡差异的转变》，载《人口研究》2010年第2期，第3-10页。
⑤ 张伟、蒲春蓉等：《中国人口老龄化城乡倒置现象的时空演变特征及其驱动机制》，载《热带地理》2021年第5期，第928-942页。
⑥ 李频捷：《积极应对人口老龄化提高人民养老质量》，载《国际公关》2023年第11期，第25-27页。
⑦ 童玉芬、李玉梅、刘传奇：《我国城镇化进程中的城乡人口老龄化趋势及政策启示》，载《人口与经济》2014年第6期，第12-21页。

新疆和广东是最"年轻"的省级及以上单位，老年人口占比低于7%。① 区域间老龄化的差异将直接影响区域老年人力资源与总体人力资源的分布与发展。其三是区域间（包括城乡间）老年人力资源水平差异显著。经济发展水平的差异导致各地区医疗卫生水平发展的差异，进而形成区域间老年人口健康水平的显著差异。按地区来看，我国山东、江苏、四川、河南、广东、河北和浙江等地的健康或基本健康的老年人口数量都超过1000万，是名副其实的老年人力资源大省；按城乡分布看，2020年健康和基本健康的老年人口在城市中有8190.11万人，在乡镇中有4670.12万人，在农村则为10181.95万人。② 同样，受经济发展水平的影响，区域间文化教育发展水平也存在着一定的差异，城乡老年人力资源在文化水平上亦表现出显著差异。

（四）老龄人口高龄化趋势凸显

随着医疗卫生水平的发展，老年人口的高龄化趋势日益突出。据专家测算，与60岁及以上老年人口总量在21世纪前半叶持续抬升相对应，80岁及以上的高龄老年人口数量也整体上呈现增长态势，2020年、2035年、2050年80岁及以上人口分别为近3000万人、约6100万人、超1.1亿人；到2065年，我国80岁及以上的高龄老年人口将达到1.27亿，约占60岁及以上老年人口的28.7%。③ 高龄化的发展意味着越来越多的老年人将面临空巢或独居状况。2000年、2010年和2020年的全国人口普查数据显示，在过去的20年里，城乡老年家庭空巢水平不断上升。2020年，全国空巢老人数量接近1.5亿，其中772万为高龄独居老人。近七成独居老人处于丧偶状态，接近一成从未结婚。高龄女性老年人面临更严峻的独居空巢问题。2022年，我国民政部资料显示，我国老年人口中空巢老人占比超过一半，在部分农村地区，这一比例甚至超过70%。④ 研究表明，到2030年，我国空巢老人的

---

① 李频捷：《积极应对人口老龄化提高人民养老质量》，载《国际公关》2023年第11期，第25－27页。
② 曾红颖、范宪伟、赵玉峰等：《我国老年人力资源开发分析》，载余兴安、李志更《中国人力资源发展报告（2022）》，社会科学文献出版社2022年版，第61－76页。
③ 杜鹏、李龙：《新时代中国人口老龄化长期趋势预测》，载《中国人民大学学报》2021年第1期，第107页。
④ 肖琳：《互助养老模式下农村留守老人的价值重建》，载《南京农业大学学报（社会科学版）》2023年第4期，第130－138页。

比例将达到90%，预计超过2亿老年人会处于空巢状态。① 其中，农村留守老年人是我国老年人力资源的重要构成部分，其开发与利用应给予高度重视。

三、人口红利向长寿红利转变

人力资源红利是一种质量型人口红利，主要指通过提升人口素质——尤其是教育水平和健康水平——提高劳动生产率和经济增长潜力的一种经济现象。② 它与传统的数量型人口红利不同，人力资本红利不仅仅注重人口数量，更注重人口质量和技能的提升。"人口红利既要看总量，更要看质量，既要看人口，更要看人才。"③ 老年人口的高质量发展意味着将拥有大量的老年人力资源，是实现人口红利向长寿红利转变的重要基础。积极开发利用老年人力资源，促进从依赖传统的人口红利向长寿红利转变，是中国式现代化的必然选择。

（一）长寿红利的概念及内涵

长寿红利是指由于老年人口增长（特别是高龄人口规模扩大和比例提高）所产生的消费需求和老年人口社会参与对经济增长直接或间接的推动作用。④ 长寿红利是以一种全新的视角看待老龄化，强调基于人口预期寿命的不断增长，以老年人口高质量发展，提高健康水平和经济产出，以实现更积极和更有生产力的老龄化社会发展。党的二十大以来，老年人力资源开发逐步引起党和国家的重视，并成为积极老龄化国家战略举措。2023年5月，二十届中央财经委员会第一次会议召开，会议就我国人口发展新形势作出重要判断，强调要"认识、适应、引领人口发展新常态"。"加快塑造素质优

---

① Hong Su, Jianqin Cao, Yuqiu Zhou, et al., "The mediating effect of coping style on personality and mental health among elderly Chinese empty-nester: A cross-sectional study", *Arch Gerontol Geriatr*, 2018 (75), pp. 197–201.
② 张同斌等：《从数量型"人口红利"到质量型"人力资本红利"——兼论中国经济增长的动力转换机制》，载《经济科学》2016年第5期，第5–17页。
③ 石智雷、腾聪波：《少子化背景下生育质量研究：一个分析框架》，载《西北人口》2024年第3期，第1–10页。
④ 陆杰华、汪斌：《长寿社会下全球公共治理新动向研究》，载《中国特色社会主义研究》2019年第6期，第69–75页。

良、总量充裕、结构优化分布合理的现代化人力资源""要加强人力资源开发利用，稳定劳动参与率，提高人力资源利用效率"。① 故此，长寿红利内涵亦得到不断的丰富和发展。其内涵不仅强调由应对老龄化社会带来的养老压力向积极发展"银发经济"转变，而且还主张由传统的年龄歧视向积极利用老年人口累积的知识、经验等优势转变。

长寿红利的主要内涵有两个方面。首先，从生物学角度来看，长寿红利意味着人类寿命的逐步延长，并且在有效对抗衰老和疾病的基础上实现生活与生命质量的提升。其次，从经济学角度来看，长寿红利是指通过老龄化所带来的机遇，促进社会、经济和文化的创新与发展，从而取得新的成就。② 挖掘老年人口的长寿红利，需要以老年人口的高质量发展为基础，其关键点在于以下方面：一是优化养老服务，提升服务覆盖率及均等化水平，确保老年人生活与生命质量的提高与现代化进程同步；二是创造条件提升低龄健康老年劳动者的就业意愿和就业能力，提高其参与经济社会活动的能力与水平，为有意愿的老年群体创造多样化、个性化的就业岗位和社会活动形式，有效释放人口红利；三是大力发展银发经济，有效满足人口老龄化社会的特殊消费需求的同时，发挥老年人作为消费者的积极经济功能。③ 有效开发利用老年人力资源是促进人口高质量发展的重要路径，将有效应对我国人口结构变化、劳动力市场紧缩以及经济出现新常态的挑战，进而促进我国人口红利向长寿红利转变。

（二）长寿红利的价值

1. 提高经济社会发展活力，促进经济增长

一是实现由养老压力向银发经济的重大转变。长寿红利从经济发展新动能视角支撑实施积极应对人口老龄化国家战略。④ 积极有效地开发利用老年人力资源，实现人口长寿红利，一方面将有助于化解养老压力与银发经济发

---

① 陈功：《构建人口发展支持与服务新格局的新思考》，载《人口与发展》2024年第5期，第2-6页。
② 朱荟：《从老年负担到长寿红利：国家战略定位下的中国方案》，载《山东大学学报（哲学社会科学版）》2022年第4期，第112-120页。
③ 蔡昉：《完善人口发展战略　促进人口高质量发展》，载《学习时报》2024年8月9日，第A1版。
④ 朱荟：《从老年负担到长寿红利：国家战略定位下的中国方案》，载《山东大学学报（哲学社会科学版）》2022年第4期，第112-120页。

展之间的矛盾,另一方将有助于推动构建契合老龄化社会新常态的银发经济新领域。基于人的全生命周期发展视角,创新银发经济发展理念,构建覆盖全年龄段的事业与产业体系,涵盖老年医疗保健和养老服务等银发消费市场,以及托育服务、家庭护理等多种形式的服务市场开发,将有效增强经济社会发展新动能,促进经济社会的持续健康发展。

二是促进消费经济增长。老年人力资源开发促进老年人更多地参与经济生产活动,将有助于提升老年劳动者的收入水平和消费能力。首先,能刺激消费经济的增长;其次,还能推动老龄健康产业、养老服务及文化旅游等消费市场的发展,进而促进银发经济发展;最后,还能鼓励老年人提高储蓄和投资的比重,这将对金融市场和资本积累产生正面影响,也将为经济增长注入新的动力。

三是扩大老年就业市场。通过全方位多路径的老年人力资源开发,充分支持身心健康、有就业意愿的老年人重返就业市场,不仅可以缓解我国劳动力短缺的问题,优化劳动力结构,还将激发经济社会发展的新活力。

四是推动科技创新,促进产业升级。一方面,老年人口中有着大量高水平专业技术人才和创新型人才,支持和鼓励其广泛参与技术创新和研究,将提升科技创新发展的效能。另一方面,随着人口预期寿命的不断延长,人们对生命健康及高质量养老服务的需求将日益增长,这将积极促进医疗、生物技术等领域的科技创新,进而推动产业转型升级,为经济社会发展注入新活力。

2. 促进养老金收支平衡,增加政府财政收入

我国老年抚养比逐年升高。随着老年抚养比上升,我国"现收现付"的养老金制度面临严峻挑战,养老金缺口将逐渐扩大,公共转移支付系统的成本将不断上升。[1]《中国养老金精算报告2019—2050》预测我国养老金可能在2035年耗尽结余。[2] 这意味着我国未来将面临日益加重的养老负担和挑战。而开发利用老年人力资源,则意味着老年人更多更广泛地重返劳动力市场创造新的价值,促进实现养老金收支平衡。这一方面有助于增强老年人自身的养老保障能力,减轻社会保障体系在养老金支付上的压力,促进养老金

---

[1] Masud Chand, Gergana Markova, "The European Union's aging population: Challenges for human resource management", *Thunderbird International Business Review*, 2019 (61), pp. 519–529.

[2] 郑秉文等:《中国养老金精算报告2019—2050》,中国劳动社会保障出版社2019年版,第1页。

的收支平衡及可持续性;另一方面,随着银发消费市场的增长及银发产业的转型升级,有助于推动政府财政收入的增长,有效保障公共服务支出,优化基础设施建设,进一步推动经济社会的可持续发展,进而促进代际间养老公平,确保各年龄层都能充分共享经济社会发展的成果。

3. 提升人力资源优势,增强国家竞争力

第一,提升整体人力资源的职业能力和技能素养。首先,随着老年人职业生涯的延长,其对终身学习和终身职业培训的需求增加,这将进一步促进国家职业教育和终身教育发展水平,有利于提升整体人力资源受教育的水平;其次,鼓励老年人参与技能型职业培训和终身学习,将有助于提升整体人力资源的技能水平,并提高技能型社会建设水平;最后,加强老年人才资源开发,有助于优化人才结构,改善人力资源的有效供给,增强国家人才竞争优势。

第二,提升整体人力资源的健康水平。银发经济的创新发展,将为老年人口提供更加契合全生命周期发展需要的养老服务、医疗保障等银发产品,有效预防和减少疾病,提升老年人力资源的身心健康水平,进而拥有更长的生命活跃期。

第三,延长整体人力资源在劳动力市场的周期。"人的本质是一切社会关系的总和。"[①] 任何人都无法脱离社会而孤立存在。老年人通过积极广泛的社会参与,不仅能够顺利实现再社会化,还能激发其内在动力,促使其更长久地停留在劳动力市场,积极参与生产性活动,有效实现自我价值。

积极开发和利用老年人力资源,挖掘长寿红利,是应对人口老龄化的重要战略举措。这不仅有助于改善劳动力的有效供给,推动银发经济发展,还将促进老年人全生命周期的健康发展,为经济社会发展注入新活力。中国式老年人力资源开发策略强调从单纯的疾病治疗转向延长老年健康活跃期,从将老年人视为社会负担转向认可其生命价值,倡导建立一个适应老龄化社会经济新常态的、面向全体人群及全生命周期的中国方案,进而为全球应对人口老龄化挑战贡献中国经验。

---

① 《马克思恩格斯选集(第1卷)》,人民出版社1995年版,第56页。

第三节　老年人力资源开发在中国式现代化
##　　　　进程中的多维价值

一、中国式现代化的发展与基本内涵

现代化通常是一个广泛的概念，指自工业革命以来，人类社会在政治、经济、文化、社会等多个维度上发生的深刻转型和持续发展进程，旨在提升社会的整体效能、生活质量以及国际竞争力。[①] 学者们认为中西方定义的"现代化"的内涵总体一致，即是一种追求新的技术、方法或理念的动态过程。[②] 学界关于"现代化"的内涵尚未有定论，罗荣渠将其归纳为四大类：① 现代化是指近代资本主义兴起后的特定国际关系格局下，经济落后国家在经济和技术上赶上世界先进水平的历史过程；② 现代化实质上是经济落后国家实现工业化的过程；③ 现代化是自科学革命以来人类社会急剧变动过程的统称；④ 现代化是一种心理态度、价值观和生活方式的改变过程，是历史时代的一种"文明形式"。[③] 现代化的特征可概括为民主化、法制化、工业化、都市化、均富化、福利化、社会阶层流动化、宗教世俗化、教育普及化、知识科学化、信息传播化、人口控制化等。[④] 自18世纪末以来，世界范围的现代化已经历了三次主要发展浪潮。第一波浪潮（18世纪后期至19世纪中叶）由英国的工业革命引领，随后逐渐扩展至西欧，推动了早期工业化。第二波浪潮（19世纪下半叶至20世纪初）标志着工业化进一步传播至欧洲其他地区和北美，同时对非西方世界产生了深远影响，开启了其现代化进程。第三波浪潮（20世纪下半叶）则见证了发达国家工业化的升级，同时许多

[①] 俞思念、陈平其：《西方现代化理论的兴起与演变》，载《学习与探索》2005年第6期，第131-134页。

[②] 万鹏飞、刘雪萌：《现代化的学理思考：概念、理论和框架》，载《北京行政学院学报》2023年第6期，第77-87页。

[③] 宠卫东：《马来西亚现代化进程及其历史反思》，载《东南亚研究》2024年第5期，第67-84、156页。

[④] 罗荣渠：《现代化新论——世界与中国的现代化进程》，北京大学出版社1993年版，第3页。

欠发达国家开始步入工业化的行列。① 学者们的研究为深入理解中国式现代化的内涵提供了宝贵的指导。

中国式现代化是世界潮流激荡与中国近现代历史发展的必然产物，也是中国人民和中国共产党的主动选择和伟大创造。1840 年的鸦片战争开启了中国近现代历史的曲折进程。一方面，它是帝国主义和中国封建势力相勾结一步一步把中国变成半封建和半殖民地的过程，也是中国人民推翻帝国主义和封建主义统治、开展反帝反封建的人民民主革命的过程；另一方面，它又是中国人民和无数的志士仁人（1921 年后在中国共产党领导下）艰辛奋斗、艰难探索国家现代化的过程。从魏源、林则徐的"师夷长技以制夷"，到曾国藩、张之洞、李鸿章等的洋务运动，康有为、梁启超的戊戌变法，再到孙中山的辛亥革命，这些尝试都失败了。② 这些探索的共同之处在于试图通过学习西方经验以实现现代化，并先后经历了学习西方的"器物"—"制度"—"文化"的转变。1917 年，俄国十月革命取得胜利，给中国送来了马克思主义。1921 年，中国共产党成立，中国从此开启了新民主主义革命的新征程。正如毛泽东指出："帝国主义的侵略打破了中国人学西方的迷梦。很奇怪，为什么先生老是侵略学生呢？中国人向西方学得很不少，但是行不通，理想总是不能实现。""十月革命帮助了全世界也帮助了中国的先进分子，用无产阶级的宇宙观作为观察国家命运的工具，重新考虑自己的问题。走俄国人的路——这就是结论。"③ 但是，经过 28 年的新民主主义革命和新中国成立后 30 年社会主义革命和建设时期、改革开放新时期，中国特色社会主义进入新时代，中国人民和中国共产党坚持把马克思主义普遍真理与中国具体实际相结合，与中华优秀传统文化相结合，从走俄国人的路到走自己的路，从新中国成立初期学习苏联到建设中国特色的社会主义，实现了党的指导思想上的三次飞跃，创立了毛泽东思想、邓小平理论和习近平新时代中国特色社会主义思想，最终创造了中国式现代化道路，是一种扎根于中国实际、反映中国智慧、解决中国问题并有可能对全球产生积极影响的特有发展

---

① 邱佛梅、吴定海：《世界现代化的发展经验、一般规律与中国方案》，载《深圳社会科学》2024 年第 2 期，第 23 - 24 页。

② 高云飞：《正确认识社会主义，促进社会全面发展》，载《社会科学》1997 年第 6 期，第 2 - 6 页。

③ 《毛泽东选集》第 4 卷，人民出版社 1991 年版，第 1470 页。

模式和理念。①

早在新中国成立初期，毛泽东提出要把马克思列宁主义基本原理与中国具体实际进行"第二次结合"，探寻适合中国国情的社会主义建设具体道路。1959—1960年，毛泽东提出了较为完整的"四个现代化"的奋斗目标。② 而"中国式现代化"的概念最初是由邓小平同志首先提出来的。1979年3月，他在中央理论工作务虚会上指出：要"走出一条中国式的现代化道路"，一方面，必须坚持走社会主义道路；另一方面，"必须从中国的特点出发"，如"底子薄""人口多、耕地少"等。③ 1978年，党的十一届三中全会召开，标志着中国社会主义现代化建设进入改革开放新时期，以经济建设为中心。邓小平同志强调："能否实现四个现代化，决定着我们国家的命运、民族的命运"，"我们搞的现代化，是中国式的现代化。我们建设的社会主义，是有中国特色的社会主义"。④ 另外，邓小平还提出了"小康"和"小康社会"的概念，并直接把"小康社会"等同于"中国式现代化"。⑤ 这是对毛泽东思想的继承和发展。

江泽民同志和胡锦涛同志先后提出了"'三个代表'重要思想"和"科学发展观"，是对邓小平"中国式现代化"思想的继承和发展，并构成中国特色社会主义理论体系。在中国式现代化问题上，他们主要发展了邓小平关于"小康社会"的思想，并先后把建设小康社会和全面建成小康社会作为中国式现代化的目标。

党的十八大以后，中国特色社会主义进入新时代。习近平同志进一步继承和发展了邓小平的"中国式现代化"思想，提出了"中国式现代化"的理论。2020年，党的十九届五中全会召开，全会明确提出了如期全面建成小康社会、实现第一个百年奋斗目标的要求，以及"全面建设社会主义现代化国家"的新目标，⑥ 开启了中国特色社会主义现代化建设新征程。2021年

---

① 潘澍：《中国式现代化的哲理渊源与意义探析》，载《辽宁省社会主义学院学报》2024年第3期，第17-22页。
② 《毛泽东文集》第8卷，人民出版社1999年版，第116页。
③ 《邓小平文选》第2卷，人民出版社1994年版，第163-164页。
④ 《邓小平文选》第2卷，人民出版社1994年版，第163页；《邓小平文选》第3卷，人民出版社1994年版，第29页。
⑤ 《邓小平文选》第3卷，人民出版社1993年版，第54页。
⑥ 《中国共产党第十九届中央委员会第五次全体会议公报》，载《西北工业大学学报》2020年第6期，第1370页。

7月1日，在庆祝中国共产党成立100周年大会上，习近平总书记代表党和人民庄严宣告："经过全党全国各族人民持续奋斗，我们实现了第一个百年奋斗目标，在中华大地上全面建成了小康社会，历史性地解决了绝对贫困问题，正在意气风发向着全面建成社会主义现代化强国的第二个百年奋斗目标迈进。"① 同时，他在讲话中重申了"中国式现代化"的概念，强调："走自己的路，是党的全部理论和实践立足点，更是党百年奋斗得出的历史结论……创造了中国式现代化新道路，创造了人类文明新形态。"② 同年11月，党的十九届六中全会通过《中共中央关于党的百年奋斗重大成就和历史经验的决议》，明确坚持和发展中国特色社会主义，"以中国式现代化推进中华民族伟大复兴"，领导人民成功走出中国式现代化道路。③ 2022年10月，党的二十大报告中再次明确"从现在起，中国共产党的中心任务就是团结带领全国各族人民全面建成社会主义现代化强国、实现第二个百年奋斗目标，以中国式现代化全面推进中华民族伟大复兴"④。党的二十大报告全面概括并深入阐述了中国式现代化的本质内涵、鲜明特色、战略目标、推进方式、本质要求、实现路径等，提出一系列具有创新性的思想理论观点，极大地丰富和发展了中国式现代化理论，是党的重大理论创新，也是科学社会主义重大创新成果。2024年7月，《中共中央关于进一步全面深化改革推进中国式现代化的决定》⑤ 充分肯定了新时代以来全面深化改革所取得的成果和宝贵经验，并讨论了如何进一步全面深化改革、推进中国式现代化的相关问题。认为当前及未来一段时间是以中国式现代化为引领、全面推进强国建设和实现民族复兴的关键时期；⑥ 全会擘画了进一步全面深化改革的时代蓝

---

① 习近平：《在庆祝中国共产党成立100周年大会上的讲话》，载《社会主义论坛》2021年第8期，第4-8页。

② 习近平：《在庆祝中国共产党成立100周年大会上的讲话》，载《社会主义论坛》2021年第8期，第4-8页。

③ 习近平：《关于〈中共中央关于党的百年奋斗重大成就和历史经验的决议〉的说明》，载《求是》2021年第23期，第38-45页。

④ 习近平：《高举中国特色社会主义伟大旗帜　为全面建设社会主义现代化国家而团结奋斗——在中国共产党第二十次全国代表大会上的报告》，载《中国人大》2022年第21期，第6-21页。

⑤ 习近平：《关于〈中共中央关于进一步全面深化改革、推进中国式现代化的决定〉的说明》，载《共产党员》2024年第15期。

⑥ 《中共二十届三中全会在京举行　中央政治局主持全会　中央委员会总书记习近平作重要讲话》，载《吉林人大》2024年第7期，第4-9页。

图，成为进一步全面深化改革、推进中国式现代化的行动指南。

党的二十大报告明确阐述了中国式现代化的基本内涵，即"中国式现代化的本质要求是，坚持中国共产党领导，坚持中国特色社会主义，实现高质量发展，发展全过程人民民主，丰富人民精神世界，实现全体人民共同富裕，促进人与自然和谐共生，推动构建人类命运共同体，创造人类文明新形态"①。习近平总书记指出："我国现代化同西方发达国家有很大的不同。西方发达国家是一个'串联式'的发展过程，工业化、城镇化、农业现代化、信息化顺序发展，发展到目前水平用了二百多年时间。我们要后来居上，把'失去的二百年'找回来，决定了我国发展必然是一个'并联式'的过程，工业化、信息化、城镇化、农业现代化是叠加发展的。"②

现代化是全人类的共同追求。"中国式现代化既有各国现代化的共同特征，更有基于自己国情的中国特色。"③张鹏洲认为，可以从三个层面理解中国式现代化的基本内涵。④首先，中国式现代化是人类现代化的重要组成部分，是人类文明的共同成果。现代化是世界性的历史进程，是人类文明发展进步的重要标志，也是每个国家和民族实现发展的必经阶段。其次，中国式现代化是社会主义性质的现代化。习近平总书记指出："中国式现代化蕴含的独特世界观、价值观、历史观、文明观、民主观、生态观等及其伟大实践，是对世界现代化理论和实践的重大创新。"⑤中国式现代化强调"人民是历史的创造者，是决定党和国家前途命运的根本力量"⑥。共同富裕是社会主义的本质要求，社会主义现代化必须坚持以人民为中心的发展思想，⑦坚持人民至上，通过全过程人民民主，引导全体人民有序参与，不断促进人

---

① 习近平：《高举中国特色社会主义伟大旗帜 为全面建设社会主义现代化国家而团结奋斗——在中国共产党第二十次全国代表大会上的报告》，载《中国人大》2022年第21期，第6-21页。
② 蔡昉等：《中国式现代化：发展战略与路径》，中信出版集团2022年版，第91-92页。
③ 习近平：《高举中国特色社会主义伟大旗帜 为全面建设社会主义现代化国家而团结奋斗——在中国共产党第二十次全国代表大会上的报告》，载《中国人大》2022年第21期，第6-21页。
④ 张鹏洲：《"中国式现代化"的定义是怎样的？它的本质要求是什么？》，https://www.gzxw.gov.cn/hsgsh/8465。
⑤ 纪新展：《生态文明视域下海南黎族优秀传统生态文化的创造性转化——以"中国式现代化蕴含的生态观"为指引》，载《南海学刊》2024年第6期，第104-114页。
⑥ 习近平：《决胜全面建成小康社会 夺取新时代中国特色社会主义伟大胜利——在中国共产党第十九次全国代表大会上的报告》，载《中国人力资源社会保障》2017年第11期，第10-27页。
⑦ 顾海良：《中国式现代化的战略擘画和理论体系升华》，载《马克思主义理论学科研究》2023年第3期，第4-15页。

的全面发展，推动全体人民共同富裕。最后，中国式现代化是中国特色的现代化。"世界上既不存在定于一尊的现代化模式，也不存在放之四海而皆准的现代化标准现代化"，① 不同国家和民族的现代化具有不同的特点。中国式现代化既体现了人类社会发展的一般规律，也是本土化的历史过程，是极具中国特色的现代化。不同于西方式的现代化，也不同于苏联式的现代化和某些发展中国家的现代化，中国式现代化具有五个鲜明的中国特色，即"中国式现代化是人口规模巨大的现代化；是全体人民共同富裕的现代化；是物质文明和精神文明相协调的现代化；是人与自然和谐共生的现代化；是走和平发展道路的现代化"②。

习近平总书记指出："一个国家走向现代化，既要遵循现代化一般规律，更要立足本国国情，具有本国特色。"③ 中国式现代化发展证明了其自身独特的发展道路是成功的，中国的成功经验证明了现代化并不是只有西方现代化这一种模式，现代化不等同于西方化，中国式现代化是西方现代化之外的另一种模式。我国致力于弘扬其现代化进程中的宝贵经验，以中国特色的现代化理念引领未来新的发展方向。这也为全球众多追求新发展并渴望维护自主性的发展中国家提供了推进现代化的新思路和新范式。

二、老年人力资源开发为中国式现代化提供战略支撑

中国式现代化是人口规模巨大的现代化，亦是老年人口规模巨大的现代化。人口老龄化的迅猛发展给中国式现代化带来挑战，但也蕴含着巨大的机遇。随着社会经济与文明的日益发展，我国人口在受教育水平、健康状况和预期寿命等方面均得到显著提升。在中国式现代化进程中，拥有一个规模庞大且素质良好的低龄健康老年人群体。④ 如何有效开发利用这一人力资源，促进老龄人口高质量发展，是中国式现代化进程中的关键要素之一。

---

① 习近平：《新发展阶段贯彻新发展理念必然要求构建新发展格局》，载《求是》2022年第17期。
② 靳帅帅：《论现代化的共同特征与中国式现代化的独特性》，载《武汉科技大学学报（社会科学版）》2024年第5期，第20–29页。
③ 柴尚金：《中国式现代化拓展发展中国家走向现代化的路径选择》，载《红旗文稿》2023年第6期，第24–27页。
④ 杜鹏、罗叶圣：《以人口高质量发展积极应对人口老龄化：内在逻辑与治理进路》，载《行政管理改革》2024年第6期，第26页。

美国社会学家英格尔斯在其1974年出版的著作《变得现代化：六个发展中国家的个人变革》中研究发现：教育是塑造个人的现代化的最强大的力量，其影响力是其他任何因素的两倍甚至三倍；职业经历也对人的现代化产生强烈的影响（仅次于教育），特别是在大型生产企业中工作的经历；其他从事某些非工业职业的人也表现出比预期更高的现代性，比如出租车司机、理发师、街头商贩等。其研究在50年后的今天仍然具有很强的相关性，因为它表明了社会参与——尤其是教育和就业——对塑造人的现代化的重要影响。这与我国老年人力资源开发意旨是一致的。老年人力资源开发即促进老年人积极参与国家经济社会现代化发展的全过程，以有效实现老年人口的现代化。老年人力资源开发是在短期实现人口由"量"到"质"发展的有效路径，将促进优化现有人口存量结构，优化人力资源配置，改善劳动力的有效供给，为中国式现代化提供重要支撑。老年人力资源开发代表了对社会人口结构发展趋势认知的进步，是积极应对未来长期的人口老龄化问题的有益探索。它不是政策上的权宜之计，而是统筹短期目标与中长期目标的战略规划；是我国积极应对老龄化战略的有机组成部分，是中国式现代化的必然选择。

（一）老年人力资源开发促进实现全体"人的现代化"

人的现代化是中国式现代化的核心。人是社会活动的主体，是中国式现代化的主体，社会发展离不开人的活动。中国式现代化强调在现代化进程中充分尊重和发挥人的主体性、创造性和文明性。"社会整体现代化是一个具有主体意识的人的自由自觉地创造性实践的客观历史过程，人的现代化是社会现代化的前提和动力。"[①] 人的现代化的核心在于主体性、创造性和文明性。主体性即正确认识和实践人与物的关系：人掌控物，而不是被物所控制。人在创造物质财富的过程中，不应该沦为物质的奴隶，而应该成为物质的主宰者。"人的现代化"不应落后于"物的现代化"。创造性即人在思维和行动中展现创新能力和创造力，包括能够独立思考、拥有解决问题的能力、能够提出新颖观点、设计新产品和服务等。换言之，创造性也意味着现代人敢于挑战传统和权威，勇于探索新领域，创造新知识、新方法，发展新

---

① 田芝健、许益军、王萍霞等：《现代化的核心是人的现代化》，http://theory.people.com.cn/n/2013/0128/c107503-20340128.html。

的生产方式和生活方式。创造性对于推动社会发展、进步和变革起着重要作用。文明性即个体在文化、道德、思想观念、精神信仰等方面的提升。现代人不能只注重经济和物质层面的增长,还应注重拓展思想意识的深度和广度;不能成为精致的利己主义者,而应该关心他人、心系社会,随社会的发展不断完善自己的价值观念,提升自己的道德素养和精神追求。

我国老年人力资源开发将依据人的全生命周期理念,以人终身而全面发展为视角,从科学文化素质、健康素质、思想道德素质等三方面全面促进老年人口素质发展水平,并通过促进老年人积极的社会参与充分彰显其主体性、创造性、文明性,进而促进实现人的现代化。

首先,老年人力资源开发促进人口科学文化素质的提升。通过构建完善的终身学习机制并提供丰富全面的终身学习资源,建立老年教育机构、开设技能再培训课程、利用现代科技手段、搭建公共服务平台等,促进老年人积极参与终身学习,获得新的技能和知识,发展新的职业能力,进而提升其与现代化发展相适应的科学文化素质。

其次,老年人力资源开发促进人口健康素质的提升。树立健康老龄观,鼓励老年人树立全生命周期的健康观念,践行积极的社会参与,将有效促进老年人身心健康的发展,进而提升整体人口的健康水平。健康状况的改善将促进老年人的劳动参与度和工作效率,甚至延长工作年限。健康状况良好的老年人将拥有更强的意愿参与经济性生产,对未来抱有更高期待,并更倾向于在个人健康、技能和装备等方面进行长期投资,这将进一步促进整体人力资源质量的提升。

最后,老年人力资源开发促进人口思想道德素质的提升。传统的人力资本理论通常侧重于科学文化和健康两方面的素质。然而,在中国式现代化进程中,思想道德素质成为实现人口高质量发展不可或缺的关键因素。在国家积极老龄化政策的指引下,老年人通过广泛的社会参与实践,将更深入地接受社会主义核心价值观、职业道德与中华优秀传统文化的熏陶。这不仅有助于老年人实现良好的再社会化,还能激发他们强烈的社会责任感,树立"老有所为"的人生观,从而全面提升其思想道德素质和精神风貌。

(二)老年人力资源开发为经济社会发展注入新活力

老年人作为生产要素进入劳动力市场,从低生产性活动转向高生产性活动,将创造更多的财富和价值。一方面,更多地参与生产性活动可以增加老年人的劳动收入；另一方面，收入的增加将促进老年人消费能力的提升。消费与生产相互促进，老年人参与高生产性活动，将积极促进银发经济的发展，进而推动社会经济生产总值的增长。老年人力资源这一生产要素，将从劳动生产和经济消费两个维度，为经济社会发展注入强大的内生动力和新的活力。

同时，老年人力资源开发将成为推进科技进步的强劲动力。2019年10月5日，中国老科学技术工作者协会（简称"中国老科协"）成立30周年之际，习近平总书记指出，"老科技工作者[①]人数众多、经验丰富，是国家发展的宝贵财富和重要资源"[②]。据预测，截至2020年，我国老年科技工作者约有2275万人，其中拥有大学本科或以上学历的62.91%，66%认为自己身体健康，88.04%表示愿意继续为国家科技事业贡献力量。随着第二轮婴儿潮出生的人口逐渐到达退休年龄，我国老年科技工作者将在未来20年以5.5%的速度增长。[③] 老年科技工作者经验丰富、专业能力强、具有责任感和奉献精神、拥有较高的政治觉悟，是推动科技进步与创新不可或缺的力量。开发老年人力资源，推动大量具有高专业水平的老年科技人才参与创新研究和经济社会生产，将为科技进步和产业创新发展增质提效，进而推动经济社会的高质量发展。

（三）老年人力资源开发助推社会精神文明建设

在文化领域，老年群体在促进传统文化与现代文明的融合发展中发挥着极其重要的作用。老年群体除了有丰富的专业知识、技能、经验、阅历，还是传承优秀传统文化、习俗、伦理的重要载体。老年人通过参与广泛深入的代际交流，一方面，可以向年轻一代传播传统文化、社会主义核心价值观等，促进文化和精神的传承；另一方面，积极的社会参与将促使老年人对不同时代、不同领域的文化持包容和开放心态，积极拥抱社会进步与变革，实现传统文化与现代文明的有机结合和创新发展。

[①] 根据来源，老年科技工作者是指"年龄在55～90岁，普通本科和专科毕业、成人高等和中等专业学校毕业的科技工作者"。

[②] 邓燕玲、牛贝贝：《助力发展新质生产力 老科协大有作为》，载《中国老年报》2024年9月24日，第1版。

[③] 余兴安、李志更：《中国人力资源发展报告（2022）》，社会科学文献出版社2022年版，第61-76页。

在政治领域，老年人通过积极参与政治事务，运用其丰富的专业知识和经验，为政策制定提供宝贵的建议和意见，从而在政治生态系统中发挥稳定和协调的作用。老年人的政治参与代表着民意的多元化和平衡化，不同年龄层次的人的权益和福祉需求都能够得到表达，不同利益群体的声音都可以被听到，这将有效促进社会民主的发展。在社会方面，老年人力资源开发鼓励老年人广泛参与社区活动、公益项目和志愿服务等多种社会服务活动，这将有效增强社会凝聚力，进而促进和谐社会构建。

三、中国式老年人力资源开发为国际积极老龄化提供中国方案

（一）中国式老年人力资源开发推动经验总结与实践创新

我国始终积极借鉴和实践国际积极老龄化政策及行动框架，参考国际社会积极应对老龄化的共识与做法。许多发达国家先于中国进入老龄化社会，为我国应对人口老龄化问题提供了丰富的经验。例如，养老保障、提高老年人劳动参与率等方面的经验做法，为我国推行养老金改革、延迟退休等政策的制定提供了参考。但我国不能生搬硬套其他国家的成功经验。首先，发达国家老年人力资源开发政策与措施制定的背景与我国老龄化社会所处的发展阶段有着显著的差异；其次，发达国家现行老年人力资源开发政策制度并不能完美地解决人口老龄化带来的所有问题；最后，我国有着自身独特的国情，经济体制、政治制度、产业结构及发展水平、老年人口等方面均有着自身鲜明的特点。由此，决定了我国老年人力资源开发只能是中国式且极具中国特色的。

我国借鉴其他国家的经验，结合自身国情，依据国家人口、经济、社会、文化等具体情况，开展实践创新，探索了适合中国国情和发展阶段的老年人力资源开发"中国方案"，丰富和发展了国际积极老龄化的理论和实践。我国作为拥有最大规模老龄人口的国家，在世界人口格局中占有重要地位。中国式老年人力资源开发无疑是全球积极应对人口老龄化的典型行动方案，将为其他国家应对人口老龄化挑战提供参考和借鉴。

许多发展中国家正在或将要经历比发达国家更加快速的老龄化，被迫在更短的时间应对更为复杂的形势。因此，国家层面的老年人力资源开发与国际政策框架必然有着一定的区别。就全球层面而言，中国进入老龄化的时间

处在一个承上启下的位置，晚于一些发达国家，但早于一些发展中国家。我国进入老龄化后，相较其他已经实现现代化的发达国家的最大区别在于我国属于"未富先老""未备先老"；而发达国家则是在实现现代化、经济高水平发展后进入老龄化。我国顺应新技术发展趋势，采取了"消除数字鸿沟"等一系列针对老年人力资源开发的应用方案，这些举措必将转化为显著的后发优势。对于发达国家而言，我国在创新性的人力资源开发过程中积累的经验和成果，将为之提供宝贵的借鉴和参考；同样，也将为尚未进入老龄化的发展中国家提供综合性的思路和策略。

（二）中国式老年人力资源开发有着强大的制度优势和基础

中国特色社会主义制度强调将党的领导、人民当家作主和依法治国三者有机结合起来，形成了一套系统完备、科学规范、运行有效的制度体系。因此，相较其他国家，我国在处理一些复杂的政策议题时，呈现出系统性、整体性、灵活性的特征，具有高凝聚力和高效率优势。这在我国脱贫攻坚、抗击新冠疫情、自然灾后重建等实践案例中得到了充分体现。我国积极应对人口老龄化战略将人口老龄化问题纳入经济社会发展大局，纳入国家治理体系和治理能力现代化的大局，这也是我国开发大规模的老年人力资源的重要制度基础。习近平总书记提出的"党委领导、政府主导、社会参与、全民行动"十六字方针，不仅奠定了我国老龄工作的总基调，也为积极应对人口老龄化提供了明确的指导思想和实践方向，[①] 使得动员大规模的人力和物力、优化资源配置成为可能。我国"以人民为发展中心"的制度优势和基础，将为促进老年人终身而全面的发展和充分的社会参与提供坚强的制度保障。我国的制度优势和基础决定了老年人力资源开发将从顶层设计、政策制度保障、具体举措等多维度形成国家策略，将为国际积极老龄化提供典型案例和中国经验。

（三）中国式老年人力资源开发基于尊老敬老孝老的传统文化

《礼记·礼运》中有云"人不独亲其亲，不独子其子，老有所终，壮有所用，幼有所长，鳏寡孤独废疾者皆有所养"。又如众所熟知的"夫孝，德

---

① 赵颖：《习近平关于积极应对人口老龄化重要论述研究》（学位论文），东北财经大学 2023 年。

之本也","老吾老以及人之老,幼吾幼以及人之幼"等。我国尊老、养老、敬老的传统文化博大精深,源远流长。正如萧伯纳所说的"六十岁以后才是真正的人生",老年人以其全面且丰富的阅历、经验、智慧和技能,将尊老、孝悌思想代代相传。[①] 习近平总书记强调:"要把弘扬孝亲敬老纳入社会主义核心价值观,构建具有民族特色、时代特征的孝亲敬老文化。"[②] 传统文化精髓与当代积极应对人口老龄化的基本原则息息相通。尊老、敬老、孝老既是中国社会的传统美德,也是中国式老年人力资源开发中"参与家庭生活"的伦理基础。在西方,子女赡养老人和老人照顾孙辈的观念并不强烈,其人口治理格局中的个人主义较为突出。因此,我国传统文化的传承、创新和发展不仅使中国式老年人力资源开发具有显著的文化特色,也将形成有竞争力的文化价值输出。我国优秀的传统文化基因将为国际社会树立尊重老年人、关爱老年人的良好风尚及推动国际老龄化社会积极和谐发展提供有益的借鉴。

(四) 中国式老年人力资源开发处于科技飞速发展的阶段

老年人力资源开发所面临的数字困境和数字鸿沟是全球各国普遍面临的问题。我国独有的蓬勃发展的互联网和社交网络生态为国际老龄化提供了新思路。信息技术的迅猛发展、新科技的广泛应用以及新冠疫情等多重因素,快速推动着传统就业模式的变革,同时也促使老年人力资源开发模式需突破原有的框架,探索更加灵活和创新的路径。网络(以及网络所支撑的老年教育平台、社交媒体等)和智能手机的普及使知识的获取和分享速度以指数速度增长,在提高了劳动生产率的同时,也极大地扩展了老年人就业、创业、学习、培训等社会参与的渠道和方式。我国在大数据、人工智能、智能手机等领域的快速发展,有力地推动了老年人力资源开发的数字化、信息化和智能化进程。我国积极参与国际贸易,开展"一带一路"项目,积极与合作国家开展铁路、电力、港口、电信网络等基础建设,为国际老年人力资源开发提供了有利的基础环境。

区别于西方发达国家在工业化和后工业化时代进入老龄化,中国在数字

---

① 蒲新微:《中国养老保障中的文化基因——中国敬老文化的传承与发展》,载《长春市委党校学报》2010年第2期,第36-38页。
② 习近平:《党委领导政府主导社会参与全民行动 推动老龄事业全面协调可持续发展》,载《人民日报》2016年5月29日,第1版。

化、网络化、智能化的第四次工业革命时代背景下进入老龄化。① 中国式老年人力资源开发在较早阶段就融入更多科技赋能和创新发展的元素,这促使其更容易突破传统开发模式的限制。在社会形态不断演变和科技日新月异的背景下,我国充分利用科学技术不断创新老年人力资源开发的成功经验将为国际积极老龄化提供有效的借鉴。

（五）中国式老年人力资源开发是人类命运共同体不可或缺的部分

2012年11月,党的十八大报告中首次提出人类命运共同体概念,指出"合作共赢,就是要倡导人类命运共同体意识"②。此后,习近平总书记多次在不同场合从多个维度阐述"推动构建人类命运共同体",形成人类命运共同体思想。③ 这一思想贯穿于我国经济发展、国家治理、环境安全、国际交流等各个领域。

"人口老龄化是世界性问题,对人类社会产生的影响是深刻持久的。"④ 习近平总书记将积极应对人口老龄化这一全球议题放置于国际视野,阐明面对人口老龄化带来的问题,全球各国只有本着共商共建共享的原则,构建人类命运共同体,才能实现生存和发展。⑤ 我国积极应对人口老龄化问题的理念、政策和行动,是人类命运共同体不可或缺的部分。而老年人力资源开发作为积极应对人口老龄化的重要策略,立足中国实际,形成了具有中国特色和时代特征的应对方案,在国际交流中吸收他国有益经验,同时分享中国智慧,贡献中国力量,展现大国的责任与担当。⑥

---

① 胡湛、彭希哲、吴玉韶:《积极应对人口老龄化的"中国方案"》,载《中国社会科学》2022年第9期,第46－66、205页。
② 胡欣欣、白清平:《人类命运共同体理念的科学内涵、理论来源和实践路径》,载《领导科学论坛》2024年第11期,第18－21、35页。
③ 林元和等:《"一带一路"与老年教育研究》,北京师范大学出版社2020年版,第258－260页。
④ 习近平:《党委领导政府主导社会参与全民行动　推动老龄事业全面协调可持续发展》,载《人民日报》2016年5月29日,第1版。
⑤ 赵向红、战俊敏:《习近平关于积极应对人口老龄化的重要论述研究》,载《昆明理工大学学报（社会科学版）》2021年第10期,第47－52页。
⑥ 赵向红、战俊敏:《习近平关于积极应对人口老龄化的重要论述研究》,载《昆明理工大学学报（社会科学版）》2021年第10期,第47－52页。

此外，我国2013年9月和10月，由习近平提出共建"丝绸之路经济带"和"21世纪海上丝绸之路"倡议，其与联合国《2030年可持续发展议程》高度契合。① 截至2023年8月，我国已与152个国家、32个国际组织签署共建"一带一路"合作文件。② 十年共建"一带一路"，在基础设施建设、绿色化和数字化发展、政策沟通与国际共识、贸易申通、民心相通等方面取得显著成绩，为境外经贸合作地区创造就业岗位42.1万个，预计到2030年，共建"一带一路"可使相关国家和地区共约760万人摆脱极端贫困、3200万人摆脱中度贫困，将使全球收入增加0.7%至2.9%。③ 这将为积极应对人口老龄化问题，构建人类命运共同体贡献中国力量和智慧，为世界经济发展和人类文明的进步做出巨大的贡献。而在此背景下的中国式老年人力资源开发，将为共建"一带一路"、构建人类命运共同体提供有力的人力支撑，为全球积极应对老龄化带来更多新机遇并提供源源不断的动力。

---

① 林元和等：《"一带一路"与老年教育研究》，北京师范大学出版社2020年版，第1-3页。
② 《我国已与152个国家、32个国际组织签署共建"一带一路"合作文件》，https://www.gov.cn/lianbo/bumen/202308/content_6899977.htm。
③ 《我国已与152个国家、32个国际组织签署共建"一带一路"合作文件》，https://www.gov.cn/lianbo/bumen/202308/content_6899977.htm。

第二章　中国式老年人力资源开发的理论依据

本章探讨了中国式老年人力资源开发的理论依据，基本框架为五个部分。第一部分介绍了马克思主义中国化理论以及习近平关于人口老龄化的重要论述，两者都为中国式老年人力资源开发提供了重要的理论指导。第二部分阐述了老年经济学的基本内涵，探讨了如何在这一理论指导下通过挖掘长寿红利和投资人力资本来进行中国式老年人力资源开发。第三部分阐述了生产性老龄化的基本内涵，探讨了如何通过挖掘和提升老年人的生产能力来推进中国式老年人力资源开发。第四部分阐述了积极老龄化的基本内涵，探讨了依据积极老龄化理论如何指导政府、社会、企业、个人全面开发老年人力资源。第五部分阐述了人力资源开发的基本内涵，进一步探讨了依据人力资源开发理论可实施的具体开发措施，如何有效推进中国式老年人力资源开发。

第一节　马克思主义中国化奠定强大而坚实的基础

一、马克思主义中国化的成果

马克思主义自 1848 年诞生以来便随着时代的发展，与时俱进，历久弥新，永葆着强大的生命力。马克思主义中国化是将马克思主义基本原理同中国具体实际相结合，不断形成具有中国特色的马克思主义理论成果的过程，贯通党的百年历程。中国共产党坚持解放思想和实事求是相统一，不断开辟马克思主义新境界，形成了包括毛泽东思想、邓小平理论、"三个代表"重要思想、科学发展观，以及新时代中国特色社会主义思想在内的一系列理论成果。马克思主义中国化的理论成果源自实践，与新的历史条件和时代要求相适应，是中国式现代化的重大理论基础，为解决当今社会面临的种种问题提供了有力的理论支撑和方法论，必然对我国积极应对人口老龄化问题具有强大的指导意义。

(一) 马克思主义理论的优越性

马克思主义能够在中国落地生根，在于相较于其他思想理论，马克思主义在理解社会结构、历史变迁、阶级斗争及资本主义经济体制方面具有独特的优势，并为批判现有社会制度和指导社会变革提供了强大的理论工具。马克思主义的历史唯物主义方法论强调物质生产方式对社会结构、意识形态和历史发展的决定性作用。它揭示了生产力和生产关系的矛盾是推动社会发展的内在动力，提供了理解社会变迁和历史发展的系统性框架。马克思主义提出的阶级分析方法，特别是对阶级斗争的关注，揭示了社会内部不同阶级之间的利益冲突及其对社会进程的影响。这一分析工具对于理解社会不平等、政治权力分配及经济资源的分配具有重要意义。马克思主义以其批判性著称，特别是对资本主义经济制度的批判。它深入分析资本主义社会中的剥削和异化现象，揭示了资本主义生产方式的内在矛盾和不公正。马克思主义作为科学社会主义，通过对社会现象的实证研究和分析，揭示了社会发展的客观规律，构建了系统而全面的理论框架，从经济、政治、文化等多个层面解释社会现象，强调各个社会要素之间的相互作用及其对社会整体的影响。马克思主义具有全球视野，关注全球资本主义的发展及其对世界各地社会的影响。它指出全球资本主义体系中的不平等和不公正，倡导国际主义和全球工人阶级的团结。马克思主义强调理论与实践的统一，倡导通过社会实践来检验和发展理论。这一特性使马克思主义在中国的社会变革和革命实践中起到了重要的指导作用，高度契合中国人民的现实需要和价值追求。

马克思主义与人口老龄化相关的理论主要为人口理论，其中最为核心的内容是社会的"两种生产"理论。恩格斯在1884年出版的《家庭、私有制和国家的起源》一书中首次具体阐述了"两种生产"理论，内容是"根据唯物主义观点，历史中的决定性因素，归根结底是直接生活的生产和再生产"。马克思在《政治经济学批判》中又对两种生产予以区分，"在第一种生产中，生产者物化；在第二种生产中，生产者所创造的物的人化；就一个主体来说，生产和消费表现为一个行为的两个要素……无论我们把生产和消费看作一个主体的活动或者许多个人的活动，它们总是表现为一个过程的两个要素"①。马克思主义人口理论认为,"人口随生产条件而变化,收缩或扩大。因此,人口的绝对增长率,从而过剩人口和人口出生率也会随生产条件发生变化"②。"不同的社会生产方式,有不同的人口增长规律和过剩人口增长规律。"③"人在社会经济生活中是具有二重作用的,作为生产者,人能创造社会财富;作为消费者,人需要消费社会财富"④,需要时刻将人口与社会经济的相互关系作为分析的出发点,人口要有计划地发展,时刻应与经济发展程度相适应。⑤ 这为我国积极应对人口老龄化社会问题、推进老年人力资源开发提供了重要的理论基础。

中国共产党是一个在马克思主义社会科学理论上建立起来的政党,其历史就是一部将马克思主义思想和中国具体国情结合起来、不断丰富马克思主义的中国化的发展史。在此过程中,中国共产党坚决维护马克思主义的价值追求,始终坚持站在无产阶级的阶级利益立场上,始终将最广大人民的根本利益作为出发点和落脚点。这决定了中国共产党与生俱来的优越性。同时,中国共产党在实践中始终将辩证唯物主义作为自己的世界观和方法论,从客观实际出发,积极认识发展过程中的矛盾并解决矛盾,掌握认识与实践的辩证关系,用认识指导实践,用实践推进理论创新。

(二) 民主革命、社会主义革命和建设初期马克思主义中国化的发展

1848 年,马克思和恩格斯在《共产党宣言》小册子中首次公开阐述了马克思主义,包括阶级斗争和革命理论。19 世纪末 20 世纪初,随着西方列强的入侵和中国传统社会危机的出现,中国的先进知识分子开始接触和传播西方思想,其中就有马克思主义。1919 年的五四运动标志着中国新文化运动的高潮,许多知识分子开始关注和研究马克思主义,李大钊和陈独秀等人成为早期的马克思主义传播者。早期的马克思主义者已经认识到,必须将马克思主义同中国实际结合起来,才能最大限度地发挥其作用,这意味着对马

---

① 《马克思恩格斯选集(第 2 卷)》,人民出版社 2012 年版,第 694 页。
② 《马克思恩格斯全集(第 30 卷)》,人民出版社 1995 年版,第 608 页。
③ 《马克思恩格斯全集(第 30 卷)》,人民出版社 1995 年版,第 607 页。
④ 《马克思恩格斯选集(第 1 卷)》,人民出版社 1995 年版,第 78－79 页。
⑤ 朱翠明:《中国式现代化进程中的人口老龄化问题与应对研究》(学位论文),吉林大学 2021 年。

克思主义中国化的探索已经开始，只不过还未形成系统命题。①

1938 年，毛泽东在党的六届六中全会上首次提出"马克思主义中国化"的命题，他指出："马克思主义的中国化，使之在其每一表现中带着中国的特性，即是说，按照中国的特点去应用它。"② 毛泽东在中国革命和建设过程中，结合中国的具体国情，创造性地发展了马克思主义，形成了毛泽东思想，这是马克思主义中国化的第一个重大理论成果。毛泽东思想成功指导了反帝反封建的新民主主义革命和社会主义革命，帮助中国共产党建立了新中国并确立了社会主义制度。在这一过程中，中国共产党将"人民群众是历史的创造者"这一马克思主义唯物史观基本原理创造性地应用于实践中，坚持贯彻群众路线。1945 年，中国共产党第七次全国代表大会召开，毛泽东向大会提交了题为《论联合政府》的政治报告，他在报告中指出"我们共产党人区别于其他任何政党的又一个显著的标志，就是和最广大的人民群众取得最密切的联系。全心全意地为人民服务，一刻也不脱离群众；一切从人民的利益出发……这些就是我们的出发点"，"人民，只有人民，才是创造世界历史的动力"。③ 1957 年，毛泽东在《关于正确处理人民内部矛盾的问题》中提出："我们的教育方针，应该使受教育者，在德育、智育、体育几方面都得到发展，成为有社会主义觉悟的有文化的劳动者。"④ 他还创造性地提出学生要发挥主观能动性，使自己的个性得到全面发展。毛泽东思想强调和发展了马克思主义的"人民性"，以及"人的全面发展"理论，不仅为中国革命的胜利和新中国的建立提供了指导，而且在社会主义建设中继续发挥着重要作用，亦为中国现式代化发展乃至人的高质量发展、人的现代化等均提供了坚实的理论基础。

（三）改革开放和社会主义现代化建设新时期马克思主义中国化的发展

1978 年，党的十一届三中全会以后，中国特色社会主义蓬勃发展。以

---

① 陈培永、李颖：《关于马克思主义中国化、时代化与大众化关系的再思考》，载《思想理论教育》2023 年第 2 期，第 34 - 39 页。
② 中共中央文献研究室、中央档案馆：《建党以来重要文献选编（一九二一——一九四九）》第十五册，中央文献出版社 2011 年版，第 651 页。
③ 孟红：《毛泽东公而忘私过春节》，载《文史春秋》2022 年第 2 期，第 4 - 8 页。
④ 《毛泽东著作选读（下册）》，人民出版社 1986 年版，第 779 - 780 页。

第二章　中国式老年人力资源开发的理论依据

邓小平同志为核心的党的第二代中央领导集体在改革开放和现代化建设过程中，提出了一系列新思想、新观点、新论断，形成了以"解放思想，实事求是"为核心的邓小平理论。"马克思主义中国化"的思想始终贯穿于邓小平的报告和讲话中。1982 年，中国共产党第十二次全国代表大会上，邓小平提出"把马克思主义的普遍真理同我国的具体实际结合起来，走自己的道路，建设有中国特色的社会主义"①。之后，他又提出："只有结合中国实际的马克思主义，才是我们所需要的真正的马克思主义。"② 邓小平非常重视视人民群众的重要性，重视发展教育和培养人才，他认为经济发展和社会主义建设需要大量人才，提出了以培养"四有"新人为核心的人才思想。1992 年，邓小平于南方视察时提出"三个有利于"的重要标准，即"有利于发展社会主义社会的生产力，有利于增强社会主义国家的综合国力，有利于提高人民的生活水平"③，作为判断改革开放是否成功的标准。邓小平进一步继承和发展了"人民性"，仍着眼于最广大人民群众的根本利益，将生产力发展和人民群众的福祉高度统一起来，并将人才观与生产发展高度统一，对中国式现代化发展以及人口发展、人口老龄化等具体问题的解决提供了重要的理论支撑。

以江泽民同志为核心的党的第三代中央领导集体提出了"三个代表"重要思想，即中国共产党要"始终代表中国先进社会生产力的发展要求，代表中国先进文化的前进方向，代表中国最广大人民的根本利益"④。这一思想进一步丰富和发展了马克思主义中国化的理论成果。江泽民指出，"党的领导、党的一切工作，都要依靠人民，相信人民，汲取人民的智慧，尊重人民的创造，接受人民的监督"⑤。江泽民多次强调人才资源是第一资源，指出应大力实施人才战略，促进先进生产力的发展。他在党的十五大报告中提出："我国现代化建设的进程，在很大程度上取决于国民素质的提高和人才资源的开发。"江泽民亦强调人的全面发展，他指出："我们建设有中国特

---

① 《砥砺奋进　辉煌百年　第三部分　翻天覆地》，载《青海国土经略》2021 年第 3 期，第 12 – 16 页。
② 《邓小平文选（第 3 卷）》，人民出版社 1993 年版，第 213 页。
③ 《邓小平文选（第 3 卷）》，人民出版社 1993 年版，第 209 页。
④ 石仲泉：《百年大党理论创新的伟大成就》，载《中国党政干部论坛》2021 年第 7 期，第 6 – 11 页。
⑤ 江泽民：《做一个新时期合格的领导干部》，载《论党的建设》，中央文献出版社 2001 年版，第 181 页。

色社会主义的各项事业,既要着眼于人民现实的物质文化生活需要,同时又要着眼于促进人民素质的提高,也就是要努力促进人的全面发展。这是马克思主义关于建设社会主义新社会的本质要求。我们要在发展社会主义社会物质文明和精神文明的基础上,不断推进人的全面发展。"① 同时,他还强调了人的全面发展与社会全面发展的辩证关系,二者互为基础,相互促进。他在党的十六大报告中再次强调"人的全面发展是马克思主义关于建设社会主义新社会的本质要求"②。

党的十六大以后,以胡锦涛同志为总书记的党中央根据新的发展形势,深入理解并阐明了在新形势下应实现何种发展以及如何发展的重大课题,形成了科学发展观。胡锦涛在党的十六届三中全会上提出"以人为本"的科学发展观,即"坚持以人为本,树立全面、协调、可持续的发展观,促进经济社会和人的全面发展"③。"以人为本"是科学发展观的核心,强调全面协调可持续发展,注重经济社会和人的全面发展。胡锦涛指出:"坚持以人为本,就是要以实现人的全面发展为目标,从人民群众的根本利益出发谋发展、促发展,不断满足人民群众日益增长的物质文化需要,切实保障人民群众的经济、政治和文化权益,让发展的成果惠及全体人民。"④ "具体地说,就是在经济发展的基础上,不断提高人民群众物质文化生活水平和健康水平;就是要尊重和保障人权,包括公民的政治、经济、文化权利;就是要不断提高人们的思想道德素质、科学文化素质和健康素质;就是要创造人们平等发展、充分发挥聪明才智的社会环境。"⑤

这个时期的马克思主义中国化进一步完善和丰富了马克思主义的"人民性"以及"人的全面发展"理论,立足于基本国情,为我国改革开放和社会主义经济建设新时期的发展提供了坚强的理论指导,也为中国未来经济与人口发展提供了理论支撑。

---

① 《改革开放三十年重要文献选编》(下),人民出版社2008年版,第1183、1349页。
② 程鸿、刘贤伍:《论中国共产党人幸福观的历史演进》,载《佳木斯大学社会科学学报》2019年第3期,第41-45页。
③ 《改革开放三十年重要文献选编》(下),人民出版社2008年版,第1183、1349页。
④ 《在中央人口资源环境工作座谈会上的讲话》,见《十六大以来重要文献选编》(上),中央文献出版社2005年版,第850页。
⑤ 温家宝:《提高认识统一思想牢固树立和认真落实科学发展观——在省部级主要领导干部"树立和落实科学发展观"专题研究班结业式上的讲话(摘要)》,载《决策探索》2004年第4期,第4-6页。

(四) 习近平新时代马克思主义中国化的发展

随着中国特色社会主义进入新时代,面对百年未有之大变局,以习近平同志为核心的党中央立足过去、展望未来,总结了社会主义建设的经验,以深刻的视角回答了"新时代坚持和发展什么样的中国特色社会主义、怎样坚持和发展中国特色社会主义"① 这个时代之问,形成了习近平新时代中国特色社会主义思想。习近平新时代中国特色社会主义思想是马克思主义基本原理同中国实际相结合的又一次理论飞跃,是马克思主义中国化的最新理论成果。②"以人民为中心的发展思想"和不断促进"人的全面发展"是习近平新时代中国特色社会主义思想的重要内容。

"发展为了人民、发展依靠人民、发展成果由人民共享,这是马克思主义政治经济学的根本立场","人民对美好生活的向往就是我们的奋斗目标"③,"必须以满足人民日益增长的美好生活需要为出发点和落脚点"④。党的十九届六中全会上,"坚持人民至上"被总结为我们党百年奋斗的重要历史经验之一。人是最重要的生产力因素,是创造历史和推动社会发展的决定性力量。"以人民为中心的发展思想",既是对马克思主义政治经济学发展和创新的原创性贡献,也是贯穿中国式现代化发展全过程的实践基础。

马克思设想的共产主义社会是"一个联合体,在那里,每个人的自由发展是一切人的自由发展的条件"⑤。新时代我国经济社会的发展不仅追求物质的极大丰富,也追求人的全面发展。2017 年,习近平总书记在党的十九大报告中强调:"更好满足人民在经济、政治、文化、社会、生态等方面日益增长的需要,更好推动人的全面发展、社会全面进步。"⑥ 2018 年,习近

---

① 胡国胜、陈金龙:《马克思主义中国化的光辉历程和宝贵经验》,载《经济日报》2018 年 5 月 11 日,第 1 版。
② 罗珺、郑坤:《浅谈马克思主义人的全面发展理论在中国的发展》,载《中国商界(下半月)》2008 年第 6 期,第 266 页。
③ 黄瑾:《坚持以人民为中心的发展思想是我国经济发展的根本立场》,载《红旗文稿》2022 年第 15 期,第 34 - 37 页。
④ 任倚步:《新时代"第二个结合"的动力探析》,载《理论建设》2024 年第 4 期,第 65 - 73 页。
⑤ 《马克思恩格斯文集(第 2 卷)》,人民出版社 2009 年版,第 53 页。
⑥ 习近平:《决胜全面建成小康社会 夺取新时代中国特色社会主义伟大胜利——在中国共产党第十九次全国代表大会上的报告》,载《中国人力资源保障》2017 年第 11 期,第 10 - 27 页。

平总书记在纪念马克思诞辰200周年大会上指出："坚持以人民为中心的发展思想，抓住人民最关心最直接最现实的利益问题，不断保障和改善民生，促进社会公平正义……让发展成果更多更公平惠及全体人民，不断促进人的全面发展，朝着实现全体人民共同富裕不断迈进。"[1] 2022年，习近平总书记在党的二十大报告中强调："人才是第一资源"，"深入实施人才强国战略"，"坚持人才引领驱动"。[2] 2023年，习近平在中国共产党与世界政党高层对话会上的主旨讲话中强调："现代化的最终目标是实现人自由而全面的发展。现代化道路最终能否走得通、行得稳，关键要看是否坚持以人民为中心。现代化不仅要看纸面上的指标数据，更要看人民的幸福安康。"[3] 从发展历程来看，习近平新时代中国特色社会主义思想在创新和发展"以人民为中心发展思想"的同时，不断丰富和完善了促进"人的全面发展"理论，明确以人的高质量发展推动经济社会的高质量发展，并以实现全体人民共同富裕为目标，进而实现中华民族的伟大复兴。这为中国式现代化发展指明了奋斗方向，为中国式现代化发展实践的方方面面提供了强大的理论指导体系，必然为中国式老年人力资源开发提供强大的理论指导和方法论。

党的百年历程中，中国共产党将"马克思主义基本原理同中国具体实际相结合、同中华优秀传统文化相结合"[4]，推动了中国的革命、建设、改革和发展，实现了中华民族从站起来、富起来到强起来的伟大飞跃。马克思主义中国化相关主要成果——"以人民为发展中心"和"人的全面而自由的发展"的人口发展思想，是一个不断丰富完善和发展的理论体系，对于积极应对人口老龄化社会问题，实施中国式老年人力资源开发，改善劳动力的有效供给，促进人口发展与经济社会发展相适应，有着极强的理论指导意义。"人的全面发展"的人口发展理论注重发挥人的主体性作用，鼓励发展和完善人的生理素质、心理素质、思想道德素质和科学文化素质，确保人的才能得到充分培养和发挥，这是中国式老年人力资源开发的重要理论基础。马克

---

[1] 《习近平在纪念马克思诞辰200周年大会上的讲话》，载《时代报告》2018年第5期，第6–13页。

[2] 习近平：《高举中国特色社会主义伟大旗帜　为全面建设社会主义现代化国家而团结奋斗——在中国共产党第二十次全国代表大会上的报告》，载《创造》2022年第11期，第6–29页。

[3] 《习近平出席中国共产党与世界政党高层对话会并发表主旨讲话》，载《人民日报》2023年3月16日，第1版。

[4] 习近平：《在庆祝中国共产党成立一百周年大会上的讲话》，载《中国建设信息化》2021年第13期，第2–7页。

思主义中国化的成果对我国社会主义建设的各个阶段起到了强大的指导和引领作用,不仅有效应对了发展道路上的诸多挑战,还取得了令世界瞩目的成就。继续发挥马克思主义中国化相关主要成果的指导作用,尊重劳动,尊重人才,将老年人的知识、经验、技术、智慧、阅历视为宝贵的财富,积极开发老年人力资源,实践"老有所为",促进人口红利向长寿红利转变,将有效解决老龄化带来的问题和挑战,推进中国式现代化高质量发展进程。

二、习近平关于积极老龄化的重要论述

(一) 习近平关于积极老龄化重要论述的丰富和发展

自党的十八大以来,习近平总书记高度重视人口老龄化问题和老龄工作,先后就老龄工作作出了30余次重要指示、批示和讲话,① 以马克思主义人民性和人口发展理论为逻辑起点,系统性、科学性、时代性、前瞻性地形成了关于积极老龄化的重要论述精神。

2013年,习近平总书记首次指出"应该加强养老公共服务,全社会一起努力,把老年人安顿好、照顾好,让老年人安度晚年"②。2015年,习近平总书记在《中共中央关于制定国民经济和社会发展第十三个五年规划的建议》指出"促进人口均衡发展,积极开展应对人口老龄化行动,弘扬敬老、养老、助老社会风尚",③ 这是首次正式提出积极人口老龄化论述。2016年,习近平总书记先后四次发表了积极应对人口老龄化的重要指示,明确人口问题始终是我国面临的全局性、长期性、战略性问题,强调积极应对人口老龄化的思想和战略定位。习近平总书记在中共中央政治局针对我国人口老龄化问题进行集体学习时指出"妥善解决人口老龄化带来的社会问题,事关国家发展全局,事关百姓福祉";明确强调"坚持党委领导、政府主导、社会参与、全民行动相结合,坚持应对人口老龄化和促进经济社会发展相结合,坚

---

① 吴玉韶、赵新阳:《中国老龄政策二十年:回顾与启示》,载《老龄科学研究》2021年第10期,第2-14页。
② 习近平:《全社会一起努力把老年人照顾好》,https://www.gov.cn/ldhd/2013-08/30/content_2478146.htm。
③ 《中共中央关于制定国民经济和社会发展第十三个五年规划的建议》,载《人民日报》2015年11月4日,第1版。

持满足老年人需求和解决人口老龄化问题相结合,努力挖掘人口老龄化给国家发展带来的活力和机遇,努力满足老年人日益增长的物质文化需求,推动老龄事业全面协调可持续发展"①。2019年,春节团拜会上,习近平总书记强调"大力提倡尊敬老人,关爱老人,赡养老人,积极发展老龄事业,以确保所有老年人都能够享有幸福美满的晚年生活"②。2021年5月,习近平总书记主持中共中央政治局会议,听取"十四五"时期积极应对人口老龄化重大政策举措汇报,指出"积极应对人口老龄化关系到国家的发展和人民的福祉,是实现经济高质量发展、维护国家安全和社会稳定的关键举措"③。2022年10月,习近平总书记在党的二十大报告中再次强调"实施积极应对人口老龄化国家战略"④。2023年5月,习近平总书记进一步强调"必须全面认识、正确看待我国人口发展新形势……要实施积极应对人口老龄化国家战略,大力发银发经济……优化人口结构,促进人口高质量发展"⑤。

习近平关于积极应对人口老龄化的重要论述立足于新时代中国式现代化实践,以系统的眼光审视人口老龄化的结构性问题带来的挑战和机遇,凝练于中国人口发展与国家安全的实践,进一步发展了马克思主义人口理论,是新时代马克思主义中国化时代化具体化的生动体现。⑥ 习近平总书记关于老龄化问题的重要论述以积极治理为取向,完善健康老龄化的顶层部署,以不断推动左右协调、上下联动、多维互动的老龄治理体系建设为核心,⑦ 科学回答了对当前和未来时期老龄问题的看法以及如何处理老龄工作等一系列实

---

① 《加强顶层设计完善重大政策制度 及时科学综合应对人口老龄化》,载《人民日报》2016年2月24日,第1版。

② 《习近平总书记在2019年春节团拜会上的讲话(节选)》,载《雷锋》2019年第2期,第1页。

③ 习近平:《中共中央政治局召开会议听取"十四五"时期积极应对人口老龄化重大政策举措汇报审议〈关于优化生育政策促进人口长期均衡发展的决定〉》,载《人民日报》2021年6月1日,第2版。

④ 习近平:《高举中国特色社会主义伟大旗帜 为全面建设社会主义现代化国家而团结奋斗——在中国共产党第二十次全国代表大会上的报告》,载《创造》2022年第11期,第6-29页。

⑤ 《习近平主持召开二十届中央财经委员会第一次会议强调加快建设以实体经济为支撑的现代化产业体系以人口高质量发展支撑中国式现代化》,载《旗帜》2023年第5期,第7-8页。

⑥ 徐水源、程广帅:《习近平关于应对人口老龄化重要论述的核心要义与时代价值》,载《人口与社会》2022年第1期,第1-8页。

⑦ 何得桂、蒋颖秀:《习近平关于应对人口老龄化重要论述的核心要义与重要价值》,载《开发研究》2022年第12期,第1-10页。

践课题,深刻把握了人口老龄化发展规律,①成为我国积极应对人口老龄化工作的重要思想指导和行动指南,在推动中国式现代化高质量发展的同时,亦为全球应对人口老龄问题提供了中国方案,为构建人类命运共同体贡献了中国智慧。

(二)党的政策法规彰显习近平关于积极老龄化的理念

自党的十八大以来,以习近平同志为核心的党中央高度重视老龄工作,在积极应对解决老龄化问题和新时代经济社会发展的实践中逐步发展形成了我国积极应对人口老龄化的政策制度体系和战略举措。

自2012年以来,《中华人民共和国老年人权益保障法》(2012年修订)、《"健康中国2030"规划纲要》、《国家人口发展规划(2016—2030年)》、《国家积极应对人口老龄化中长期规划》、《中共中央 国务院关于加强新时代老龄工作的意见》等党和国家关于老龄工作的各项政策法规,从提出"积极应对人口老龄化是国家长期战略任务",到全面确立"国家应对人口老龄化中长期规划"的顶层设计,再到多维度明确实施"新时代老龄工作的意见",充分贯彻和彰显了习近平总书记关于积极老龄化的重要论述精神。党和国家关于老龄化工作政策法规的具体规定则从明确老年人作为国家的宝贵财富定位,到促进老年人的全面发展、加强老年人力资源开发、加强老年人就业等具体举措,不断丰富和发展了积极应对人口老龄化的实施策略,为老龄人口高质量发展并实现人的现代化提供了坚实的理论基础和实践指导,将有效促进老年人力资源开发利用,进而优化劳动力结构与有效供给。

习近平总书记关于积极老龄化的重要论述精神将积极应对人口老龄化问题放在"事关国家发展全局,事关百姓福祉"的战略定位,明确"老年是仍然可以有作为、有进步、有快乐的重要人生阶段""老年人是党和国家的宝贵财富",是"实现经济高质量发展、维护国家安全和社会稳定"②不可或缺的力量;并对积极应对人口老龄化工作做出系统性、全局性、长期性和战略性部署,必将成为我国老年人力资源开发强有力的思想指导和行动指南。以习近平总书记关于积极老龄化的重要论述精神为逻辑起点,以积极应

---

① 杜鹏:《中国老龄化社会20年:成就、挑战与展望》,人民出版社2021年版,第15-45页。
② 牟方志:《十八大以来中国共产党应对人口老龄化的理论与实践研究》(学位论文),西南交通大学2022年。

对人口老龄化国家战略为基础,秉持科学精神理念,充分认识我国人口老龄化的特征和规律,积极利用人口老龄化带来的机遇,充分开发老年人力资源,促进中国从人口大国发展为人力资源强国,进而为中国式现代化提供源源不断的动力。

第二节 老年经济学提供理论支撑

一、老年经济学的概念与基本内涵

(一) 概念与基本内涵

1960年,美国"老龄问题之父"克拉克·蒂比茨主编了《老年学手册:社会经济诸方面》一书,该书被认为是具有开创性的老年经济学著作。1976年,詹姆斯·舒尔茨出版了《老龄经济学》一书。1980年,罗伯特·克拉克和约瑟夫·斯彭格勒合著了《个体老化和人口老龄化经济学》,学界认为该书的出版标志着老年经济学和老龄化经济学(一些著述也有称老龄经济学或老化经济学)的真正确立。直至20世纪80年代,我国关于老年人口和人口老龄化的经济学研究基本上仍是空白。20世纪90年代末,随着中国老年人口增长和人口老龄化的加剧,才出现了相关论述。此后,学者们开始系统研究老年经济学并出版代表性著作,如复旦大学王爱珠教授1996年所著的《老年经济学》等。[①] 随着我国人口预期寿命增长,老年人口规模扩大,老龄化进程加快,老年人行为所产生的经济影响更为凸显,我国学术界才开始进一步发展该新兴学科。

老年经济学是以老年经济问题作为研究对象的一门新兴学科,偏重于考察老年人的微观经济决策和经济行为。[②] 正如经济学领域通常关注物质资源的获取和分配一样,老年经济学通常关注老年人可利用的资源(如物质、健康、知识、家庭等),在人生阶段后期做出各种决策,最大限度实现他们的

[①] 阳义南:《中国老年经济学透视》,光明日报出版社2021年版,第1页。
[②] 阳义南:《中国老年经济学透视》,光明日报出版社2021年版,第1页。

目标。熊必俊认为，老年经济学是运用经济学的理论与方法，研究个人老化与人口老龄化所涉及的经济问题。他认为老年经济学的研究对象分为以下方面，即研究人口老龄化过程中如何协调代际经济交换使之有利于社会稳定与经济发展；研究个人在代际经济交换中所处的地位和作用，以及个人老化所带来的变化和影响；研究人口老龄化给代际经济交换所带来的变化和影响，及其与经济社会发展之间的内在联系与机制；研究如何协调代际经济交换关系，消除人口老化的消极影响，促进经济发展。① 还有学者认为"老年经济学是研究人口老化与经济的关系和老年经济问题的科学，是研究老年特定经济领域中的特殊矛盾和特殊规律的科学。老年经济学是在政治经济学所揭示的一般经济规律的基础上，进一步研究这些经济规律在老年经济领域的具体体现，以及老年经济领域的特殊经济规律"②。

学者们通常认为老年经济学分为宏观和微观两个层面。宏观层面，老年经济学关注长期可持续性问题，主要研究老年人口的经济状况及其对劳动力市场、产业结构、消费市场、资本市场、社会保障等方面的影响。③ 微观层面，老年经济学关注个体在做出经济决策时的微观基础，主要研究老年人的就业、劳动、消费、储蓄等方面的动机与偏好。如果要制定科学的宏观政策，就必须理解这些微观基础。

宏观层面的一个关键问题是人口替代率，以及人口替代率从正替代（每名女性平均生育超过2.2个孩子）到负替代（每名女性平均生育少于2.2个孩子）的速度和时间点。在正替代率的情况下，新进入劳动力市场的人数增加，平均人口年龄下降；而在负替代率的情况下，新进入劳动力市场的人数减少，平均人口年龄上升，将造成反向代际负担问题。如果进入劳动力市场和推动经济增长的年轻人不足，则需要让老年人工作更长时间。因此，必须提高老年人退出劳动力市场后的生产率，即便他们进入"退休"状态，仍有许多方式可以继续为社会增值，应该鼓励和引导他们继续参与生产性活动。这不仅涉及退休年龄和养老金等宏观议题——这些问题至关重要；但更深层次的是，个体是否拥有继续参与生产性活动的意愿、能力和潜在偏好。从微观角度来看，许多人认为个人的工作生涯会在某个时间点终止，并自动

---

① 熊必俊：《老年经济学概述》，载《老年学杂志》1989年第9期，第1-2页。
② 涓涓：《老年经济学（摘自〈人口信息〉）》，载《广西党校学报》1987年第6期，第79页。
③ 李建民：《老年经济学与老龄化经济学》，载《市场与人口分析》2001年第5期，第1-7页。

过渡到退休状态。老年个体需要认识到他们面临新的情况，即他们正在变老，且因年龄带来诸多影响，并越来越多地根据这一点做出生活决策。故此，老年经济学科，不仅考虑经济因素（老年活跃期有着创造新价值的巨大潜力），还关注健康因素（健康状况决定了老年人是否愿意并能够更长时间地参与社会活动）。

（二）关于老年人力资源开发的核心观点

1. 长寿红利

（1）生命周期与退休。

20世纪人口的一个基本特征是预期寿命显著增加。[①] 长寿红利是一个经济学概念，指随着人口老龄化，可以通过有效利用老年人口的经济和社会价值，转化为潜在的经济增长动力，进而促进国家经济社会的发展与进步。如果老年人能够保持身心健康并具有持续的生产能力，其将拥有更长的老年活跃期，将促使其做出更多的生产性贡献，进而对社会经济发展产生积极的影响。[②] 而退休时间一直是经济学分析的经典议题。在预期寿命延长的情况下，个人应如何应对更长的寿命？如何在人生规划中充分利用额外的时间？[③] 个人在考虑是否退休以及什么时候退休时，会权衡时间在工作和其他活动之间的分配，即权衡工作的机会成本。社会需要"关注人们老化方式的变化和寿命延长的利用"[④]，从而获得长寿红利。

在理解老年人的退休和劳动动机方面，老年经济学的重要假设包括：行为人有限理性及代理决策、个人资源生命周期合理配置和生命周期个人福利最大化原则。[⑤] 行为人有限理性及代理决策假设是指老年人在做决策时，遵循"有限理性"的原则，而不是"完全理性"。"完全理性"基于新古典经济学中的"经济人"假设，认为决策者拥有无限的认知能力，掌握着全部

[①] Jim Oeppen, James W, "Vaupel. Broken limits to life expectancy", *Science*, 2002, 296 (5570), pp. 1029 - 1031.

[②] Andrew J. Scott, "Achieving a three dimensional longevity dividend", *Nature Ageing*, 2021, 1, pp. 500 - 505.

[③] Lynda Gratton, Andrew Scott, *The 100 Year Life—Living and Working in An Age of Longevity*, Bloomsbury Press, 2016.

[④] Andrew J. Scott, Martin Ellison, David A. Sinclair, "The economic value of targeting ageing", *Nature Aging*, 2021, 1, pp. 616 - 623.

[⑤] 李建民等：《老年经济学与老龄化经济学》，载《人口与发展》2001年第5期，第2 - 8页。

的信息，在做决策时只考虑净收益的最大化，不会受到其他因素的影响。而"有限理性"意味着做决策人的价值取向和目标是多元的，受到多方面因素的制约，经常处于变动状态，并不是只有"净收益最大化"这一个决策标准。此外，老年人的决策能力可能会随着年龄增长而下降，导致其他人进行代理决策。

个人资源生命周期合理配置是指个人的生命历程是不断开发和利用个人资源的过程，但不同的生命阶段的重点有所不同。在传统生命周期模型中，人生被分为"教育+工作+退休"三个阶段。教育时期以个人资源开发为重点；工作时期，个人资源开发和利用并存，随着年龄增长，利用逐渐超过开发；退休时期则是以个人资源利用为重点。老年经济学并非只研究老年人的经济状况、经济行为及其影响，而是研究整个生命周期的个人资源开发和配置问题。个人资源开发主要包括人力资本投资（如教育、培训）和社会资本投资（如社交和人际关系），个人资源配置是指个人对自己所拥有的各种资源（如时间、精力、知识、技能、金钱、社会关系等）进行合理分配和有效利用。

生命周期个人福利最大化原则与个人资源生命周期合理配置紧密相关，因为前者是后者的目的，即生命周期内，个人资源的合理开发和配置是为了实现个人福利的最大化。老年经济学虽然研究的是老年人，但一个人在老年阶段的经济状况和经济行为与其生命其他阶段的经历是息息相关的，个人决策的出发点是整个生命周期的福利最大化，而不是某个特定时期的福利最大化，因此老年经济学的研究包括老年人的整个生命周期。[①]

（2）健康与退休。

健康是参与社会经济活动的前提。老年人的健康状况决定了他们是否有意愿并能够参与社会经济活动。全球人口预期寿命的增加，其重点在于健康寿命的增加。人口预期寿命的延长若不能必然地增加健康寿命，则对个人和社会都可能产生不利影响：个人方面，虚弱和依赖的生命期可能会加长；社会层面，则可能面临医疗保健、社会保障、住房和满足老年人其他需求等方面的更大挑战。

了解老年人退出劳动力市场的原因非常重要。一项针对提前退休的工人的研究发现，健康状况不佳是最常见的退出劳动力市场的原因。健康状况差

---

① 李建民等：《老年经济学与老龄化经济学》，载《人口与发展》2001年第5期，第2-8页。

的老年工人更难延长工作时间，更有可能提前退休或失业。① 另一项研究发现，尽管人口的预期寿命在增长，但唯有当健康预期寿命同样得到增长时，个人的最高价值才能得以实现。因此，在人口预期寿命增加的背景下，减缓人们的衰老速度并减少与年龄相关的疾病发生是目前最重要的政策任务。据估算，仅在美国，若能成功延缓与年龄相关的慢性疾病的发生，将延长一年的健康预期寿命，其所带来的健康改善的现值估计可达37万亿美元。此外，研究还显示，随着老年人口的增加，健康长寿带来的收益将随之增加。②

整个生命周期内健康状况的提升对个人和社会都有着重要的价值。研究发现，当老年工人身体健康时，他们的生产率下降的现象会减少或消除。③ 这表明，对个人来说，健康与幸福期的延长，使他们能够延长工作年限，更多地承担生产性工作，进而获得的收入、福利、尊重等，又能促进他们维持健康和长寿的生活状态，实现长寿红利。个人红利转化为社会红利，不仅包括老年人与年轻人共同繁荣、增强代际和谐与社会凝聚力等隐形利益，还包括国内生产总值的增长、经济活力的提升以及政府财政收入的增加等直接经济效益。大量经济学研究表明，健康（尤其是老年人的健康）有利于促进经济增长，实现长寿红利。

（3）再就业的经济原因。

老年人退休后继续工作的重要原因之一是经济需求，这种情况在低收入国家更为显著。④ 美国一项关于工作的调研显示，62岁及以上的人群中，大约一半认为"能够在经济上养活自己"很重要或至关重要。⑤ 更高的工资会让人更早退休还是更晚退休呢？工资对退休决策的影响非常复杂，其在生命

---

① Ellen Dingemans, Kène Henkens, "Working after retirement and life satisfaction: Cross-national comparative research in Europe", *Research on Aging*, 2019, 41 (7), pp. 648–669.

② Andrew J. Scott, "The longevity society", *The Lancet Healthy Longevity*, 2021, 2 (12), pp. e820–e827.

③ Jonathan Cylus, Lynn Al Tayara, "Health, an ageing labour force, and the economy: Does health moderate the relationship between population age-structure and economic growth?", *Social Science & Medicine*, 2021, 287, pp. 114–353.

④ Ursula M Staudinger, Ruth Finkelstein, Esteban Calvo, et al., "A global view on the effects of work on health in later life", *The Gerontologist*, 2016, 56 (Suppl 2), pp. S281–S292.

⑤ Nicole Maestas, Kathleen J. Mullen, David Powell, et al., *The value of working conditions in the United States and implications for the structure of wages*, Cambridge, MA: National Bureau of Economic Research, 2018.

周期模型中的影响是双向的。一方面，工资水平越高，个人收入就越多，将激发更大的消费和休闲活动的需求，可能促使人们选择在较早的年龄退休。另一方面，高工资也提高了休闲活动的机会成本，即放弃工作的损失更大，这可能导致人们倾向于在更晚的年龄退休。除了健康和经济需求，影响老年人退休决定的其他因素还包括退休制度和养老金制度、工作条件的艰苦程度、是否有照护家庭的责任、配偶的工作状况等。[1]

从学者们的研究可见，老年人的个人偏好对宏观层面的劳动力供应将产生影响。在人口老龄化、劳动人口减少的情况下，要维持经济可持续发展，需要增加老年人的劳动参与率。而提高老年人劳动参与率的最常见的政府策略之一是提高法定退休年龄。统计数据显示，在经合组织（OECD）和二十国集团（G20）的成员国中，法定退休年龄在逐步提高。其中，丹麦退休年龄的增长幅度最大，从2019年的65岁提高到2035年的预期69岁。意大利、荷兰和爱沙尼亚也制定了未来退休年龄为70岁或以上的政策，预计在未来很少有工人的退休年龄会低于65岁。[2] 当然，提高退休年龄需要循序渐进，不可一蹴而就，否则可能会在个人、社会、经济等层面产生意想不到的负面影响。例如，法国提高退休年龄这一举措虽然增加了劳动力市场的供给，但由于政府未能同步实施有效的措施来刺激对这部分新增劳动力的需求，导致处于旧退休年龄和新退休年龄之间的人群的失业率激增。[3] 另一项研究发现，将正常退休年龄从65岁改为67岁，仅净增加了0.6年的工作年限，而教育水平低的工人和蓝领工人在这一政策改变中受到的负面影响最大，因为他们很难在老年时期找到工作。[4] 政府提高老年人劳动参与率的另一个策略是提高领取养老金的年龄。这将促使老年人延长在劳动力市场中停留的时间，但没有证据表明这样做能够改善健康。如果政府不为找不到工作

---

[1] Special Committee on Aging United States Senate. America's Aging Workforce: Opportunities and Challenges, https://www.aging.senate.gov/imo/media/doc/Aging%20Workforce%20Report%20FINAL.pdf.

[2] OECD (2019), Pensions at a Glance 2019: OECD and G20 Indications, OECD publishing, Paris, https://doi.org/10.1787/bbd3dcfc-en.

[3] Anne Marie Guillemard, "France: Working longer takes time, in spite of reforms to raise the retirement age", *Australian Journal of Social Issues*, 2016, 51 (2), pp. 127–146.

[4] Stefan Etgeton, "The effect of pension reforms on old-age income inequality", *Labour Economics*, 2018, 53, pp. 146–161.

或无法工作的人提供安全养老金，防止他们陷入贫困，这一政策可能会伤害脆弱的老年人群，加剧不平等现象。

提高老年人的劳动参与率是否会挤兑年轻人的就业机会？研究表明，老年人工作不会剥夺年轻人的就业机会。"老挤青"的看法往往陷入了"固定劳动量谬误"，即假设经济是无弹性的，工作的数量是固定的，这"可能是经济学中最具破坏性的错误看法"[1]。对北美洲、欧洲和亚洲12个国家的研究表明，老年人的劳动参与率与年轻人的劳动参与率呈正相关。[2]

2. 人力资本投资：教育与培训

最初的人力资本模型[3]认为，年轻时进行人力资本投资最为有利，因为这些投资可以在更长的人生阶段来提高个人的收入，也就是投资回报持续时间更长。库尼亚和赫克曼的研究也显示，早期投资人力资本是特别有益的，因为"技能的自我生产力"和"动态互补性"都提高了年轻时人力资本投资的回报。[4] "技能的自我生产力"指的是在某一阶段产生的技能增强了后续生活阶段获得的技能，而"动态互补性"指的是某一阶段产生的技能提高了后续生活阶段的人力资本投资的回报。同时，后期的人力资本投资也是非常重要的，因为后期投资能和早期投资形成动态互补。

另一种关于老龄化的观点是关注预期剩余寿命。[5] 这种观点与历史上的"退休"概念一致，都是基于生命的最后阶段提出的一种退休的理论。从这个角度来看，预期剩余寿命的增加意味着现在的60岁人群相较于过去的同龄人，拥有更加长远的未来。因此，他们可能更愿意投资自己的人力资本，并延长工作生涯。这对于理解老年劳动力供给的变化十分重要。卡迈克尔和埃尔科拉尼研究了欧盟15国的年龄与培训之间的关系，发现在这些国家中，

---

[1] Axel Börsch-Supan, "Myths, scientific evidence and economic policy in an aging world", *The Journal of the Economics of Ageing*, 2013, 1, p. 10.

[2] René Böheim, Thomas Nice, "The effect of early retirement schemes on youth employment", *IZA World of Labor*, 2019, 70.

[3] Gary Becker, "Investment in human capital: A theoretical analysis", *Journal of Political Economy*, 1962, 70 (5, Part 2), pp. 9 – 49.

[4] Flavio Cunha, James Heckman, "The technology of skill formation", *American Economic Review*, 2007, 97 (2), pp. 31 – 47.

[5] Warren C. Sanderson, *Sergei Scherbov*, Prospective Longevity—A New Vision of Population Ageing. Cambridge, MA: Harvard University Press, 2019.

50~64岁的人参加一般培训和工作相关培训的可能性较小。① 他们的研究发现,老年人更少参与培训,部分是因为老年人本身的偏好(比如缺乏动力),但更多的原因是雇主造成的障碍。② 其他研究也显示,老年员工培训参与率较低,而雇主在其中扮演了重要角色。老年员工的培训效果不佳的原因在于培训内容没有充分考虑他们的动机,也未能有效符合他们的偏好。③

老年人的生产率是否低于年轻人呢?虽然一种常见的看法认为由于身体状况恶化、认知能力下降等因素,导致老年人生产率会低于年轻人。但研究表明没有数据证明老年人的生产率低于年轻人,而个体工人的平均年龄-生产力曲线在65岁退休前不断上升,其原因在于"经验"使得老年工人的生产率不会下降。同一研究还发现,有经验的老年工人虽然偶尔会犯错,但他们很少犯严重的错误。这表明老年工人更擅长重要的工作任务。④ 可见,就业能力和退休年龄之间的关系是积极的。

在职培训对就业能力有显著的积极影响。研究发现,培训能带来明显的个人回报。如前所述,晚期的人力资本投资是必要的,因为它可以和早期投资之间产生动态互补,早期和晚期人力资本投资的最佳比例取决于两者之间的互补程度。⑤ 荷兰的一项研究表明,公司提供的培训显著提高了员工未来的就业前景。⑥ 快速的技术变革导致劳动力市场对技能的需求产生变化,老年工人越来越需要在晚年更新技术能力,培训对维持和提升老年人的就业能力十分重要。另外一项研究发现,培训带来的工资溢价随着年龄的增长仅略

---

① Fiona Carmichael, Marco Giorgio Ercolani, "Age-training gaps in the European Union", *Ageing & Society*, 2014, 34 (1), pp. 129–156.

② Fiona Carmichael, Marco Giorgio Ercolani, "Age-training gaps across the European Union: How and why they vary across member states", *The Journal of the Economics of Ageing*, 2015, 6 (December), pp. 163–175.

③ Thomas Zwick, "Training older employees: what is effective?", *International Journal of Manpower*, 2015, 36 (2), pp. 136–150.

④ Axel Börsch-Supan, Matthias Weiss, "Productivity and age: Evidence from work teams at the assembly line", *The Journal of the Economics of Ageing*, 2016, 7, pp. 30–42.

⑤ Flavio Cunha, James Heckman, "The technology of skill formation", *American Economic Review*, 2007, 97 (2), pp. 31–47.

⑥ Matteo Picchio, Jan C. van Ours, "Retaining through training even for older workers", *Economics of Education Review*, 2013, 32 (1), pp. 29–48.

有减少。① 可见，延迟退休时间与参与培训之间的关系是双向的。预期退休年龄的提高可能会增加企业与员工共同投资于老年人力资本（提供/参与培训）的意愿，而参与培训也可以增强老年员工继续工作的动机②，降低提前退休的意图③，并延迟实际退休年龄④。

二、对老年人力资源开发的理论指导

根据老年经济学理论的基本内涵，可深刻地理解老年人的就业偏好和动机，老年人在收入、消费、储蓄等方面行为潜在的经济影响，以及代际经济交换关系的变化等，将有助于深挖老年人口的长寿红利，制定更为科学有效的老年人力资源开发政策。依据老年经济学理论，中国式老年资源开发可重点关注有效挖掘长寿红利和投资老年人力资本两个方面。

（一）有效挖掘长寿红利

1. 提升老年人口的健康水平

健全老年人口公共卫生政策一方面将促进老年人口寿命预期的延长和健康水平的发展，另一方面将对为老年人力资源开发提供有效的人口资源。老年人何时退休以及退休后是否继续参与劳动，在很大程度上取决于其身心健康状况。人的衰老速度、健康状况和寿命除了受到个人生理因素的影响，也

---

① Benoit Dostie, Pierre Thomas Léger, "Firm-sponsored classroom training: Is it worth it for older workers", *Canadian Public Policy*, 2014, 40 (4), pp. 377–390.

② Tuğba Polat, P. Matthijs Bal, Paul G. W. Jansen, "How do development HR practices contribute to employees' motivation to continue working beyond retirement age?" *Work, Ageing and Retirement*, 2017, 3 (4), pp. 366–378.

③ Marjorie Armstrong-Stassen, Francine Schlosser, "Benefits of a supportive development climate for older workers", *Journal of Managerial Psychology*, 2008, 34 (4), pp. 419–437; Marjorie Armstrong-Stassen, Nancy D. Ursel, "Perceived organizational support, career satisfaction, and the retention of older workers", *Journal of Occupational and Organizational Psychology*, 2009, 82 (1), pp. 201–220.

④ Olivier Herrbach, Karim Mignonac, Christian Vandenberghe, et al., "Perceived HRM practices, organizational commitment, and voluntary early retirement among late-career managers", *Human Resource Management*, 2009, 48 (6), pp. 895–915.

将受到系统性的社会经济影响。① 政府需增加老年人健康保障的投入，制定和完善老年人的公共卫生政策和法规，确保老年人健康服务的可及性和公平性。提升老年人的健康水平，可以通过预防保健、医疗服务和健康管理等多个方面的措施来实现。预防性健康措施方面，政府可以为老年人提供免费或普惠性的常规体检，及早发现和治疗潜在健康问题；针对老年人开展健康教育活动，推广健康生活方式等。改善医疗服务方面，政府可以加强医疗服务网络建设，确保老年人能更方便地获得基本医疗服务。心理健康和社会支持方面，政府可以为老年人提供心理健康评估和咨询服务，帮助他们身心健康发展，实现良好的再社会化。挖掘长寿红利的最直接方法是增加健康老年人的劳动参与率，从而增加劳动力供给。② 而评估长寿红利的进展主要应关注老年人的社会参与度，建议指标包括：老年人的劳动参与率、老年人可获得的志愿服务机会数量，以及参与各类志愿活动的老年人口比例等。

2. 完善退休制度

我国退休的概念是在19世纪末和20世纪初随着养老金制度的建立而引入的。那一时期，大量社会实验和商业创新集中于退休后的休闲时光，将老年劳动力供给划分为"全职工作"或"退休"的二元结果成为主流③，将生命周期分为教育、工作、退休的三阶段生命周期模型出现。④ 这导致关于老年人力资源开发的研究和政策讨论主要集中在退休年龄和养老金领取年龄问题上。和"老年"一样，"退休"也是社会建构的概念。我们已经习惯了使用这一概念。然而，随着我国经济社会的发展、人口结构的变化以及人口老龄化的加剧发展，我们需要进一步改变对退休的理解和认知，从更全面的角

---

① Raj Chetty, Michael Stepner, Sarah Abraham, et al., "The association between income and life expectancy in the United States, 2001–2014", *JAMA*, 2016, 315 (16), pp. 1750–1766; Michael Marmot, Jessica J. Allen, "Social determinants of health equity", *American Journal of Public Health*, 2014, 104 (4) pp. S517–S519.

② Yunus Aksoy, Henrique S. Basso, Ron P. Smith, et al., "Demographic structure and macroeconomic trends", *American Economic Journal: Macroeconomics*, 2019, 11 (1), pp. 193–222.

③ Richard Blundell, Eric French, Gemma Tetlow, *Retirement incentives and labor supply*, John Piggott and Alan Woodland (eds.). Handbook of the Economics of Population Ageing Volume 1. North-Holland, Amsterdam: Elsevier. 2016, pp. 457–566.

④ Franco Modigliani, Richard Brumberg, *Utility analysis and the consumption function: An interpretation of cross-section data*. In: Kenneth K. Kurihara (ed.), Post-Keynesian Economics, Rutgers University Press, 1954, pp. 388–436.

度来看待老年人力资源开发。国际社会中,越来越多的人关注如何在晚年保持活跃,例如通过延长职业生涯①,或通过更广泛的社会贡献②;随着职业生涯的延长和老年工作性质的转变,出现了"多阶段工作"③、在全职工作和完全退休之间的"过渡性"工作④,以及"不退休"等概念⑤。老年人工作性质的转变需引起高度关注。

社会必须改变"我们对老年人和老龄化的思考、行动和感受"⑥,才能获得新的长寿红利。考虑到以一刀切的方式延迟领取养老金资格年龄可能导致更多不平等,有些国家已经采取其他替代方法来提高老年人劳动参与率,鼓励继续工作的行为。比如,从单一的领取养老金资格年龄转向实施灵活的领取养老金资格年龄、对延迟领取养老金的行为提供财务激励、为继续工作的 65 岁以上人群制定针对年龄的税收抵免等。⑦

我国现行的退休制度源于 1951 年 2 月颁布的《中华人民共和国劳动保险条例》,这一条例奠定了我国退休政策的基础。其中规定男工人与男职员的退休年龄为 60 周岁,女工人与女职员的退休年龄为 50 周岁。⑧《国务院关于工人退休、退职的暂行办法》(国发〔1978〕104 号)规定企业男性职

---

① Chip Conley, *Wisdom at Work*: *The Making of a Modern Elder*, Currency Portfolio Penguin, 2018.
② Marc Freedman, *How to Live Forever*: *The Enduring Power of Connecting the Generations*, Public Affairs, 2018.
③ Lynda Gratton, Andrew Scott, *The 100 Year Life—Living and Working in An Age of Longevity*, Bloomsbury Press, 2016.
④ Carlos-Maria Alcover, *Bridge employment*: *Transitions from career employment to retirement and beyond*, Emma Parry and Jean McCarthy (eds.), The Palgrave Handbook of Age Diversity and Work. Palgrave Macmillan, 2017, pp. 225 – 262. Nicole Maestas, "Back to work: Expectations and realizations of work after retirement", *Journal of Human Resources*, 2010, 45, pp. 718 – 748.
⑤ Nicole Maestas, "Back to work: Expectations and realizations of work after retirement", *Journal of Human Resources*, 2010, 45, pp. 718 – 748.
⑥ Tedros Adhanom Ghebreyesus, "It takes knowledge to transform the world to be a better place to grow older", *Nature Aging*, 2021, 1 (10), p. 865.
⑦ Lisa Laun, "The effect of age-targeted tax credits on labor force participation of older workers", *Journal of Public Economics*, 2017, 152, pp. 102 – 118; OECD Pensions outlook 2020, Organization for Economic Co-operation and Development, 2020.
⑧ 郭磊、白晨:《社会建构、反馈效应与延迟退休年龄政策停滞》,载《广西师范大学学报(哲学社会科学版)》2024 年第 2 期,第 75 – 88 页。

工和女性职工退休的年龄不变，女性干部的退休年龄为年满 55 周岁。① 1951 年我国人口预期寿命为 40 岁左右，② 2021 年我国人口预期寿命已经大幅提高至 78.2 岁。③ 现行退休制度已远远滞后于人口预期寿命的大幅增长。研究发现，大量企业职工提前退休，造成实际平均退休年龄仅为 53 岁。④ 许多年富力强的工作者早早就结束了职业生涯，形成了事实上的人力资源浪费。

根据我国现行退休制度，女性退休年龄比男性早 5~10 年。2023 年，世界银行对 189 个国家的调查数据显示，92%（174 个）的国家和地区中，男性和女性的法定退休年龄相同。⑤ 中国女性的法定退休年龄早于男性，该规定可能出于照顾女性的考虑，但无形中将女性看作被动保护的对象，在一定程度上限制了女性的平等就业权利，极大浪费了女性人力资源。随着女性独立意识的崛起和性别平等价值观的普及，我国老年女性的劳动参与率逐渐上升。⑥

针对法定退休年龄滞后于平均预期寿命的增长，以及"一刀切"且具有性别差异的退休制度，政府可以从多方面着手，完善退休政策。首先，逐步延迟法定退休年龄。2024 年 9 月，我国渐进式延迟退休政策正式出台，将用 15 年时间，坚持小步调整、弹性实施、分类推进、统筹兼顾的原则，逐步将男职工的法定退休年龄从原 60 周岁延迟到 63 周岁，将女职工的法定退休年龄从原 50 周岁、55 周岁，分别延迟到 55 周岁、58 周岁。⑦ 这意味着我国加大了老年人力资源开发的力度。

其次，实施弹性退休政策，即为老年人提供更灵活的退休选择，如渐进

---

① 孙静：《社会工作者介入社区低龄老年群体就业的行动研究——以福州市 L 社区为例》，载《中国市场》2024 年第 31 期，第 25-28 页。
② 童玉芬、廖宇航：《银发浪潮下的中国老年人力资源开发》，载《中国劳动关系学院学报》，2020 年第 2 期，第 27-36 页。
③ 《2021 年我国居民人均预期寿命提高到 78.2 岁》，https://www.gov.cn/xinwen/2022-07/12/content_5700668.htm。
④ 封进、胡岩：《中国城镇劳动力提前退休行为的研究》，载《中国人口科学》2008 年第 4 期，第 88-94 页。
⑤ The World Bank, The mandatory retirement age for women and men is the same, https://genderdata.worldbank.org/en/indicator/sg-age-mret-eq.
⑥ 童玉芬、廖宇航：《银发浪潮下的中国老年人力资源开发》，载《中国劳动关系学院学报》2020 年第 2 期，第 27-36 页。
⑦ 《全国人民代表大会常务委员会关于实施渐进式延迟法定退休年龄的决定》，载《中华人民共和国全国人民代表大会常务委员会公报》2024 年第 5 期，第 720-734 页。

式退休或部分退休，可以采用兼职工作、远程工作等方式帮助老年人延长就业状态，这样可以避免老年人从全职状态马上转为完全退休状态，造成人力资源流失。

最后，逐渐缩小男性和女性法定退休年龄的差距，在尊重女性意愿的前提下，保障女性享有平等就业的权利，将有助于打破女性作为弱势群体在社会分工中担任被照顾者角色的传统观念，从而更有效地开发利用老年人力资源。

（二）积极的人力资本投资

教育培训是人力资本投资的主要方式。随着技术变革带来的技能需求变化[1]以及退休年龄的推迟[2]，对老年员工进行人力资本投资的需求将增加。政府和其他利益相关者需要从多方面入手，加大老年人力资本的教育投资。政府可通过终身教育经费投入、公共服务平台建设、终身教育体系构建、激励机制的逐步完善，有效支持保障和鼓励各类老年人群体参与终身学习和技能培训，持续获得新的知识与技能，获得终身职业发展能力，更好地参与生产性活动。企业需深入研究老年员工的当前技能水平、未来用工的发展需要以及其他具体偏好，充分考虑年轻和老年员工在培训动机上的差异，更好地设计和提供满足老年员工偏好的培训课程[3]，致力于开发和挖掘老年员工的潜能，从而有效地提高老年员工的生产效率。

技术变革将深刻影响劳动市场需求变化。自动化和人工智能等技术变革未来可能创造新的技术岗位，同时也将淘汰旧的技能岗位。劳动者的技能更新需要与时俱进，故人力资源投资须持续到比过去更晚的年龄。提前预见新技术所需的技能及其对老年员工技能折旧的影响显得尤为重要。为了使工人自身能够及时地进行人力资本投资以应对新的劳动力市场变化，政府和企业

---

[1] Shoshana Neuman, Avi Weiss, "On the effects of schooling vintage on experience-earnings profiles: Theory and evidence", *European Economic Review*, 1995, 39 (5), pp. 943 – 955.

[2] Axel Börsch-Supan, Courtney Coile, *Social security programs and retirement around the world: Reforms and retirement incentives – Introduction and summary*, National Bureau of Economic Research, 2018.

[3] Margaret E Beier, *Age and learning in organizations*, Gerard P. Hodgkinson and J. Kevin Ford (eds.), International Review of Industrial and Organizational Psychology, John Wiley & Sons, 2008, 23, pp. 83 – 106; Thomas Zwick.

需要定期预测和模拟可能的情景,以评估未来技术发展对劳动力市场的影响。政府、企业和教育机构在老年人力资源开发中,应重点投资于重新设计教育系统,开发新的数据源,结合调查数据,并使用大数据技术,获取老年人技能发展需求画像,从而对老年人力资本投资做出科学决策。例如,基于这些信息,政府、企业和教育机构可以开发低成本的培训课程,最优地利用老年人的知识和技能;探索在职培训、工作场所的非正式学习或混合培训中能为老年员工带来更高回报的学习形式;研究制定科学的人力资本投资形式,以适应工人在延长的生命周期中不断变化的需求和偏好。

第三节 生产性老龄化理论的参考价值

一、生产性老龄化的概念与基本内涵

(一) 概念与基本内涵

1975年,杰出的医学家、老年学家罗伯特·巴特勒(Robert Butler)在其获得普利策奖的著作《为什么活下去?在美国变老》中概述了人类衰老的状况,同时指出了人们对老龄化的一些常见误解。巴特勒指出,老年人不受身体疾病或社会因素的限制时,做出创造性贡献并不罕见。巴特勒在1983年首次采用了"Productive Aging"这一概念,意为"生产性老龄化",旨在提醒人们关注老年人的能力和他们对家庭、社区做出的宝贵贡献,[1] 强调老年人是社会资源,不是社会负担。随后,美国老年学界对生产性老龄化的概念体系进行了积极推广。贝斯等在《实现生产性老龄化社会》中将生产性老龄化定义为老年人无偿或有偿地为社会生产产品或提供服务。[2] 莫罗-豪厄尔等指出,除劳动参与以外,社会志愿服务、家庭照顾及其他有价值的

---

[1] [美]南希·莫罗-豪厄尔:《生产性老龄化:理论与应用视角》,载《人口与发展》2011年第6期,第45-46页。
[2] Scott A. Bass, Francis G. Caro, Yung-Ping Chen, *Achieving a Productive Aging Society*, Auburn House, 1993.

活动应视为老年人对社会的产出与贡献。① 谢若登等人将生产力（Productivity）定义为"任何创造商品或服务的行为，无论是有偿的还是无偿的"②。生产力不单单包括有偿工作或经济活动，无偿工作也是生产力的关键组成部分。随着老龄化社会的演变，在国际积极老龄化政策框架的影响下，"生产性老龄化"的内涵意蕴日益丰富，从老年人参与就业的经济价值活动延展到各类志愿者服务、生活照料等社会价值活动。③ 我国学者认为，西方背景下的"生产性老龄化"概念等同于中国所提倡的"老有所为"，在以中国为叙事背景时两者可以互换。④

生产性老龄化的核心是老年人具有生产力，即老年人具有参与生产行为的能力和生理条件。健康是生产性老龄化的前提。研究表明，大多数老年人的生理和认知能力足以支持他们从事某种形式的生产活动⑤，并且在得到适当帮助的情况下，能够保持或恢复这种能力。⑥ 即使对于相对年长的老年人来说，参与生产行为仍然具有可能性。生产性老龄化将关注的重点放在老年人可以创造新的价值和贡献上，主张更有效地利用老年人的专业知识、技能和经验。这一概念挑战了"老年人生产力低下"这一普遍却错误的看法，描绘了老年生活的另一种图景，提出了提高老年人生产力的行动方案。

生产行为（Productive Behavior）可划分为市场活动、具有经济价值的非市场活动、正式的社会和公民参与（比如志愿活动），以及非正式的社会援助。这些生产行为有着不同程度的社会产出，其所需投入的资源——包括时间、精力和资金——远远超过了个人自我维护所需的基本资源。因此，生产

---

① Nancy Morrow-Howell, James Hinterlong, Michael Sherraden, *Productive Aging: Concepts and Challenges*, Johns Hopkins University Press, 2001.

② Michael Sherraden, Nancy Morrow-Howell, James Hinterlong, et al., *Productive Aging: Theoretical Choices and Directions*, Nancy Morrow-Howell, James Hinterlong, and Michael Sherraden (Eds.). Productive aging: Concepts and challenges. John Hopkins University Press, 2001, p. 280.

③ 邬沧萍：《"老有所为"是我国积极应对人口老龄化的客观要求》，载《人口与发展》2011年第6期，第32-34页。

④ 童红梅、楼玮群：《老有所为：近期"生产性老龄化"研究回顾和启示》，载《中国老年学杂志》2016年第3期，第1273-1274页。

⑤ Harvey L. Sterns, Anthony A. Sterns, *The productivity and functional limitations of older workers*, William H. Crown (Ed.). Handbook on employment and the elderly. Greenwood, 1996, pp. 276-303.

⑥ Alvar Svanborg, *Biomedical Perspectives on Productive Aging*, Nancy Morrow-Howell, James Hinterlong, and Michael Sherraden (Eds.). Productive aging: Concepts and challenges. John Hopkins University Press, 2001, pp. 81-101.

行为不包括有利于行为者自身的活动，比如为自己做家务、为了自我消遣或娱乐进行学习、进行体育锻炼等。这并不是说这些行为没有价值，但如果将它们都包含在生产老龄化的定义中，可能会导致概念过于宽泛，从而限制其实用性。① 关于老年人生产性活动，学者们提出了各自的看法。莫罗-豪厄尔等针对老年人提出了6类具有生产力的活动，即：①以市场为基础的经济活动；②市场以外具有经济价值的活动；③正式的社会责任、公民义务；④非正式的社会援助；⑤维持社会关系的社会活动；⑥自我完善的社会互动（如学习、自我实现、自我教化）。② 维萨里亚和多马拉朱认为，生产性老龄化的活动包括"生产物品和服务（有偿和无偿）、志愿服务（正式和非正式）、照顾工作，以及那些培养工作能力的活动"③。

目前，对于如何界定"生产性老龄化"，学术界并没有达成严格的共识。有些学者侧重于生产性老龄化概念中的经济活动，即老年人参与生产商品或提供服务的活动。④ 但有些学者认为，过于强调经济活动可能会使弱势群体（比如女性）处于更加脆弱、更加边缘化的地位，承受更大的结构性偏见，进一步威胁到他们选择生产行为形式的自由，将生产力单纯等同于市场价值的经济活动是一种局限性观点，其过多关注老年人参与有薪酬的工作，而忽视了他们参与其他形式的有价值生产活动的可能性。⑤ 实际上，老

---

① Michael Sherraden, Nancy Morrow-Howell, James Hinterlong, et al., *Productive Aging*: *Theoretical Choices and Directions*, Nancy Morrow-Howell, James Hinterlong, and Michael Sherraden (Eds.). Productive aging: Concepts and challenges. John Hopkins University Press, 2001, p. 280.

② Nancy Morrow-Howell, Michael Sherraden, James Hinterlong, *Productive Aging*: *Concepts and Challenges*, Johns Hopkins University Press, 2001.

③ Abhijit Visaria, Premchand Dommaraju, "Productive aging in India", *Social Science and Medicine*, 2019 (229), p. 14.

④ Karsten Hank, Stephanie Stuck: "Volunteer Work, Informal Help, and Care Among the 50 in Europe: Further Evidence for 'Linked' Productive Activities at Older Ages", *Labor*: *Demographics & Economics of the Family eJournal*, 2008; Bussarawan Puk Teerawichitchainan, Wiraporn Pothisiri, John Knodel, et al., "The situation of Thailand's older population: An update based on the 2017 survey", *Chiang Mai*: *HelpAge International*, 2019.

⑤ Martha Holstein, "Productive aging: A feminist critique", *Journal of Aging and Social Policy*, 1992, 4 (3-4), pp. 17-33; Martha Holstein, *Women's lives, women's work*: *Productivity, gender, and aging*, Scott A. Bass, Francis G. Caro, and Yung-Ping Chen (Eds.). Achieving a productive aging society. Yale University Press, 1993, pp. 235-249.; Carroll L. Estes, Jane L. Mahakian, *The Political Economy of Productive Aging*, Nancy Morrow-Howell, James Hinterlong, and Michael Sherraden (Eds.). Productive aging: Concepts and challenges. John Hopkins University Press, 2001, pp. 197-213.

年人参加志愿服务、家庭照料和社区参与等活动,虽然不直接产生经济效益,但对于社会的整体福祉至关重要。例如,大量农村老年女性花费大量时间照顾子孙、配偶,操持家务,但她们的实际劳动贡献并未得到相应的认可,通常被忽视。因此,生产性老龄化应超越对老年人经济活动的单一关注,全面考虑老年人参与的各种生产行为。其不仅包括传统的就业和创业活动,还涵盖了志愿服务、知识传承、家庭照料以及社区建设等多个方面,进而在更大程度上鼓励老年人发挥他们作为社会和经济资源的价值,帮助恢复老年人作为"完整的人,而不仅仅是我们同情或轻视照顾的对象"[①] 的地位。生产性老龄化政策应致力于为老年人的社会参与创造充分的机会,使其根据自身能力、愿望、偏好和家庭状况等因素,担任有价值的社会角色,提高个人、家庭和社会的福祉。在政策支持下,老年人可以参与一种或多种生产活动。郭凯明等人研究发现,在一定时间内,老年人参与某一种生产性活动会减少其参与其他生产性活动的可能性。例如,承担照顾家庭责任的老年人更有可能缩减正式工作的时间。[②] 但也有学者认为,参与某一种生产性活动会促进老年人参与其他生产性活动。例如,参与照顾家庭活动的老年人更有可能参与志愿活动。[③] 生产性老龄化对于积极应对人口老龄化有着重要价值。

一是有利于增强老年人的健康和福祉。首先,生产性老龄化强调了个人参与社会活动、与社会形成互动的重要性。积极参与活动有助于延缓与年龄相关的疾病的发生时间,比如老年人群中常见的生理、心理和认知能力衰退。其次,生产性老龄化的理论有助于推动相关政策的制定,支持老年人维持更健康的生活方式,增强他们的韧性和适应能力。同时,当老年人面临健康挑战或其他困难时,政策应确保提供必要的资源,如更完善的医疗保障,来降低由生理老化带来的风险或延缓发生,从而提升老年人的福祉。

二是有利于增进老年人的机会和权利。外部因素可以显著限制老年人的生产活动,包括公共政策、制度安排以及社会环境等,都对老年人的生产性

---

① Betty Friedan, *The fountain of age*, Simon & Schuster, 1993, p. 199.
② 郭凯明、余靖雯、龚六堂:《家庭隔代抚养文化、延迟退休年龄与劳动力供给》,载《经济研究》2021 年第 6 期,第 127 – 141 页。
③ Karsten Hank, Stephanie Stuck, "Volunteer Work, Informal Help, and Care Among the 50 in Europe: Further Evidence for 'Linked' Productive Activities at Older Ages", *Social Science Research*, 2008, 37 (4), pp. 1280 – 1291.

参与有着重要影响。例如，工作场所中存在的年龄歧视，往往基于"老年人生产力低下"的偏见，这种观念将促使老年人可能提前退出生产岗位。这类偏见和其他相关因素成为老年人持续或重新参与生产活动的重要障碍。公共政策的制定需与老年人日益增长的担任生产性角色的需求相契合，鼓励老年人更多地参与生产活动。正如贝蒂·弗里丹所言，需要新的公共政策和改革的社会制度来利用人类活力的新维度。[①] 生产性老龄化也关乎老年人的权利保障，比如劳动权、受教育权和其他权利。生产性老龄化对于加强老年人与家庭及社区的联系、提升他们在家庭和社会中的地位和认可，以及促进他们参与社会和政治事务等方面至关重要。同样，老年人参与生产性活动将对其家庭、社区乃至整个社会发展都有着积极的影响。

此外，科学技术的日益进步为老年人更广泛参与生产活动提供了更多的可能性，主要体现在以下方面：①延缓自然衰退。科技进步有助于减缓老年人因年龄增长而出现的身体机能下降，通过健康管理、康复训练等保持老年人的生产力。②创造新的就业机会。新兴技术为老年人提供了新的职业路径和工作模式，利用数字平台和远程工作等工具，使老年人能够更容易地融入劳动力市场。③拓展社交网络。互联网和社交媒体为老年人建立了新的沟通渠道，促进了跨代交流，同时也增加了其参与志愿服务和社区活动的机会。④促进终身学习。网络教育的普及使得老年人能够便捷地获取新知识和技能，不仅丰富了他们的精神世界，也为参与生产活动提供了更多选择，增强了参与方式的灵活性。

（二）生产性老龄化的核心领域

现阶段主流的生产性老龄化的领域有四个，亦是老年人力资源开发的核心领域，包括：①经济生产，主要通过工作就业实现；②志愿服务，包括社区和社会志愿活动以及通过社交网络进行的非正式服务；③家庭照顾，包括做家务和承担照顾工作；④终身学习，包括正式学习和非正式学习。不同理论在主要观点和内容上存在一定的交叉。为避免重复，"终身学习"将放在第五节具体阐述。

1. 工作就业

对许多成年人来说，工作不仅是个人的主要收入来源，而且关乎身份定

---

① Betty Friedan, *The fountain of age*, Simon & Schuster, 1993.

义和角色认同。对老年人来说，有偿工作可以增加经济上的安全感，并减轻公共财政的压力。生产性老龄化通过降低就业壁垒、促进开设兼职和灵活工作岗位、加强对老年工作者的法律保障等措施，进一步增加老年人的就业机会。

基于经济合作与发展组织（Organization for Economic Cooperation and Development，OECD）2018 年数据的研究显示，在所研究的 25 个 OECD 国家中，除了芬兰，所有国家 55~64 岁的男性的劳动参与率都高于 55~64 岁的女性，平均差异为 17.8%。65 岁及以上的不同性别组的劳动参与率数据不详，但 55~64 岁的数据体现了大致趋势。近年来，劳动参与率的性别差距有所缩小，但仍然存在。劳动参与率在整个人生过程中都呈现出性别差异化的特点，不仅限于老年阶段。[1] 各国的劳动参与率数据反映了多种复杂因素的影响，包括人口的平均预期寿命、健康状况、教育水平、就业机会、公共政策对老年人就业的支持程度、社会保障体系的完善情况，以及经济结构的转型等。[2] 这些因素综合作用，决定了老年人在劳动力市场中的活跃程度及其参与方式。而女性较低的劳动参与率反映了多种可能的原因，包括女性参与家庭照顾的活动（照顾子女、孙辈或配偶等）导致她们难以兼顾正式工作；女性在工作中面临性别或年龄歧视；女性所从事的工作类型的价值被低估，导致工作缺乏吸引力。[3] 总体来看，这些差异反映了社会结构、性别角色、机会和限制等方面的多样性。[4]

随着新型科学技术的发展和应用，以及经济发展模式的转型，工作理念正经历着快速变革。工作方式变得更加灵活和智能化，传统的正规全职工作

---

[1] Premchand Dommaraju, Shawn Wong, *The Concept of Productive Aging*, Colin R. Martin, Victor R. Preedy and Rajkumar Rajendram (Eds.). Assessments, Treatments and Modeling in Aging and Neurological Disease. Elsevier, 2021, pp. 3–11.

[2] International Monetary Fund (IMF). IMF annual report 2018, https://www.imf.org/external/pubs/ft/ar/2018/eng/assets/pdf/imf-annual-report-2018.pdf; Organization for Economic Co-operation and Development. 2019. https://stats.oecd.org/index.aspx.

[3] European Commission, *The 2018 aging report: Underlying assumptions & projection methodologies*, Publications Office of the European Union, 2017; European Foundation for the Improvement of Living and Working Conditions (Eurofound). European quality of life survey 2016, https://www.eurofound.europa.eu/en/publications/2018/european-quality-life-survey-2016.

[4] Carly R. Knight, Mary C. Brinton, "One egalitarianism or several? Two decades of gender role attitude change in Europe", *American Journal of Sociology*, 2017, 122 (5): 1485–1532.

模式逐渐向非全职、非典型及弹性就业方式转变。远程办公和在线工作平台、数字化技术与云计算、智能手机及移动应用、人工智能与自动化等技术的发展,降低了对劳动者体力和现场办公时间的要求,大大增加了老年人弹性就业的可能性。然而,科技的发展也对老年人就业提出了新的知识和技能要求,因此,技能提升和再培训成为必不可少的环节。

2. 志愿服务

志愿服务是指在家庭之外自愿无偿地为个人、组织或社会提供帮助、支持或服务。志愿服务通常是出于对他人、社区或社会的关心和责任感,志愿者自愿投入时间、精力和技能,为了他人或社会的利益而服务,从而增进社会福祉。志愿服务对老年人的生活质量和福祉有多方面积极的影响。一是促进社交互动,志愿服务活动为老年人提供了与他人交流的平台,有助于减少孤独感,增强社会联系;二是通过参与志愿服务,老年人有机会学习新技能和知识,这不仅有助于保持身体的活跃状态,还能促进认知功能的维持和发展;三是志愿服务促使老年人为社区及社会做出积极的贡献,有助于增强其社会认同与自我价值感。

在诸多国家中,老年人是志愿者队伍的重要组成部分。但各国老年人参与志愿服务的比例存在显著差异,这些差异主要源于对老年人志愿服务的不同态度和看法、国家的社会保障体系的完善程度,以及志愿服务机会等因素。2016 年,OECD 发布的一份报告显示[1],在研究所涵盖的 46 个国家(包括 35 个 OECD 国家和其他 11 个国家[2])中,中国 50 岁以上的人参与志愿服务的比例是最低的,小于 5%,这也意味着中国老年人参与志愿服务有着巨大的潜力。

老年时期参与志愿服务的一个关键预测变量是年轻时参与过志愿服务。[3] 志愿服务与健康状况、教育水平、职业和宗教信仰成正相关。[4] 志

---

[1] *Society at a Glance 2016:OECD Social Indicators*, OECD Publishing, 2016.

[2] 包括中国、立陶宛、沙特阿拉伯、巴西、印度、阿根廷、俄罗斯联邦、哥伦比亚、南非、哥斯达黎加、印度尼西亚。

[3] European Union, *The 2015 ageing report:Underlying assumptions and projection methodologies*, http://envejecimiento.csic.es/documentos/documentos/ComisionEuorpea - informeenvejecimiento2015 - 02 - 2015.pdf.

[4] *Literacy, numeracy and problem solving in technology-rich environments:Framework for the OECD survey of Adult Skills*, OECD Publishing, 2012.;World Health Organization, *World report on ageing and health*, WHO, 2015.

服务还与另一种生产活动——终身学习——成正相关。在美国，每月至少参与一次志愿服务的人群中，有63%参与终身学习，而在每月平均参与志愿服务次数少于一次的人群中，只有45%参与终身学习。①

3. 家庭照顾

家庭照顾在家庭内部进行，通常也是无偿的工作。家庭照顾有不同形式，包括家务劳动、照顾子女、隔代抚养（照顾孙辈）、照顾病人、照顾老年配偶等。其中，隔代抚养是常见的照顾类型之一。老年人在隔代抚养这一方面通常发挥着关键性作用。② 在亚洲，女性花费在照顾家庭（包括照顾孙辈）上的时间比男性多3倍。③ 老年人在家庭照顾中所创造的经济价值没有被量化体现在经济统计中，但其重要性不言而喻。《中国家庭发展报告2016》中的数据显示，在1~5岁的儿童中，44.4%主要由母亲照料，41.1%主要由（外）祖父母照料。④ 曾红颖等人的研究估计，仅与配偶同住、仅与子女同住、同时与配偶和子女同住的老年人可能参与家务劳动的比例为83.39%。与子女同住（不论是否同时与配偶同住）的老年人可能承担隔代照料的比例为39.69%。与配偶同住（不论是否同时与子女同住）的老年人可能照顾配偶的比例为66.82%。结合我国老年人数量、婴幼儿数量、护工、保姆和保洁平均时薪以及其他合理假设，可以推算出老年人的家庭贡献的经济价值。⑤ 老年人照顾家庭创造的价值不容小觑，为我国经济社会发展做出了积极的贡献，应该受到重视。在欧美国家，老年人通常不与已经成年的子女同住，也较少参与隔代抚养的活动。但是，在中国，老年人与子女和孙辈同住或紧邻居住的状况更为常见，老年人即使不与成年子女和孙辈住在一起，联系也十分紧密，这为老年人充分发挥照顾家庭的作用提供了重要基础。

---

① Organisation for Economic Co-operation and Development. 2019. https://stats.oecd.org/index.aspx.
② Thomas Leopold, Jan Skopek, "The demography of grandparenthood: An international profile", *Social Forces*, 2015, 94 (2), pp. 801-832; United Nations Fund for Population Activities, *UNFPA annual report 2012*, UNFPA, 2012.
③ Sri Wening Handayani, Babken Babajanian, *Social protection for older persons social pensions in Asia*, Asian Development Bank, 2012.
④ 《〈中国家庭发展报告2016〉：近九成家庭有照料需求》，https://www.sohu.com/a/126535086_464387。
⑤ 曾红颖、范宪伟、赵玉峰等：《我国老年人力资源开发分析》，见余兴安、李志更《中国人力资源发展报告（2022）》，社会科学文献出版社2022年版，第61-76页。

二、对老年人力资源开发的理论指导

生产性老龄化理论的核心观点是老年人具有生产能力，能以各种形式参与生产性或非生产性活动，继续为社会发展做出积极的贡献，是宝贵的社会资源，而不是社会负担。这为老年人力资源开发提供了重要的理论基础。我国低龄健康老年人规模庞大，老年人虽然具有较强的社会参与意愿，但劳动参与率仍然较低。故此，老年人力资源开发仍有着很大的空间。依据生产性老龄化理论的基本内涵，中国式老年资源开发可重点关注老年人就业渠道的拓宽、就业能力的提升等方面。

（一）拓宽老年人就业渠道

拓宽就业渠道，是有效实践老年人力资源开发的重要基础。各级政府需积极完善老年人就业政策，开发适合老年人的就业项目；并引导老年人进入能够发挥其优势的行业，促进代际就业的协调互补。一方面，对于身体状况良好、有就业意愿但缺乏专业技能的老年人群，政府和社区可以通过提供通用技能型岗位，如家政服务、安保、社区工作等，支持老年人就业。另一方面，政府可以通过实施激励性政策措施，鼓励市场开发更多适老化工作岗位，鼓励老年人重返就业市场。企业可以通过设计灵活的工作时间、工作地点和工作内容，进一步增强这些岗位对潜在老年工作者的吸引力，从而促进老年人积极参与就业。

（二）提供更多参与志愿服务的机会

各级政府需制定和完善支持老年人参与志愿服务的政策制度，开放更多公共服务领域的志愿服务岗位，从多方面提高老年人的志愿服务参与率。一是动员企业和社会组织为老年人提供更多志愿服务的机会；二是各级政府部门为老年人提供志愿服务能力培训，提升其技能和信心；三是为老年人参与志愿服务提供相应的补贴；四是规范老年志愿组织的运作和管理，保障老年志愿者的权益。企业可将老年志愿服务纳入其企业社会责任计划，为老年人提供更多参与志愿服务的平台。社区可以建立老年志愿者网络，定期发布志愿服务信息并组织各类志愿服务活动。非营利组织可以与政府、企业及社区紧密合作，共同设计适合老年人的志愿服务项目，提供灵活的志愿服务时间安排和多样化的服务形式。

（三）将无报酬劳动纳入中国式老年人力资源开发量化体系

依据生产性老龄化的内涵，老年人参与多种形式的非生产性经济活动对经济社会发展同样有着重要的价值贡献。政府需将无报酬劳动（比如家庭劳动）纳入中国式老年人力资源开发量化体系，承认并支持老年人（尤其是老年女性）通过照顾家庭和其他非生产性经济活动对家庭和社会做出的重要贡献，并提供相应补贴和支持。2017 年，我国 29 个省级行政区居民的无酬家务劳动所创造的经济价值总额约为 1.43 万亿元，约占同期 GDP 的 18.57%；女性在无酬家务劳动估值中的贡献约为 63.14%。[①] 科学估算老年人的无酬劳动的经济价值和社会价值，将其纳入中国式老年人力资源开发量化体系，可以更好地将老年人的劳动价值可视化，促进其价值贡献得到社会的广泛认可，消除"老年人无用论"，同时提升老年人的自我价值感和社会地位，这将有效促进老年人力资源开发。量化数据能够为政府制定政策提供科学的依据，使政府能够更准确地评估老年人的贡献和价值，进而制定更加精准和有效的老年人力资源开发政策与制度。此外，在老年人参与的家庭劳动中，非常重要的内容是隔代抚养，而隔代抚养是否具有可行性是很多育龄夫妇决定是否生育的重要因素之一。因此，各级政府需完善相关家庭照护政策，对家庭照护者（尤其是老年人）给予相应的经济补贴和其他形式的支持（比如技能培训）。[②]

（四）通过教育培训提升老年人的经济生产能力

我国目前为老年人提供的教育和培训主要聚焦于养生保健、娱乐休闲等方面，缺乏与生产能力发展直接相关的技能教育培训。因此，在老年教育和终身教育体系设计中，需加强老年人生产能力发展教育，以满足老年人就业和参与其他社会活动的需求。[③]

---

① 关成华、左玲：《中国居民无酬家务劳动经济价值的估算》，载《统计与决策》2022 年第 4 期，第 64 – 68 页。
② 李晶、罗晓晖：《中国老龄社会背景下老年人力资源开发研究》，载《开放学习研究》2022 年第 4 期，第 1 – 8 页。
③ 李晶、罗晓晖：《中国老龄社会背景下老年人力资源开发研究》，载《开放学习研究》2022 年第 4 期，第 1 – 8 页。

各级政府需充分整合公共部门和私人部门的资源，促进政府、教育机构、社区和企业开展合作，形成系统的、多方参与的老年教育体系，提高老年教育的可及性和覆盖率，为老年人提供职业技能、志愿服务能力等发展型课程，帮助老年人全方位提升参与经济性生产的知识和技能。

企业可以与各类教育机构合作，根据行业发展和组织用工需求，向教育机构"定制"老年人才。高校等各类教育机构依据生产性老龄化理论，开设老年人发展型专业课程，根据老年人的健康状况、意愿、需求、教育背景等，提供不同类型、不同学科、不同教学方式（比如线上/线下/混合）的课程资源，使课程内容与企业用工需求和劳动力市场需求相匹配，精准输出老年人才。

同时，在信息技术高速发展的背景下，需切实加强老年人信息技术培训教育。所谓"数字鸿沟"，是指不同群体接触和使用信息、网络技术的能力的差异。老年人面临的数字鸿沟主要指他们与年轻人在数字技术和互联网应用方面的差距。随着"智慧交通""数字银行""智慧医疗""智慧购物"等信息技术的广泛应用，大量城乡老年人面临"数字鸿沟"的困境，这种技能上的不适应成为老年人力资源开发的障碍之一。政府、社区、社会和企业需共同打造数字包容型社会环境，消除数字鸿沟（尤其需重点关注独居老人和空巢老人的数字技能的提升），让老年人能够更好地融入数字化社会，享受数字化和信息化带来的便利和机遇。社区可以与学校或其他教育机构建立合作关系，通过志愿服务或购买服务的方式，为老年人提供数字教育，提升老年人的数字能力，帮助其适应社会和技术的变革。企业亦需要加强提升老年员工数字能力的设计，比如开展数字技术培训和教育（包括让年轻员工指导老年员工）、提供对老年人友好的易用的数字产品和服务、加强网络安全教育、营造积极的学习氛围等。

第四节 积极老龄化理论升华实践认知

一、积极老龄化的内涵演进

(一) 积极老龄化的内涵发展

按国际社会对人口不同阶段的划分标准,"老龄化"通常是基于年龄划分的一种客观的中性描述。但从社会学角度而言,老龄化是一个由社会和历史环境建构而成且随着时代的发展而变化的动态概念。① 受各个时期经济社会发展及政府政策、社会环境等多方面因素的影响,在社会发展的不同阶段,如何应对人口老龄化的看法与态度截然不同,也因此形成了各个时期典型的老龄化理论。积极老龄化理论是在经济社会发展以及全球人口老龄化日益加剧的背景下,在前期老龄化理论基础上逐渐发展形成的。

积极老龄化的内涵升华发展可以追溯到20世纪70年代提出的"成功老龄化"概念。就如何应对老龄化的困境与挑战,学术界、各国政府、国际非营利组织等利益相关者提出了诸多重要的理念和政策框架,其中广为接受和使用的有四个,即成功老龄化(Successful Ageing)、健康老龄化(Healthy Ageing)、生产性老龄(Productive Ageing)和积极老龄化(Active Ageing)。这四种理念的提出时间和背景不同,核心观点亦有不同,有着各自的优点与局限性。由于这四种理念均缺乏精确的定义,对其宽泛定义的解读与扩展使得它们在内容上有所重叠,导致这些理念经常被混淆,比如把"生产性老龄化"和"积极老龄化"混为一谈,或交替使用"成功老龄化"和"健康老龄化"这两个概念。积极老龄化在前三者基础上发展形成,内涵更为丰富和完善,成为当前国际主流的老龄化理论。

早期老龄观为消极老龄观,其代表理论——脱离理论(Disengagement Theory)认为,老龄化意味着老年人逐渐且不可避免地从他曾经工作和生活

---

① 朱火云:《积极老龄化战略:概念内涵、欧盟经验及对中国的启示》,载《社会保障评论》2022年第6期,第117-229页。

的环境中脱离,这既有利于老年人从工作岗位体面地退休,也有助于实现劳动机会的代际转移。① 因此,在很长一段时间,老龄化往往与衰老和退化联系在一起,人在生命最后几十年的成长和发展经常被忽视。② 但随着经济社会的发展以及对年龄认知的变化,国际社会的老龄化观念逐步由消极转向积极。

1974 年,美国老年学先驱罗伯特·巴特勒首次提出"成功老龄化"③ 一词。但直到 1987 年约翰·罗韦和罗伯特·卡恩在《科学》杂志上发表《人的老龄化:普通与成功》④ 之后,成功老龄化这一概念才开始被广泛使用。⑤ 这标志着老龄化观念由消极观向积极观的根本转变,学者们的关注点和研究角度从老年人个体转向了外部环境等因素。1997 年,罗韦和卡恩进一步解释了他们最初提出的成功老龄化模型,认为个人实现成功老龄化应该满足三个方面的条件,即降低患病和残疾(与疾病相关的)的概率、(从而具有)更为完善的身体功能和高度的认知能力,以及积极参与生活(不管是生产性的还是社会性的)。⑥ 探索老年人保持健康状态的方式和方法,使老龄化整体水平向"成功"的趋近是摆脱老龄化困境的有效出路。⑦ 此后,学界围绕"成功老龄化"展开的相关研究以"身体健康"为核心指标。⑧ 但学者们对成功老龄化持不同的观点,并提出了以下主要批评性观点。

一是认为定义和衡量成功老龄化的过程存在问题,这一过程包含了规范标准,规定了老年人应该如何老龄化才算成功,而不是人们如何看待自己成

---

① Elaine Cumming, William E. Henry, *Growing Old: The Process of Disengagement*, Basic Books, 1961, pp. 13 – 14.

② Mary M. Gergen, Kenneth J. Gergen, "Positive Ageing: New Images for a New Age", *Ageing International*, 2001, 27, pp. 3 – 23.

③ Robert N. Butler, "Successful Aging and the Role of the Life Review", *Journal of the American Geriatrics Society*, 1974, 22, pp. 529 – 535.

④ John W. Rowe, Robert L. Kahn, "Human ageing: Usual and successful", *Science*, 1987, 237 (4811), pp. 143 – 149.

⑤ 惠晓华:《人口老龄化文献研究综述》,载《商展经济》2023 年第 11 期,第 165 – 168 页。

⑥ John W. Rowe, Robert L. Kahn, "Successful aging", *The Gerontologist*, 1997, 37, pp. 433 – 440.

⑦ William J. Strawbridge, Margaret I. Wallhagen, Richard D. Cohen, "Sucessful Aging and Well-Being: Self-Rated Compared With Rowe and Kahn", *The Gerontologist*, 2002, 42 (6), pp. 727 – 728.

⑧ Colin A Depp, Dilip V Jeste, "Definitions and Predictors of Successful Aging: A Comprehensive Review of Larger Quantitative Studies", *The American Journal of Geriatric Psychiatry*, 2006, 14 (1), pp. 6 – 7.

功老龄化，削弱了人的主观能动性的作用，因此成功老龄化可能沦为排他性或歧视性的观点。比如，老年人就算健康状况不佳或有残疾，他们也可能并不认为自己衰老而不成功，并且仍然可能参与各种活动。"成功"一词传达了强烈的价值倾向，似乎不成功就是失败。因为老年人残疾或患病就将其划归为不成功是不合理甚至是歧视性的。

二是认为成功老龄化突出了个人主义，没有考虑到个人的生活依存于社会结构。"成功老龄化"的后续研究都围绕"身体健康"展开。它们优先考虑使用临床医学方面的量化标准来衡量"成功"，忽略了社会因素（即罗韦和卡恩模型中的生活参与）的重要性。在社会层面，针对老年人的社会政策、文化氛围、公共服务等因素都对实现成功老龄化非常重要。老龄化是一个社会过程，老年人生活的改善取决于各种社会干预措施所提供的机会和资源，包括终身教育、反年龄歧视政策、休闲和志愿服务机会等，也依赖于"学校、办公室、疗养院、家庭、社区、社交网络和整个社会的结构性机会"①。

基于对成功老龄化理念的修正和完善，"健康老龄化"理论逐渐形成。与成功老龄化类似，健康老龄化也注重老年人的健康和功能能力的发展。1987年5月的世界卫生大会上，世界卫生组织首次提出"健康老龄化"概念，其含义是"在老年时期发展和维持能够促进健康的功能能力的过程"②。功能能力的定义是"所有能使人成为有价值的人和从事有价值事业的健康相关属性"，包括满足自己基本需求的能力，学习、成长和做出决定的能力，行动能力，建立并维持关系的能力，为社会作出贡献的能力。③ 功能能力由个体的内在能力、相关环境特征以及它们之间的相互作用组成。内在能力包括一个人可以利用的所有心智能力和身体能力，包括行走、思考、看、听和记忆的能力。内在能力水平受到多种因素的影响，例如疾病、损伤和年龄相关的变化。环境包括家庭、社区和更广泛的社会，以及其中的所有因素，例如建筑环境、人际关系、态度和价值观、社会政策等服务。能够生活在支持

---

① Matilda White Riley, "Letters to the editor", *The Gerontologist*, 1998, 38 (2), p.151.
② World Health Organization, *World Report on Ageing and Health. World Health Organization*, https://iris.who.int/bitstream/handle/10665/186463/9789240694811_eng.pdf?sequence=1&isAllowed=y.
③ 世界卫生组织：《健康老龄化行动十年》，https://apps.who.int/gb/ebwha/pdf_files/WHA73/A73_INF2-ch.pdf。

和维持个人内在能力和功能能力的环境中是健康老龄化的关键。① 健康老龄化理念基于生命全程观（衰老是一个终生的过程，涉及整个生命周期，从早年开始就应该为老年做准备），倡导能够维持和促进功能能力的手段，比如遵循健康的生活方式、改善公共卫生环境、消除歧视老年人的文化等氛围，尽早预防和延缓疾病与失能的发生，最大限度延长健康的生命阶段。1990年，世界卫生组织进一步提出了"健康老龄化"的三个标准，即生理健康、心理健康、社会适应良好。② 健康老龄化理论认为，老龄化存在多样性和不平等性。多样性是指老年群体是由不同的个体组成的，个体的身体和心智衰退速度不同，没有典型的老年人。一些 80 岁的人的身体和心智能力水平可能与 30 岁的人相似，而一些 80 岁的人可能已经需要大量的护理和照顾才能完成日常基本活动。制定政策时需充分考虑老年群体的多样性，通过实施科学有效的政策来维持或提高所有老年人的功能能力，包括强健的、依赖护理的，以及介于两者之间的老年人。③ 不平等性是指老年人的功能能力发展是不平等的，很大程度上受其生活中各种因素累积的影响，包括家庭、性别、地域、教育水平、经济资源等。但是该理论仍在一定程度上将老年人视为社会的负担而非社会财富，从其需要而非社会权利的视角看待老年人健康的缺陷。④

生产性老龄化的基本内涵在本章第三节有专门阐述，其重点关注老年人的生产能力，强调老年人的生产性经济价值贡献。但也有学者对其单一关注老年人的生产性进行了批判。可见，以上三种老龄化理论都有其自身的不足之处。积极老龄化理论则是基于对以上三种老龄化理论的扬弃，从更为全面的视角将老龄人口的社会参与纳入社会经济与生活的各个方面，强调社会参与和健康之间的联系。

---

① Healthy ageing and functional ability, https://www.who.int/news-room/questions-and-answers/item/healthy-ageing-and-functional-ability.
② 黄石松：《积极应对人口老龄化：北京探索与国际借鉴》，中国人民大学出版社 2023 年版，第 60 页。
③ Healthy ageing and functional ability, https://www.who.int/news-room/questions-and-answers/item/healthy-ageing-and-functional-ability.
④ 刘文：《积极老龄化在东亚的发展》，经济科学出版社 2021 年版，第 30 页。

(二) 积极老龄化内涵的升华

2002年确立了以"健康（health）、参与（participation）和保障（security）"为核心的国际积极老龄化政策框架。之后十几年里，积极老龄化成为联合国和世界卫生组织所推行的主流老龄化理论，被世界各国广泛采用。根据世界卫生组织的定义，"积极老龄化"指老年人参与有助于提高生活质量和福祉的活动。"积极"的意思是"持续参与社会、经济、文化、精神和公民事务，而不仅仅是身体活动能力或参与劳动力的能力"①。可见，"积极老龄化"比"健康老龄化"更具包容性，前者包括了除健康护理之外的影响个体和群体老龄化的多方面因素。② 积极老龄化对老龄化的战略规划从"基于需求"的理念转向了"基于权利"的理念，即不再把老年人视为被动和依赖的对象，而是将其看作具有主观能动性的对象——老年人应该在经济领域、政治领域和社会生活等方面享有自主参与的权利。积极老龄化强调了主动和被动的区别，"主动"意味着按照自己的规则生活，而不是为了避免被谴责而被迫遵循他人制定的规范。③ 这强调了积极老龄化以老年人为本、充分考虑和尊重老年人需求的特征。同样，"积极老龄化"也比"生产性老龄化"更为全面，为我国的"六个老有"，即"老有所养、老有所医、老有所为、老有所学、老有所教、老有所乐"提供了重要的理论基础。积极老龄化的内涵相较于前三种老龄化更为广泛，因此具有更大的政策潜力。不过，正是因为积极老龄化兼容并包的特点，它也被认为缺乏准确的定义，过于宽泛地传达了"为所有人提供所有东西"（all things to all people）④ 的信息。

积极老龄化是优化"健康、参与、保障"机会的过程，旨在提高人们在老龄阶段的生活质量和人生价值，促进自我发展。"健康"是指"预防和减少过度残疾、慢性疾病和过早死亡的负担；减少与主要疾病相关的风险因

---

① 世界卫生组织：《积极老龄化：一个政策框架》，https://extranet.who.int/agefriendlyworld/wp-content/uploads/2014/06/WHO-Active-Ageing-Framework.pdf。
② Alexandre Kalache, Ilona Kickbusch, "A global strategy for healthy ageing", *World Health*, 1997 (4), pp. 4-5.
③ Liam Foster, Alan Walker, "Gender and active ageing in Europe", *European Journal of Ageing*, 2013 (10), pp. 3-10.
④ Alan Walker, Tony Maltby, "Active Ageing: A strategic policy solution to demographic ageing in the European Union", *International Journal of Social Welfare*, 2012 (17), pp. 117-130.

素，并增加整个生命周期中保护健康的因素；发展一系列负担得起、可获得、高质量且对老年人友好的健康和社会服务，以满足老年人在老龄化过程中的需求和权利；并为照顾者或看护者提供培训和教育"。身心健康是积极老龄化的前提，积极老龄化鼓励个体在生命全程养成健康的生活方式，采取积极的个人健康实践，推迟功能衰退，减少疾病发生，提高自身福祉水平，享受更有质量与价值的老年生活。"参与"是积极老龄化的核心。"参与"是指"在整个生命周期提供教育和学习机会；根据个体需求、偏好和能力，促进老年人积极参与经济社会生产活动；鼓励老年人在老龄化过程中充分参与家庭和社区生活"。"保障"是指"通过保障老年人的社会、财务和身体安全权利和需求，确保老年人的安全和尊严；减少老年妇女安全权利和需求的不平等"[1]。保障的关键在于确保老年人能够得到来自家庭、社区、社会的照顾、保护和支持，从而享有基本权利和尊严。

二、对老年人力资源开发的理论指导

依据积极老龄化理论的基本内涵，其核心在于促进老年人积极参与社会活动、健康发展和权益保障。因此，中国式老年人力资源开发可重点关注友好型老年社会环境构建、空巢老人就业法律建设等方面。

（一）营造友好型老年社会环境

一些较早进入老龄化的国家，如日本、韩国、美国等，采取了多种方法来确立老年人力资源开发的社会价值基础。日本将老年人称为"长者""高龄者"，通过庆祝"敬老日"（与中国的重阳节类似）表达对年长者的尊重和关切。[2] 韩国通过文化交流和对话，打破不同年龄群体之间的藩篱，倡导青年人和老年人之间的融合共生理念。[3] 英语国家通过对老年人的正面称呼，传达正面的信号，日常交流中尽量不使用"老人"（old people）这种隐

---

[1] 世界卫生组织：《积极老龄化：一个政策框架》，https://extranet.who.int/agefriendlyworld/wp-content/uploads/2014/06/WHO-Active-Ageing-Framework.pdf。
[2] 陈薇：《老有所为：日本和中国香港老年人力资源开发的经验和启示》，载《天水行政学院学报》2018年第4期，第58-61页。
[3] 虞红：《韩国高龄人力资源开发体系的构建及启示》，载《职教论坛》2017年第6期，第93-96页。

含着负面和歧视的词语,而是使用更为中性的词,比如"长辈"(seniors)、"长者"(elderly)、"年长的成年人"(older adults)等。

各级政府需着力构建更加包容的老年友好型社会环境。通过政策引导和激励措施,促使各相关部门共同塑造并宣传积极健康的老年人形象,广泛传播"积极老龄化"的理念,构建社会认同与支持。同时,向社会公众普及"全生命周期"视角下的老年活跃期概念,促进社会公众理解和尊重老年人对社会的贡献和价值。这不仅有助于打破将老年人单纯视为弱势群体的传统观念,还能有效摒弃"老年人是社会负担"的错误认知,为建设老年友好型社会奠定良好的价值理念基础。

各级政府还需营造支持和鼓励"老有所为"的良好社会氛围,确保老年人能在尊重与包容的环境中充分发挥其价值。一是积极弘扬尊老敬老的社会风尚;二是加大宣传教育,广泛应用融媒体宣传矩阵,充分展示"老有所为"的积极价值与贡献,增强社会公众对老年人力资源开发利用重要性的认知,消除"老年人再就业会影响年轻人就业机会"的认知误区,促进全社会确立积极老龄观。

(二) 立法打击工作场所的年龄和性别歧视

年龄歧视是指基于年龄的刻板印象、偏见和歧视。在劳动力市场上,年龄歧视可能出现在招聘、选拔、录用、晋升、决策参与、解雇或其他方面。例如,招聘广告中加入年龄标准、限制老年人在工作场所参与决策的机会、与老年人互动时表现出居高临下的态度等。年龄歧视往往与其他形式的歧视交叉,包括性别、种族、外貌、健康状况歧视等。

年龄歧视将带来不同层面的影响。在社会层面,年龄歧视将削弱代际团结,减少社会从老年人的经验和能力中获益的机会,还将阻碍积极老龄化政策的有效实施。同时,因年龄歧视,将难以有效调动和利用老年人力资源,社会将错失其带来的经济潜力,甚至将对经济社会发展带来负面影响。在个人层面,就业市场中的年龄歧视将对老年人的福祉产生负面影响,一是可能导致老年人难以寻找到合适的工作机会,或是被迫提前离开工作岗位,进而影响其经济收入、养老保障及整体生活质量;二是可能削弱老年人的家庭地位,使他们更容易遭受忽视,增加陷入贫困的风险,进而减弱其获取所需的医疗保健服务能力;三是长期的心理压力和社会排斥感会引发焦虑、抑郁等心理障碍,将会损害老年人身心健康的发展。创建一个公平、包容的就业环境,对于保护和增进老年人的福祉至关重要。

许多较早步入老龄化社会的发达国家通常采用专门立法的形式来消除老年人在就业中面临的年龄歧视。例如,日本的《老年人雇佣安定法》鼓励企业为有意愿继续工作的老年人继续提供工作机会至70岁,美国的《就业年龄歧视法》禁止雇主歧视40岁或以上的雇员,法国的《歧视禁止法》明确禁止雇主强制解雇未满65岁的劳动者。反就业年龄歧视法律将为老年人力资源开发提供强大的制度性保障。一是可以促进就业公平,有效保障老年人的就业权利和劳动权益,防止他们在招聘、选拔、薪酬、晋升、解雇等方面受到不公平对待;二是可以增加老年人在就业市场中的机会,延长其职业生涯,减少人力资源的浪费;三是可以增强社会对禁止年龄歧视的认知,提升社会对老年人的尊重程度和包容程度;四是可以推动更多相关政策的出台和完善,促进社会的全面进步。我国目前尚未出台专门明确禁止老年人就业年龄歧视的相关立法。因此,建议相关部门借鉴国际经验,加快推进禁止年龄歧视的相关立法,禁止就业市场中的年龄和性别歧视,构建一个公平、公正的市场环境,切实保障老年人享有平等的就业权利。此外,我国女性的平均寿命高于男性,老年人中的女性比例亦高于男性。老年女性亦是老年人力资源的重要组成部分。老年女性平等享有就业机会和权利尤其应得到高度关注。

（三）完善老年人就业相关法律

老年人就业往往面临着劳动权益保障不充分的问题。一项关于老年人再就业的调查显示（851个样本）：仅有19.2%的老年人因工作获得相关社会保险,80.8%的老年人没有;仅有31.5%的老年人签订了合同,68.5%的老年人没有签订合同。[①] 目前,对于再就业的老年人与用工单位之间的关系,法律没有明文规定。按照现行的司法解释,二者之间的关系为劳务关系而非劳动关系。没有正式的劳动关系,就意味着老年工作者不再受到劳动法保护,薪资标准、工伤认定、工资发放时间等关键权益得不到有效保障。处于劳务关系中的老年人通常需要自行承担劳动风险责任,在工伤认定和赔偿方面缺乏相应的法律保护。他们的薪酬、工作时间等条件通常由个人与用工单

---

① 刘亚娜、褚琪:《如何更好"继续发光发热"——积极老龄化视域下老年人再就业促进研究》,载《山东行政学院学报》2022年第3期,第100-108页。

位自行协商确定,而不受最低工资标准等相关法律法规的约束。这种状况使得老年人在就业过程中面临更大的风险,其合法权益更容易受到侵害。因此,除了通过立法保障老年人在就业市场免受年龄和性别歧视外,建立健全老年人再就业保护机制,确保其均等享有劳动权益,是当前亟待解决的问题。

(四) 鼓励企业雇用老年员工

韩国政府通过补贴鼓励企业雇用有经验的老年人[1],美国和德国则通过不同的税收政策激励雇主为老年人提供就业机会。[2] 借鉴国际经验,我国政府可以通过完善激励措施,如提供财政支持、劳动力成本补贴、税收减免等,鼓励企业提供适合老年人的工作岗位,营造年龄友好的就业市场环境。此外,政府还可以对积极履行社会责任、积极招聘老年人的企业进行奖励和表彰,树立雇用老年人的企业典型,正向引导企业积极雇用老年员工。

第五节 人力资源开发理论的深化和涵盖

一、人力资源开发的概念与基本内涵

(一) 人力资源开发的概念

"人力资源"一词出现于19世纪末工业与组织心理学和管理学理论逐渐兴起之际,并随着人力资源管理的发展而进一步演变,因此较难将它的发明归功于某个人。学界的共识是:1893年,被誉为"劳动经济学的先驱"[3] 的经济学家约翰·康芒斯(John Commons)在其著作《财富分配》一书中首

---

[1] 林熙、林义:《法国退休制度演变与改革的经验教训及启示——基于退休渠道的视角》,载《国外社会科学》2017年第2期。
[2] 孙平、彭青云:《人口老龄化背景下美德老年人力资源开发经验及启示》,载《中国人力资源开发》2016年第21期。
[3] Jack Barbash, John R, "Commons: pioneer of labor economics", *Monthly Labor Review*, May 1989, pp. 44–49.

次提到了"人力资源"一词①，但没有对其进行详细说明。1910—1930 年，"人力资源"一词着重强调人类的价值。到了 20 世纪 50 年代初，"人力资源"则用来强调人是达成生产的手段。② 1954 年，被誉为"现代管理研究开创者"③ 的著名管理学家彼得·德鲁克（Peter Drucker）在其著作《管理实践》一书中首次使用了具有上述含义的"人力资源"概念。

尽管"人力资源开发"是一个相对较新的概念，也是一门相对年轻的学科，但其核心内容——即人们为了生存与发展而进行的学习与培训——则可追溯至人类历史的开端。从本质上讲，通过持续学习，主动地提升自我，以改善生活质量，这几乎成了人的天性。因此，人力资源开发的实际应用有着悠久的历史，其理论与实践均围绕着促进个人及社会的发展与进步这一核心目标展开。

1969 年，伦纳德·纳德勒（Leonard Nadler）在美国培训与发展协会组织的一次会议上正式提出了人力资源开发（Human Resource Development）的概念。他将其定义为"那些在特定时间内组织起来，并旨在带来行为改变可能性的学习体验"④。人力资源开发的确切定义随着研究和实践的发展而不断演变，多位学者在其概念化过程中做出了重要贡献。弗雷德里克·哈比森和查尔斯·迈尔斯认为，"人力资源开发是增加社会所有人的知识、技能和能力的过程"⑤。伦纳德·纳德勒认为，"人力资源开发是一系列有组织的活动，在规定的时间内进行，并旨在产生行为变化"⑥。理查德·斯旺森认为，"人力资源开发是通过一个组织的人员的能力来改善组织绩效的过程。人力资源开发包括涉及工作设计、能力、专业知识和动力的活动"⑦。凯伦·沃特金斯认为，"人力资源开发是一个研究和实践领域，负责在组织的

---

① John Rogers Commons, *The Distribution of Wealth*, Macmillan and Company, 1893, p. 20.
② Ewan McGaughey, *A Human is not a Resource*, University of Cambridge, 2018.
③ About Peter Drucker, https://drucker.institute/perspective/about-peter-drucker/.
④ Lesley Allen Dayrit, *History of Human Resource Development*, https://www.linkedin.com/pulse/history-human-resource-development-lee-kabigting-mba/.
⑤ Frederick Harbison, Charles A. Myers, *Education, Manpower and Economic Growth: Strategies of Human Resource Development*, McGraw-Hill Company, 1964, p. 2.
⑥ Leonard Nadler, *Developing Human Resources*, Gulf, 1970.
⑦ Richard A. Swanson, "Training technology system: A method for identifying and solving training problems in industry and business", *Journal of Industrial Teacher Education*, 1987, 24 (4), pp. 7-17.

个人、团体和组织层面培养长期的与工作相关的学习能力。因此，它包括但不限于培训、职业发展和组织发展"①。伦纳德·纳德勒和泽斯·纳德勒认为，"人力资源开发是由员工在规定时间内所提供的有组织地学习经验，旨在实现绩效改进和/或个人成长的可能性"②。廖泉文认为，人力资源开发可以分为广义和狭义两个方面。广义的人力资源开发指的是在人的整个职业生涯中（不论年龄如何），通过各种培训和指导，逐步提高和开发人的能力的过程。狭义的人力资源开发则指在特定组织层面，通过培训来开发和提升组织中的个人的能力，以及通过科学设计工作环境最大限度地释放个人潜力，提高个人生产率，以实现组织与个人的共同发展。③ 道格拉斯·史密斯认为，"人力资源开发是这样一个过程：确定开发和改进组织人力资源的最佳方法，并通过培训、教育、发展和领导力系统地提高员工的绩效和生产力，以实现组织和个人目标的共同达成"④。加里·麦克莱恩和莱尔德·麦克莱恩认为，"人力资源开发是一种过程或活动，不论是初期还是长期，都有潜力发展成年人在工作中的知识、专业知识、生产力和满意度，无论是为个人或团队的收益，还是为了组织、社区、国家，或者最终是为了整个人类的利益"⑤。格雷格·王等认为，人力资源开发是一种"通过学习相关活动塑造个人和群体价值观、信仰和技能的机制，以支持其所在的机构系统的预期表现"⑥。

（二）人力资源开发的内涵

综合学者们对人力资源的概念界定，我们将人力资源开发的内涵概括为：它是一个长期且系统的过程，通过教育培训、工作设计、激发鼓励等手

---

① Karen Watkins, *Five metaphors: Alternative theories for human resource development*, Deane B. Gradous (Ed.). Systems Theory Applied to Human Resource Development. ASTD Press, 1989, pp. 167 – 184.
② Leonard Nadler, Zeace Nadler, *Developing Human Resources (3rd ed)*, Jossey-Bass, 1989, p. 6.
③ 廖泉文：《人力资源发展系统》，山东人民出版社2000年版。
④ Douglas Smith, *The Dictionary for Human Resource Development*, ASTD Press, 1990, p. 16.
⑤ Gary N. McLean, Laird McLean, "If we can't define HRD in one country, how can we define it in an international context?", *Human Resource Development International*, 2001, 4 (3), p. 313.
⑥ Greg G. Wang, Jon M. Werner, Judy Y. Sun, et al., "Means vs ends: theorizing a definition of human resource development", *Personnel Review*, 2017, 46 (6), p. 1175.

段，将人的天赋、智力、才能、知识、经验等个人特质作为资源来开发、培养、发展、利用，其目的是提升个人素质和能力、提高工作效率和活力、促进个人职业发展、增强个人对组织的满意度和忠诚度、增强组织竞争力、实现组织战略目标。一般而言，人力资源开发者根据组织需要制定和执行人才管理流程，并监控流程的有效性，基于反馈对流程及时进行更新优化，清除人力资源开发的障碍，逐步使流程更科学高效，更符合组织发展需要。他们需要熟知所开发的个人的能力，对于有潜力的个人进行重点培养，营造有利于人才发展的机制，建立可持续发展的人才库。同时，组织领导者也需参与到人才管理流程中，这将对组织领导准确部署人才、做出人事决策起到重要的指导作用。

人力资源开发旨在提升人力资源的价值和效能，因其开发对象和影响范围有明显的差异，其目标和范围、资源和影响力、策略和评估方式都有所不同。①目标和范围：组织层面上，人力资源开发旨在提高组织内个人和团队的能力、效率和满意度，以支持组织的战略目标和业务运作。国家层面上，人力资源开发的目标更加广泛，即促进整个国家人口高质量发展和人才培养、就业增长、经济发展和社会进步。②资源和影响力：组织层面上，人力资源开发通常由组织的人力资源部门或相关部门负责，资源较为有限，影响力局限于组织内部。国家层面上，人力资源开发涉及政府、教育机构、企业和社会各方面，资源丰富且影响力更广泛，往往涉及整个社会中的某部分人群。③策略和实施：组织层面上，人力资源开发策略往往与组织的长期发展目标和业务需求相契合，如培训计划、激励机制、绩效管理等。国家层面上，人力资源开发战略需要考虑整个国家的发展需求，如人口政策、教育政策、职业技能培训政策、劳动力市场政策等。④测量和评估：组织层面上，人力资源开发的绩效通常通过组织内部的指标和评估体系进行测量，如员工满意度调查、绩效评估和培训效果评估等。国家层面上，人力资源开发的效果需要通过宏观经济指标、社会发展数据和人才培养质量等方面进行综合评估和监测。

二、对老年人力资源开发的理论指导

人力资源开发对于全面建设中国特色社会主义现代化国家而言是一个重要的时代议题和紧迫的现实任务。根据马克思主义的"两个生产要素"理论，人的发展不仅是社会生产的手段，更是生产的目的。人力资源开发可以提升劳动者的就业与创业能力，帮助更多人获得公平发展的机会，提高生活质量，增强获得感与幸福感。依据人力资源开发理论的基本内涵，中国式老年人力资源开发需建立一个"政府主导、市场主体、社会补充、家庭依托、个人自主"的角色体系，① 多元社会主体需协同发力，共同减少或消除开发过程中的限制和阻碍，积极挖掘老年人的潜能，有效开发老年人力资源。可重点关注提高老年人生产能力和效率、健全人力资源服务等方面。

（一）发展挖掘老年人潜能的终身学习

1965 年，法国教育家保罗·朗格朗提出终身教育的概念，指出终身教育包括从生命开始到最后结束这段时间的不断发展，也包括在教育发展过程中的各个点与连续的各个阶段之间的紧密而有机的内在联系。② 1972 年，联合国教科文组织在《学会生存——教育世界的今天和明天》报告中明确提出"向学习化社会前进"，强调"教育与社会变革的关系，以及终身学习的重要性"③。随着教育界对学习者个体需求及主动性关注的逐步增强，20 世纪 90 年代中期，"终身教育"（Lifelong Education）向"终身学习"（Lifelong Learning）转变。④ 终身教育反映了教育是一种规定性和规范性过程的观点。⑤ 终身学习强调以学习者为中心和个人学习，终身学习是多面和动态的过程，包含促进个人发展和社会融合等方面。⑥《哈佛商业评论》发表的一项研究发现，大学学到的技能的保质期只有 5 年，也就是说，毕业 5 年之

---

① 陈友华、詹国辉：《中国老年人力资源开发：现状、问题与出路》，载《晋阳学刊》2023 年第 2 期。
② ［法］保罗·朗格朗：《终身教育导论》，滕兴、滕复、王箭译，华夏出版社 1988 年版，第 16 页。
③ 陈颖仪等：《面向全民终身学习的公共图书馆阅读推广探析——以"全人生阅读"服务体系构建为例》，载《四川图书馆学报》2024 年第 3 期，第 8 – 14 页。
④ 高利平：《老年终身学习：概念、优势与路径》，载《济南大学学报（社会科学版）》2024 年第 4 期，第 136 – 145 页。
⑤ JinYang, Raúl Valdés-Cotera, *Conceptual Evolution and Policy Developments in Lifelong Learning*, UNESCO Institute for Lifelong Learning, 2011, p. 25.
⑥ David N. Aspin, Judith D. Chapman, *Lifelong Learning: Concepts, Theories and Values*, Proceedings of the 31st Annual Conference of SCUTREA (Standing Conference on University Teaching and Research in the Education of Adults), SCUTREA, 2001, pp. 39 – 40.

后,在学校学到的知识、经验、技能可能就已经过时了,①在学校学到的技能不足以支撑整个职业生涯。这同样适用于老年人。当今社会快速发展,知识和技能以前所未有的速度迭代更新。研究表明,老年人参加终身学习,参与社区活动的积极性更高,更少依赖家庭和社会服务,健康状况更好,生活满意度也更高。②老年人通过终身学习,能够在持续的学习过程中发掘自己的潜能,掌握新技能(如信息技术相关技能),实现个人终身而全面发展的同时,将促进更为积极和广泛的社会参与行为。

学者诺曼·朗沃斯(Norman Longworth)认为,建设"学习型城市"旨在创造"更具整体性、包容性的终身学习世界"。③各级政府需从政策层面加大教育和培训的支持力度,以学习型城市(或地区、社区为单位)建设为依托,建立和完善一套更具普适性、系统性的终身学习服务体系,④加大公共教育供给服务,为人们(将全体老年人纳入其中)提供贯穿全生命周期的学习机会,支持全民"活到老,学到老"。构建完善有效的终身教育公共服务体系属于政府公共服务职能和城市化发展的范畴,旨在通过终身学习全面促进整体人口高质量发展,促进"人"(包含全体老年人在内)这一核心生产要素的发展水平,有效提升劳动者的生产力和创造力,进而促进老年人力资本由基本生存型向高质量发展型转变。

终身学习是一种开放、包容、全纳的教育形态,强调所有人都均等享有学习的权利和机会。当前,老年人终身学习实践中普遍存在的问题是:文化层次高、专业能力强的城市老年群体更容易获得更多更优质的教育资源,能积极有效地参与终身学习;而文化水平低、经济条件较差的乡村或落后地区的老年群体则面临教育资源获取困难的问题,未能有效参与终身学习。因此,各级政府需构建完善的终身教育政策制度体系,切实保障包括各级各类老年人群在内的全体公民均等享有终身教育权利;尤其需重点关注乡村和落

---

① William D. Eggers, John Hagel, Owen Sanderson, Mind the (Skills) Gap, https://hbr.org/2012/09/mind-the-skills-gap#:~:text=A%20bachelor's%20degree%20used%20to,conjunction%20with%20Deloitte's%20Shift%20Index.

② 联合国教科文组织终身学习研究所:《成人学习与教育全球报告(四)》,上海终身教育研究院译,华东师范大学出版社2021年版,第130页。

③ 蒋亦璐:《学习型城市建设:理之源与行之路的探索》(学位论文),华东师范大学,2016年。

④ 李文成、彭序洁:《建设学习型城市趋势下阅读空间设计分析》,载《居舍》2023年第36期,第4-7页。

后地区文化水平低且生活贫困的老年群体，从教育资源供给服务上给予一定的政策倾斜，充分保障各类老年群体享有终身学习的权益。

习近平总书记在党的二十大报告中提出了"建设全民终身学习的学习型社会、学习型大国"的目标任务。[①] 2023 年 5 月 29 日，习近平总书记在中共中央政治局第五次集体学习时进一步强调："要建设全民终身学习的学习型社会、学习型大国，促进人人皆学、处处能学、时时可学，不断提高国民受教育程度，全面提升人力资源开发水平，促进人的全面发展。"[②] 各级政府需加大学习型社会和学习型城市建设力度，积极构建全民终身学习服务体系，尤其需高度关注老年人终身发展与中国式现代化发展相适应的教育资源开发，有效完善各类老年人群学习资源体系，扩大教育资源供给数量，提升教育资源供给质量，促进全体老年人终身教育权益在"量"和"质"上的均衡化发展，进而促进老年人口的高质量发展，是"从人口大国迈向人力资源大国"的重要组成部分。

依据人力资源开发理论，终身学习作为推进老年人力资源开发的重要路径，需核心关切以下方面。首先，各级政府需秉承终身学习的理念，制定并完善鼓励老年人积极参与终身学习的政策制度；通过共享各种教育资源、运用现代信息技术等手段，拓宽老年人获取教育资源的渠道，减少他们参与终身学习的障碍。具体而言，可取消个体接受教育或职业培训的年龄限制，为老年人进入老年大学甚至普通院校学习提供便利；对于劳动力市场亟需的技能工种培训给予财政补贴（根据现行职业技能培训补贴申请的年龄规定"男性 16～60 周岁，女性 16～50 周岁"的标准，[③] 将 50 岁以上的女性和 60 岁以上的男性排斥在职业技能培训的补贴范围之外），取消对补贴申请的年龄限制；鼓励企业为老年人提供职业教育和培训；提高或取消特定职业资格考试的最高年龄限制等。

其次，终身学习服务供给需充分关照老年人在学习需求，以及其自身的时间、知识、经验，技能等方面存在的差异，实施分层分类供给，有效促进各类老年群体的能力发展，挖掘潜力，促使老年人的全面发展与中国式现代

[①] 习近平：《高举中国特色社会主义伟大旗帜　为全面建设社会主义现代化国家而团结奋斗——在中国共产党第二十次全国代表大会上的报告》，载《创造》2022 年第 11 期，第 6－29 页。

[②] 习近平：《扎实推动教育强国建设》，载《求是》2023 年第 18 期，第 4－9 页。

[③] 《个人申请职业技能培训补贴的条件是什么？》，https://hrss.sz.gov.cn/gkmlpt/content/5/5526/post_5526536.html#1705。

化进程相适应。

再次，丰富终身学习资源，需重点关注有意愿继续就业或创业的老年人群，为其提供职业技能培训、创新创业指导以及专业技术课程培训，着力增强他们参与社会经济活动的能力。

最后，鼓励各类教育机构在课程设置、就业培训、职业规划及政策咨询等方面，优化对老年人职业发展的教育支持服务，助力老年人实现"学有所用"，从而促进老年人力资源的有效开发与利用。

（二）加强企业老年员工发展型人力资源开发

与年轻员工相比，老年员工往往更忠诚，并且愿意在工作岗位上工作更长时间，但他们的创造力和创新水平略低。[1] 如果企业能够认识到老年员工的优势，并积极创造条件帮助他们充分发挥这些优势，那么拥有多元化年龄结构的员工队伍将成为企业重要的价值性资源。例如，年轻员工可能在正式专业技能方面更具竞争力，但可能缺乏工作经验；而年龄较大的员工可能具有较低的正式专业技能水平，但有更多的工作经验或社交技能。[2] 一项对公司生产力的研究表明，员工年龄结构的多元化对公司的生产力有着积极的影响，尤其是在更具创新性的行业。[3] 在这些行业中，理想的年龄组合是老年员工和年轻员工的有机结合。年龄结构更加多元化的劳动力不仅能丰富团队知识和技能的储备，还能激发出更具创新性的解决方案，充分发挥各年龄段员工的优势，产生超出简单的加总效应，即实现 $1+1>2$ 的协同效果。

随着婴儿潮一代逐渐步入退休年龄，许多婴儿潮一代的员工愿意承担教练和指导的角色，负责向年轻的、经验不足的员工传授知识，实现"知识转移"。"知识转移"主要以两种方式进行。一是在职指导，让学员能够观察他们行为的后果；二是在具体工作情境中分享和解释信息，让学员能够理解"为什么"以及"如何做"。知识转移可以有效帮助学员学习工作经验，缩

---

[1] Judy McGregor, Lance Gray, "Stereotypes and older workers: The New Zealand experience", *Social Policy Journal of New Zealand*, 2002, 18, pp. 163 – 177。

[2] Cheryl Paullin, *The aging workforce: Leveraging the talents of mature employees*, Alfred P. Sloan Foundation, 2014; Nathaniel Reade, *The surprising truth about older workers*, https://www.aarp.org/work/age-discrimination/older-workers-more-valuable/.

[3] Uschi Backes-Gellner, Stephan Veen "Positive effects of ageing and age diversity in innovative companies – large – scale empirical evidence on company productivity", *Human Resource Management Journal*, 2013, 23 (3), pp. 279 – 295.

短熟悉岗位工作的时间,快速进入职业角色,提升生产率。老年员工能够成为企业指导资源的宝库,除了充当指导的角色,还可以帮助组织制订指导计划。企业需要以发展的眼光看待各类人力资源。愿意投资于员工成长的雇主更有可能留住人才。一些企业通过引入内部职业教练来支持员工的职业发展,协助员工规划职业路径,加深他们对职业机会的认识和兴趣,从而增强员工的归属感和忠诚度。一对一的互动可以提高员工绩效、建立企业与员工间的承诺、留住优秀的老年员工、减少人才流失。比如,谷歌公司的 Guru-plus 在全球 60 个办事处雇用了 350 名内部教练,他们负责针对职业管理、领导力培训和员工福祉等主题进行培训。每位员工的辅导课程次数从 1～8 次不等,且通过线上会议的形式进行,这种方式不仅加强了辅导的效果,还大大提升了灵活性。[1]

研究发现,那些为退休后再就业的老年人量身定制人力资源开发实践、满足其需求和愿望的组织,对老年人更具吸引力。[2] 虽然一些年长的员工倾向于减轻工作量、半退休、有更多休假时间等照顾型的人力资源开发实践,但也有很多年长员工寻求发展型的人力资源开发实践,比如定期培训的机会、工作中的晋升机会等。[3] 提供教育和培训的企业留住员工的可能性更高。发展型的人力资源管理实践不仅能提升员工的满意度、积极性和留任率,还能提高员工的忠诚度和团队的稳定性。面对劳动力短缺、技能与岗位需求不匹配等挑战,企业需推行新的人力资源配置策略,以适应劳动力市场的变化,主要包括为员工提供自我发展和实现的机会、拓展员工职业生涯后期的发展空间、激励接近退休年龄的员工继续留在工作岗位上,以及鼓励已退休员工根据个人意愿和身体状况重返职场等。企业进行老年人力资源开发能够带来多方面的益处:一是有利于提高老年员工的技能,从而使其适应不断变化的工作场所和工作要求;二是提高老年员工的生产效率和绩效,使老年员工目标与组织目标保持一致;三是创造积极的学习环境,促进老年员工职业发展和成长;四是提高老年员工在企业内部的流动性,让他们在岗位调

---

[1] Arlene S. Hirsch, *4 Ways for HR to Overcome Aging Workforce Issues*, https://www.shrm.org/topics-tools/news/inclusion-diversity/4-ways-hr-to-overcome-aging-workforce-issues.

[2] Marjorie Armstrong-Stassen, "Organizational practices and the postretirement employment experience of older workers", *Human Resource Management Journal*, 2008, 18 (1), pp. 36–53.

[3] Hannes Zacher, Dorien T. A. M. Kooij, Margaret E. Beier, "Active aging at work: Contributing factors and implications for organizations", *Organizational Dynamics*, 2018, 47 (1), pp. 37–45.

动或晋升中获得更适合自己能力的岗位（错配也是一种人力资源浪费），并提高老年员工留任率。实施渐进式退休计划和邀请退休人员回归工作岗位，持续发挥老年员工在知识、专业技能、经验等方面的作用，是老年人力资源开发的有效形式之一。

（三）加大工作场所适老化设计，提高老年员工生产效率

工作场所的适老化设计是构建老龄友好型劳动力市场的一项核心内容。在劳动力市场中，企业一般可以从硬件和软件两个方面来进行工作场所的适老化设计，构建老龄友好型工作环境。硬件方面，企业可以在工作场所增设老年员工友好设施，如休息室、防滑设施、轮椅通道和电梯、基本医疗设备等，严格执行职业安全标准，使老年员工能够安全、舒适、高效地工作。此外，不同的工作设计实践能够使老年员工更好地融入工作场所和使用工作工具，从而提高生产率。例如，宝马公司为年长员工建立了一条实验性的流水线，利用人体工程学设计等知识，安装了适合老年人的支撑人体背部的升降机、可调节高度的工作台、显示更大号字体的可移动知识屏幕和放大镜、有利于人体在操作任务时旋转的木地板（而不是橡胶地板）。宝马流水线的测试结果表明，年长工人的表现与同一工厂另一条生产线上的年轻工人一样好，甚至更好。[1] 软件方面，企业可以采用包容性的人力资源管理实践，比如为老年人提供多样化的岗位、灵活的工作任务、社交活动和培训课程、职业健康检查活动和健康评估咨询服务、人文关怀等，构建老龄友好型企业文化环境。总之，有效关切老年人的身心健康发展需求，将进一步挖掘老年人的工作潜力，从而提升老年劳动力的生产效率。

（四）健全老年人力资源开发服务平台

人力资源服务平台是用人单位和劳动者之间的桥梁。挖掘老年人潜能、提高老年人生产率等方式是从劳动力供给侧入手开发老年人力资源，而健全老年人力资源服务平台则是促进供给与需求相匹配，促使优质的老年人力资源得到充分开发利用。

---

[1] Christian Wuestner, *BMW finds new ways to improve productivity with aging workforce. Automotive News*, https://europe.autonews.com/article/20120908/ANE/309089998/bmw-finds-new-ways-to-improve-productivity-with-aging-work-force.

我国缺乏综合负责老年人力资源开发的专门机构，未能有效统筹老年人力资源开发相关工作。当前，老年人就业和参与志愿服务活动以零散和自发的方式为主。由于缺乏畅通的信息渠道，加上老年人自身资源条件不一，老年人难以有效获取劳动力市场用工需求信息，导致出现老年人就业与市场用工未能有效衔接的情况。因此，政府需切实发挥主导作用，统筹多部门，全面推进老年人力资源开发工作，搭建各层级网络信息服务平台，提供针对老年人的招聘、职业介绍、就业指导、就业培训、志愿者招聘等服务，有效衔接老年人的就业意愿与劳动力市场的用工需求，促进人岗匹配。政府可建立各级各类老年人才信息库，采集老年人年龄、性别、健康状况、教育背景、专业技能、兴趣爱好、个性特征、社会参与意愿、就业意向等信息；充分应用大数据信息技术，对老年人的职业能力进行更详细的评估和分类，精准分析老年人力资源分布与劳动力市场需求偏好，为老年人力资源开发的方向和重点提供决策依据，并对人力资源短缺的行业或区域给予适当的政策倾斜，加大老年人力资源开发应用力度，促进人力资源配置的有效性和科学性。此外，政府可依托大数据技术，使政策制定和执行立足于客观数据的分析与反馈，提高我国老年人力资源开发政策的针对性、有效性、透明度和公信力，进而增强决策的科学性和合理性，促进问题预警和风险管理。

总体而言，依据人力资源开发理论，我国老年人力资源开发的核心关切点为以下方面：一是增强政府的主导作用，加大对老年人终身学习的引导与发展，切实提升老年人口素质；二是需高度关注老年人身心健康与参与劳动生产的适切性问题；三是优化政策制度、强化保障措施，积极发挥各类组织的作用，促进精准化、科学化的老年人力资源开发；四是激励企业组织对老年人力资源开发的有效支持。

中国式老年人力资源开发意义重大，是推动我国从人口资源大国向人力资源大国转变，实现从人口红利向长寿红利转变的重要举措，将进一步扩大人才的规模，并延长长寿红利期，促进实现我国人才强国战略目标，为中国式现代化发展提供强大的人力支撑。在本章，依据老年人力资源开发的相关理论，我们从政策、社会、企业等维度着手，初步探讨了老年人力资源开发路径。这些路径旨在减少老年人力资源开发所面临或可能面临的障碍和限制，具体包括拓宽老年人再就业渠道、完善退休制度、提供更多参与志愿活动的机会、将无报酬劳动（比如家庭劳动）纳入中国式老年人力资源开发量化体系、通过教育和培训提高老年人的生产性技能，促进老年人就业和社会参与、营造老年友好型社会环境、立法打击工作场所的年龄和性别歧视、完善老年人就业相关法律，保障老年人的劳动权益、完善激励机制鼓励企业雇用老年人、发展挖掘老年人潜能的终身学习、增强企业老年员工发展型人力资源开发、通过工作场所适老设计，提高老年员工生产效率，健全老年人力资源开发服务平台等，我们将在后面的章节详细阐述。

第三章　中国式老年人力资源开发的现实依据

本章主要围绕我国人力资源现状、老有所为的内涵、老年人资源开发的典型模式，讨论了中国式老年人力资源开发的现实依据。本章的基本框架为：第一部分依据人力资源强国的基本概念与特征，从我国人力资源现状出发，阐明我国由人力资源大国发展为人力资源强国的必然要求；第二部分探讨了我国老年人老有所为的内涵、外延、特点及价值，阐明了积极老龄化背景下老年人口是中国式人力资源开发的宝贵资源；第三部分探讨了中国式老年人力资源开发的典型模式以及成功案例，进一步阐明中国式老年人力资源开发有着充分的现实依据。

第一节　人力资源大国向人力资源强国发展的必然性

一、人力资源强国的概念和基本特征

（一）人力资源强国的概念

英国经济学家哈比森指出"资本和资源是被动的生产要素，人是积累资本、开发自然资源、构建社会和经济政治并推动国家向前、发展的主动力量，人力资源是国民财富的最终基础"[①]。因此，人力资源的数量与质量直接关系到社会的发展水平和国家的竞争能力。[②]

---

① 童玉芬：《从人口大国走向人力资源强国——中国人力资源的现状和形势分析》，载《现代经济探讨》2008年第1期，第11–15页。

② 谢炜：《人力资源强国战略：内涵、挑战及路径选择》，载《云南社会科学》2011年第3期，第19–23页。

第三章　中国式老年人力资源开发的现实依据

人力资源强国是一个具有中国特色的创新概念，是在国际社会中通过与人力资源相关的一系列指标对照各个国家相比较而形成的。高书国、杨晓明认为"人力资源强国是指人力资源总量丰富、开发充分、结构合理、效能发挥达到世界先进水平的国家，包含人力资源数量、质量、结构、开发能力及利用效率等多方面重要因素，而人力资源发展水平、发展能力、发展环境和发展贡献等重要综合指数处于世界前列"[①]。张力认为"人力资源强国指人力资源丰富、开发充分、利用达到世界先进水平的国家，是全体国民的人力资源实现充分开发、普遍提升、合理配置和有效利用的国家"[②]。臧兴兵、沈红认为"人力资源强国指国家的人力资源发展能力、水平、潜力和贡献方面的综合指数位于世界前列"[③]。从学者们的研究可见，衡量一个国家是否是人力资源强国，其核心指标为人力资源规模、发展能力、发展水平，以及应用贡献等。本研究倾向于高书国对人力资源强国概念的界定。

（二）人力资源强国的基本特征

学界通常依据联合国教科文组织、世界银行、联合国国际劳动组织、世界卫生组织等公开统计数据构建人力资源强国评价的四个维度，即人力资源发展水平、人力资源发展环境、人力资源开发能力、人力资源贡献能力等。其中，人力资源发展水平维度主要通过人力资源发展的数量、质量、结构指标进行评价，人力资源发展环境主要通过就业环境和创业环境指标进行评价，人力资源开发能力主要通过教育和健康开发能力指标进行评价，人力资源贡献能力主要通过经济贡献能力和科技贡献能力指标进行评价。[④] 还有学者从人力资源投入、数量、结构、质量、贡献、发展环境六个维度构建了人力资源强国发展的评价指数。[⑤] 学者们评价的核心指标基本一致。人力资源强国的本质特征则是在"强社会"基础上的经济强国、科技强国、教育强

---

① 高书国、杨晓明：《东升西降：全球人力资源竞争力评价2020年总报告——中国即将进入人力资源强国行列》，载《现代教育管理》2022年第2期，第17－28页。
② 张力：《人力资源概念、范畴及指标体系研究开题报告》，2008年。
③ 臧兴兵、沈红：《公共教育投入与人力资源强国建设》，载《清华大学教育研究》2010年第4期，第21－28页。
④ 郭宏、张华荣：《我国人力资源强国建设的现实基点及路径选择》，载《东南学术》2014年第6期，第106－111页。
⑤ 中国教育科学研究院国际比较教育研究中心：《国际比较视野下的中国人力资源竞争力研究》，载《教育研究》2013年第11期，第143－152页。

国的综合体。① 借鉴学者们的研究，本研究认为人力资源强国具有以下基本特征：一是坚持教育优化发展战略，国家人口整体素质较高，有效促进人的全面发展，包括劳动力人口平均教育年限、身体健康水平、受高等教育水平、研究队伍人数等维度的发展具有较高水平；二是整体人力资源在开发规模、开发结构和开发质量上居于世界领先位置，拥有与现代化发展相适应的规模巨大、结构优化的高素质人才队伍（尤其是拥有大规模高科技创新人才队伍），人力资源整体科技创新贡献能力和经济贡献能力强；三是国家整体人力资源开发环境健全，主要包括构建政策法规、资金支持及就业保障等多方面完善的政策制度环境，并对国家重点产业发展、高新技术发展需要的人力资源开发和引进给予充分的支持保障；四是人力资源整体结构与市场化资源配置状况及各类社会保障体系相协调，与国家经济社会转型发展需求及发展水平相匹配，形成人力资源与社会经济之间的良性互动、螺旋式上升的发展态势。到 2035 年中国由人力资本大国发展成为世界人力资源强国重要的衡量指标为：20～59 岁人口平均受教育年限达到 13 年，具有高等教育文化程度的人口规模达到 3.1 亿左右；新增劳动力平均受教育年限增加到 15 年，其中受过高中及以上教育的占比为 98.5%。②

二、建设人力资源强国的基础

（一）我国是世界超级人力资源大国

人力资本是一个国家或地区可持续发展最为关键的生产要素之一，并与工业化、城镇化、现代化等社会经济发展与变迁息息相关。根据国家统计局数据，我国人口 2023 年人口总数为 140967 万人，占全球总人口的 18%，仅次于印度，是世界第二人口大国。而其中，有近 9 亿劳动力，每年新增劳动力都超过 1500 万，③ 人力资源丰富且规模巨大仍然是我国的突出优势。丰富的人力资源为我国实施人力资源强国战略奠定了坚实的基础。

---

① 周国华、吴海江：《人力资源强国的"四种能量"探讨》，载《浙江师范大学学报（社会科学版）》2017 年第 4 期，第 14－20 页。

② 高书国：《教育强国：中国教育发展战略选择》，广东高等教育出版社 2018 年版，第 298－299 页。

③ 成德宁：《加快从人口大国转向人力资源强国》，载《光明日报》2023 年 6 月 6 日。

（二）我国人口整体教育水平显著提高

人口素质的整体提升是建设人力资源强国的根本性基础，而教育水平是全球一致认可的衡量人力资源质量的关键指标。我国早在党的十七大报告中就明确"优先发展教育，建设人力资源强国"的战略部署，[1]我国教育事业自此获得快速发展，尤其是进入21世纪以来，教育规模、教育质量持续迈上新台阶。[2]

1. 国民教育水平得到显著提升

统计数据表明：1950年，全国适龄人口的人均受教育年限仅为3.03年。[3]国家统计局数据显示，2020年末，我国人口中，拥有大学（指大专及以上）文化程度人口为2.18亿人。与2010年相比，每10万人口中拥有大学文化程度的人数从8930人增长至15467人；拥有高中文化程度的人数则从14032人增长至15088人；拥有初中文化程度的人数由38788人下降至34507人；拥有小学文化程度的人数由26779人下降到24767人。[4]另一组数据亦表明，我国人口受教育水平得到显著提升。国家统计局数据显示，15岁及以上人口的平均受教育年限从2010年的9.08年提高至2020年的9.91年；16～59岁劳动年龄人口平均受教育年限从2010年9.67年提高至2020年的10.75年，而文盲率则从2010年的4.08%下降为2020年的2.67%。[5]

2. 高层次人才培养得到显著发展

1978年，我国高等教育毛入学率仅为0.7%，1988年、1998年、2008

---

[1] 胡锦涛：《高举中国特色社会主义伟大旗帜 为夺取全面建设小康社会新胜利而奋斗——在中国共产党第十七次全国代表大会上的报告》，载《实践（党的教育版）》2017年第Z1期，第4-18页。

[2] 中国老年学和老年医学学会组织编写、杜鹏主编、刘维林执行主编：《从人口大国到人力资源强国——改革开放四十年中国教育发展成就与人力资源发展》，载《国家教育行政学院学报》2018年第11期，第3-12页。

[3] 张琼、张钟文：《我国人力资本变迁70年——人口转型与教育提升的双重视角》，载《统计研究》2021年第11期，第47-59页。

[4] 国家统计局、国务院第七次人口普查领导小组办公室：《第七次人口普查公报（第六号）——人口受教育情况》，载《中国统计》2021年第5期，第11-13页。

[5] 《第七次全国人口普查主要数据结果新闻发布会答记者问》，载《中国信息报》2021年5月12日，第1版。

年分别为 3.1%、6.0%、20.9%。① 据教育部统计数据，2012 年，各种形式高等教育在学总规模达到 3325.2 万人，毛入学率达到 30%，基本达到世界平均水平，高等教育普及水平进一步提升。同年，全国在学研究生 172.0 万人（其中，博士研究生 28.4 万人，硕士研究生 143.6 万人）。② 2020 年，按照《中国教育现代化 2035》和《加快推进教育现代化实施方案（2018—2020 年）》的部署，我国高等教育规模继续稳步发展，高等教育结构逐步优化，全国各类高等教育在学总规模达 4183 万人，高等教育毛入学率达到 54.4%；全国在学研究生 314.0 万人（其中，在学博士生 46.7 万人，在学硕士生 267.3 万人）。③ 2012 年至 2020 年期间，我国高等教育在学规模大幅提升，增加 857.8 万人，增长比率为 25.8%；研究生在学人数增加 142 万人，增长比率为 82.6%（其中，博士研究生增加 18.3 万人，增长比率为 64.4%）。通过数据对比可见，我国高层次人才培养得到显著提升。此外，我国于 2008 年开始推行"海外高层次留学人才回国工作绿色通道"。统计数据显示，2018 年"赤子计划"共吸引各类留学人才为国服务 1 万多人次，1.8 万余个人才技术合作项目参与对接，签订合作协议或达成合作意向 7000 余个，④ 成为我国高层次人才培养的有益补充。

3. 职业技能人才培养快速发展

劳动者职业技能提升是世界各国人力资源开发的核心关注点，也是教育发展和就业增长的核心措施。⑤ 近年来国家大力发展高职教育。据统计，2021 年高职（专科）招生 552.6 万人，2022 年高职（专科）招生 413.3 万人，是 10 年前的 1.8 倍。⑥ 同时，我国职业技能培训也获得快速发展，截至 2020 年底，全国技能人才总量超 2 亿人，其中，高技能人才超 5000 万人。

---

① 岳昌君：《改革开放 40 年高等教育与经济发展的国际比较》，载《教育与经济》2018 年第 6 期，第 9-17 页。
② 《中国教育概况——2012 年全国教育事业发展情况》，http://www.moe.gov.cn/jyb_sjzl/s5990/201111/t20111114_126550.html。
③ 《中国教育概况——2020 年全国教育事业发展情况》，http://www.moe.gov.cn/jyb_sjzl/s5990/202111/t20211115_579974.html。
④ 人民日报海外版：《"赤子计划"吸引万余留学人才》，https://paper.people.com.cn/rmrbhwb/html/2019-01/30/content_1906780.htm。
⑤ 高书国：《教育强国：中国教育发展战略选择》，广东高等教育出版社 2018 年版，第 222 页。
⑥ 教育部：《全国高职三年扩招 413.3 万人 职业学校开设 1300 余个专业和 12 余万个专业点》，https://baijiahao.baidu.com/s?id=1745092609738544015&wfr=spider&for=pc。

"十三五"时期(2016—2020年),全国开展补贴性职业技能培训近1亿人次,其中培训企业职工超3000万人次、农民工超4000万人次、贫困劳动力超900万人次。① 2021年,我国首次编制国家《"十四五"职业技能培训规划》,明确"十四五"时期,我国将组织实施政府补贴性培训7500万人次以上,其中农民工职业技能培训3000万人次以上;新增取得职业资格证书或职业技能等级证书的人员要超过4000万人次,其中,达到高级技工、技师、高级技师的高技能人才要超过800万人次。② 加大职业技能人才培养,切实完善技能人才职业发展通道,加大技术技能型人力资源开发力度,将逐步优化劳动力结构,缓解结构性就业矛盾。普通高等教育和高职教育的快速发展直接提高了总人口中高层次预备人才的比例。③

4. 我国人力资源的国际竞争力显著增强

《全球人才流动趋势与发展报告(2022)》显示,38国人才竞争力指数(总体水平)的国际排序中,中国排在第八位;在人才规模方面反映高层次人力资源绝对数量的"受过高等教育的适龄劳动力人口数"和"科学研究人员数"两项指标上,中国与美国同样拥有显著优势,遥遥领先于其他国家。④ 据2012年和2015年的统计数据显示,中国科学家与工程师人数在美、日、德、英等样本国家中的排名一直稳居榜首。⑤ 截至2023年,我国接受高等教育的人口已超过2.4亿,新增劳动力平均受教育年限达到14年,⑥ 进一步表明我国人力资源质量水平获得快速提升。

5. 公共教育经费投入稳步增长

近年来,在我国教育优化发展战略的推动下,公共教育经费投入占GDP

---

① 李心萍:《帮劳动者练就一身真本领》,载《人民日报》2022年1月8日,第02版。
② 《我国首次编制国家级职业技能培训五年专项规划》,https://www.gov.cn/xinwen/2022-01/08/content_5667199.htm。
③ 中国教育学会、北京科技大学、北京教育科学研究院、全球化智库(CCG)联合课题组:《2018人力资源强国报告——人力资源竞争力指数》,全球化智库(CCG),2018年。
④ 《〈全球人才流动趋势与发展报告(2022)〉发布,中国人才指数规模世界第一》,https://politics.gmw.cn/2022-11/08/content_36146482.htm。
⑤ 高书国等:《2018年人力资源强国报告——人力资源竞争力指数》,载《2018人力资源强国报告——人力资源竞争力指数专题资料汇编》。
⑥ 成德宁:《加快从人口大国转向人力资源强国》,载《光明日报》2023年6月6日。

的比例以及人均公共教育经费均实现了显著增长。从 2000 年的 GDP 占比 2.87%[①]提升至 2010 年的 3.66%[②],再到 2012 年进一步提升至 4.28%。[③]《中国教育现代化 2035》明确"健全保证财政教育投入持续稳定增长的长效机制,确保财政一般公共预算教育支出逐年只增不减,保证国家财政性教育经费支出占国内生产总值的比例一般不低于 4%"[④]。稳步增长的公共教育经费投入将有效提升教育资源的公共服务供给,并从国家层面为国民教育水平的整体提升给予了制度性保障。

(三)我国人口整体健康水平大幅提升

"人民健康是社会主义现代化的重要标志"[⑤],健康是建设人力资源强国的又一重要基础。毛泽东主席曾说过"健康是革命的本钱",人民群众健康水平的大幅度提升,是人力资源具有旺盛生命力和创造力的重要指标。健康是有效人力资源的核心要素,即健康人力资本。《"健康中国 2030"规划纲要》显示,我国医疗卫生服务体系日益健全,人民健康水平和身体素质持续提高,总体上优于中高收入国家平均水平;纲要同时明确了到 2030 年中国健康建设的 13 大健康指标发展指数,致力于全面提高人民健康水平。[⑥] 据国家卫健委统计数据,2011 年全国卫生总费用达 24345.9 亿元,人均卫生费用 1807.0 元,卫生总费用占 GDP 的比例为 5.15%。[⑦] 2021 年全国卫生总费用初步推算为 75593.6 亿元,人均卫生总费用 5348.1 元,卫生总费用占 GDP

---

① 《教育部、国家统计局、财政部关于 2000 年全国教育经费执行情况统计公告》,http://www.moe.gov.cn/jyb_xxgk/gk_gbgg/moe_0/moe_8/moe_21/tnull_156.html。
② 《2010 年全国财政性教育经费占 GDP 的 3.66%》,http://www.moe.gov.cn/jyb_xwfb/xw_zt/moe_357/s5129/s6170/s6173/201112/t20111229_128765.html。
③ 《国家财政性教育经费支出占比达 4.28%》,http://www.moe.gov.cn/jyb_xwfb/gzdt_gzdt/s5987/201312/t20131223_161076.htm。
④ 新华社:《中共中央 国务院印发〈中国教育现代化 2035〉》,载《中华人民共和国教育部公报》2019 年第 Z1 期,第 2-5 页。
⑤ 《习近平关于中国式现代化论述摘编》,中央文献出版社 2023 年版,第 81 页。
⑥ 新华社:《中共中央 国务院印发〈"健康中国 2030"规划纲要〉》,载《中华人民共和国国务院公报》2016 年第 32 期,第 5-20 页。
⑦ 中华人民共和国国家卫生和计划生育委员会:《2012 年我国卫生和计划生育事业发展统计公报》,载《中国实用乡村医生杂志》2013 年第 21 期,第 1-5 页。

的比例为 6.5%。① 对比数据可见，2011—2021 年期间，我国公共卫生总费用支出逐步增加，增长率为 26.2%；人均卫生费用增长率为 195.96%。公共卫生经费投入持续增加，尤其是人均卫生费用得到显著提升，促进我国人口健康水平持续发展。截至 2023 年，我国婴儿死亡率降至 4.5‰，5 岁以下儿童死亡率降至 6.2‰，孕产妇死亡率降至 15.1/10 万，达到了国际上中高收入国家的先进水平。② 经研究发现，我国劳动人口的健康水平整体较好，健康优良比例达 87.1%。③ 我国人均预期寿命从 2000 年的 71.4 岁增加至 2022 年的 78.02 岁。

（四）我国老年人力资源开发处于最佳窗口期

人口红利对经济增长的贡献主要是人口结构的变化直接影响经济增长。人口结构变动对我国经济增长的影响研究表明，人口红利在短期内不会迅速丧失，可以抓住"人口机会窗口"促进资本积累和经济发展。④ 在人口老龄化与少子化双重作用下，我国人口结构发生了根本性的变化，低龄老年人口无疑是老年人力资源开发应牢牢把握的"人口机会窗口"，并以有效的人力资源开发实现长寿红利，进而延长人口红利期。我国第七次人口普查统计数据显示，2020 年我国总人口为 14.1 亿。其中 50～59 岁的人口数约为 222565082 人，60～64 岁的人口数为 73382938 人，65～69 岁的人口为 74005560 人，70～74 岁的人口数为 49590036 人；75～79 岁的人口数为 31238849 人，80～89 岁的人口数为 31209408 人。⑤ 其中，60～74 岁阶段的低龄老年人口占我国老年人口总量的 84.7%。这表明，当前我国人口老龄化社会仍以低龄老年人口为主体，该部分老年人是我国社会迈向超老龄化社会进程中重要的人力资源组成部分。现阶段是我国老年人力资源开发的最

---

① 中华人民共和国国家卫生健康委员会：《2021 年我国卫生健康事业发展统计公报》，载《中国实用乡村医生杂志》2022 年第 9 期，第 1-11 页。
② 楚超：《妇幼全生命周期健康，个人、家庭、社会共同维护》，载《健康时报》2024 年 9 月 26 日。
③ 高凯、汪泓、刘婷婷：《劳动人口健康水平影响因素及健康状况演变趋势》，载《社会科学研究》2018 年第 1 期，第 38-47 页。
④ 陆旸、蔡昉：《人口结构变化对潜在增长率的影响：中国和日本的比较》，载《世界经济》2014 年第 1 期，第 3-29 页。
⑤ 国务院第七次人口普查领导小组办公室：《中国人口普查年鉴·2020 上册》，中国统计出版社 2022 年版，第 295-297 页。

佳窗口期。

三、建设人力资源强国的价值意蕴

（一）建设人力资源强国是中国式现代化的战略定位

早在 2003 年的全国人才工作会议上，我国就提出了将中国从人口大国转化为人才资源强国的战略构想。① 2013 年 10 月 23 日，习近平在会见清华大学经管学院顾问委员会海外委员时强调："科教兴国已成为中国的基本国策。我们将秉持科技是第一生产力、人才是第一资源的理念。"② 习近平在多次会议上强调人才是第一资源，是科技创新的原动力，并指出要把"人才资源开发放在最优先位置"③。2018 年全国教育大会上，习近平明确了建设教育强国和人才强国的重要任务，强调人才是第一资源，提出要让每个人都有机会实现自己的人生梦想。④ 2021 年 9 月，习近平总书记在中央人才工作会议上强调"坚持人才引领发展的战略地位。这是做好人才工作的重大战略。人才是创新的第一资源，人才资源是我国在激烈的国际竞争中的重要力量和显著优势"⑤。在中国特色社会主义现代化建设的进程中，习近平将马克思主义人才观与我国实践紧密结合，并将人力资源理论与强国思想相结合形成了人力资源强国思想，是我国的一种原生概念和创新理论，也是对世界人力资本理论的拓展和丰富；人力资源强国思想，创造了一个经济全球化背景下通过人类自身资源与能力开发谋求和平发展的新理念。⑥ 习近平关于人力资源强国的思想论述是马克思主义中国化在人才理论方面的创新成果，也

---

① 方志：《生产性老龄化视角下的中国老年人才开发研究》（学位论文），首都经济贸易大学 2017 年，第 22 页。
② 《习近平会见清华大学经济管理学院顾问委员会海外委员》，https://www.gov.cn/guowuyuan/2013-10/23/content_2589621.htm。
③ 习近平：《习近平谈治国理政（第 4 卷）》，外文出版社 2022 年版，第 539 页。
④ 《习近平出席全国教育大会并发表重要讲话：坚持中国特色社会主义教育发展道路 培育德智体美劳全面发展的社会主义建设者和接班人》，载《天津中德应用技术大学学报》2018 年第 5 期，第 6-7 页。
⑤ 《习近平在中央人才工作会议上强调 深入实施新时代人才强国战略 加快建设世界重要人才中心和创新高地》，载《人民日报》2021 年 9 月 29 日，第 1 版。
⑥ 高书国、杨晓明：《东升西降：全球人力资源竞争力评价 2020 年总报告——中国即将进入人力资源强国行列》，载《现代教育管理》2022 年第 2 期，第 17-28 页。

是习近平新时代中国特色社会主义思想的重要组成部分,明确了为谁培养人,培养什么样的人,怎么样培养人等基本问题和方向,为我国人力资源强国战略提供了根本遵循和指引,也是中国式现代化思想的重要彰显。

2010年,《国家中长期教育改革和发展规划纲要(2010—2020年)》^①首次将人力资源强国建设纳入党和国家的发展战略。2012年11月,党的十八大报告明确提出"加快确立人才优先发展战略布局""加快人才发展体制机制改革和政策创新"^②。这是党的政策文件中首次提出人才优先发展的国家战略。2017年10月,党的十九大报告强调"要坚持党管人才原则,聚天下英才而用之,加快建设人才强国"^③,党和国家将人才强国建设放到与我国经济社会发展全局协同发展的重要战略地位。2020年10月,党的十九届五中全会明确"到2035年我国进入创新型国家前列、建成人才强国的战略目标""深入实施科教兴国战略、人才强国战略、创新驱动发展战略","激发人才创新活力",^④ 进一步将人才强国战略纳入我国社会主义现代化建设的远景规划目标,并明确了人才强国战略在实践层面的发展阶段及目标。2022年10月,党的二十大报告以专门章节全面具体阐述"深入实施人才强国战略",指出"培养造就大批德才兼备的高素质人才,是国家和民族长远发展大计"^⑤。广大老年科技工作者、老年人专业技术人员、高级知识分子等老年群体必然包含在其中。党和国家坚持以人民为中心的发展思想,进一步明确了教育、科技、人才在中国式现代化进程中的基础性、战略性发展地位,强调人才强国的重要性,全面确立了人力资源强国优先发展战略,指明了我国由人力资源大国向人力资源强国发展的战略道路和方向,是积极推进中国式现代化进程的重要支撑性战略定位。这也为我国实施积极老龄化战略,加强老年人力资源开发提供了根本遵循和指引。

---

① 《中共中央 国务院印发 国家中长期教育改革和发展规划纲要(2010—2020年)》,载《人民教育》2010年第17期,第2页。

② 胡锦涛:《坚定不移沿着中国特色社会主义道路前进 为全面建成小康社会而奋斗——在中国共产党第十八次全国代表大会上的报告》,载《理论学习》2012年第12期,第4-27页。

③ 习近平:《决胜全面建成小康社会 夺取新时代中国特色社会主义伟大胜利——在中国共产党第十九次全国代表大会上的报告》,载《实践(党的教育版)》2017年第11期,第4-20页。

④ 新华社:《中国共产党第十九届中央委员会第五次全体会议公报》,载《中国民政》2020年第21期,第4-7页。

⑤ 习近平:《高举中国特色社会主义伟大旗帜 为全面建设社会主义现代化国家而团结奋斗——在中国共产党第二十次全国代表大会上的报告》,载《中国人大》2022年第21期,第6-21页。

（二）建设人力资源强国促进实现"人口规模巨大的现代化"

"中国式现代化是人口规模巨大的现代化"，"现代化的本质是人的现代化"①，"现代化的最终目标是实现人自由而全面的发展"②。"人的全面发展"是马克思主义的基本原理之一，③应以实现人的"平等、完整、和谐和自由地发展"为目标。④人的全面发展即全面提升人口素质，包括知识、技术、健康、品德等方面，激发人民推动社会发展进步的创造性和价值贡献；同时，还要实现"人口长期均衡发展"，实现"人口作为发展的核心要素为经济社会发展提供有力支持，并形成彼此相互正向影响的良好格局"⑤。"人口发展是关系中华民族伟大复兴的大事，必须着力提高人口整体素质，以人口高质量发展支撑中国式现代化。"⑥ 一方面，人口规模巨大的现代化是促进人力资源强国建设的重要基础和目标；另一方面，人力资源强国建设是实现人口规模巨大的现代化的重要路径。

我国是有着14亿人口的人力资源大国。14亿人口的现代化，无疑是人力资源开发的重要基础。党的十八大以来，在党的十七大提出"优先发展教育，建设人力资源强国"的基础上，⑦进一步发展了人力资源强国思想理论，强调人才的突出作用，将建设人力资源强国的国家战略确定为中国式现代化的优先发展基础。中国式现代化进程正面临着百年未遇的变局，外部环境日益复杂，全球经济步入低迷期，产业链和供应链的全球布局面临重构，各类不确定性和不稳定因素显著增加，⑧同时处于我国城市化、农业现代化、信息化以及伴随着以人工智能、基因工程、可控核聚变、虚拟现实及生

---

① 《习近平关于中国式现代化论述摘编》，中央文献出版社2023年版，第71页。
② 习近平：《现代化的最终目标是实现人自由而全面的发展》，https://www.gov.cn/xinwen/2023-03/15/content_5746907.htm。
③ 《马克思恩格斯全集》，人民出版社1979年版，第23页。
④ 成应斌：《论坚持以人的全面发展为纲》，http://theory.people.com.cn/n/2013/0620/c40537-21908334.html。
⑤ 冯文猛、李恒森：《【理响中国】推进人力资源强国建设，助力实现中国式现代化》，https://theory.gmw.cn/2023-05/19/content_36571479.htm。
⑥ 《习近平关于中国式现代化论述摘编》，中央文献出版社2023年版，第81页。
⑦ 顾明远：《实现教育现代化的宏伟蓝图——学习贯彻〈国家中长期教育改革和发展规划纲要〉》，载《北京师范大学学报（社会科学版）》2010年第5期，第5-13页。
⑧ 王慧、郭梓云：《"为全球增长和可持续发展作出重要贡献"》，载《人民日报》2024年4月27日，第3版。

物技术为技术突破口的新型工业化的交织发展和社会结构重大转型时期,并伴随着人口老龄化的日益加剧及低生育率加重的人口发展趋势;人口增长放缓,必须以"创新驱动发展、高质量发展和高水平科技自立自强"[1]。而"创新驱动实质上是人才驱动",[2] 即要以高素质人力资源引领创新技术来提高生产率,进而推动我国经济发展方式由要素驱动型向创新驱动型转变,实现中国式现代化的高质量发展。换言之,人力资源强国建设,以人的高质量发展为基础;由人力资源大国发展为人力资源强国,是规模巨大的人口的现代化的必然成果。毫无疑问,占我国人口总量18.7%的老年人(2023年国家人口统计数据)的现代化,必然包含在其中。数量庞大的低龄老年人口大多具有知识、经验、技能的优势,身体健康状况较好,是不可或缺的人力资源,是人力资源强国建设的重要现实条件。大力开发正处于最佳开发窗口期的老年人力资源,将为积极应对当下人口老龄化问题的挑战以及为未来进入超老龄化社会提前部署做出重要贡献。老年人力资源开发既是人口现代化的重要组成部分,也是我国由人力资源大国迈向人力资源强国不可或缺的组成部分。

(三)建设人力资源强国是中国式现代化发展的新要求

世界正经历百年未有之大变局,在国际环境复杂多变,国际竞争日益激烈的背景下,中国式现代化对我国人力资源发展提出了更高更新的要求,要以实现建设人力资源强国为目标,以高质量的人力资源供给全面支撑中国式现代化进程。

一是优化人口结构,为中国式现代化提供可持续发展的人力资源。在人口老龄化和少子化背景下,优化人口结构,建设人力资源强国,其核心在于构建与中国式现代化进程中产业经济、医疗卫生、文化教育、环境资源保护、技术发展等相适应的人力资源队伍。第一,需持续推进人口生育激励机制,提升人口的增长率,缓解人口老龄化速度,有效促进新生劳动力的增长,在一定程度上实现人力资源的可持续发展。第二,在核心关切人口的健康发展水平的同时,注重贯彻环境保护、资源节约和循环利用等健康绿色发

---

[1] 孙悦:《构建新时代人才强国战略体系的根本指针——深入学习贯彻习近平总书记关于人才工作的重要论述精神》,载《国家治理》2023年第18期,第13–19页。

[2] 孙悦:《构建新时代人才强国战略体系的根本指针——深入学习贯彻习近平总书记关于人才工作的重要论述精神》,载《国家治理》2023年第18期,第13–19页。

展理念教育,促进人与自然的和谐发展,为人力资源可持续发展提供外生动力。第三,加大推进终身学习的发展,全面提升我国人口的综合素质。据统计,我国 14 亿人口中,教育水平为初中及以下的占比依然近 60%。在学习型大国建设中,需着力推动学习资源下沉基层,高度关切基层学习群体的终身学习实践路径,以全生命周期视角提高全体人口的技能水平和综合素质,[①] 为实现人力资源的可持续发展提供内生动力。

二是优化人才培养结构,为中国式现代化提供均衡化发展的人力资源。我国现代化进程正经历第四次工业革命,产业结构的发生重大转变,正从劳动密集型向技术密集型和知识密集型转变,劳动力结构明显滞后于产业结构发展变化。一方面,需创新人才培养机制,尽快建立和完善人才发展机制,包括人才选拔、培养、使用和激励机制等,需以前瞻性、科学性、精准性的原则,加大调整人才培养结构。人才培养要与劳动力市场需求相适应。在第四次工业革命进程中,需着重优化高等教育学科专业结构,高度关注理工科新专业发展,增强创新型、复合型、高技术型人才培养力度,提升人才培养与劳动力市场需求的契合度,为有效推动经济结构的优化和转型升级提供高质量人力支撑。另一方面,促进人力资源的均衡化发展。长期以来,受我国城乡二元结构的影响,城乡区域间人力资源发展极不均衡。可以通过优化人口政策制度,如推进户籍制度改革、调整生育政策、完善流动人口管理,放宽人口自由迁移限制等措施,促进人力资源的均衡发展。同时,可以通过实施有针对性的政策倾斜和财政转移支付制度,加大对农村地区、欠发达地区的教育、医疗和社会保障的支持力度,进而提升人口健康和教育发展水平,有效缩小城乡间人力资源水平的差距。此外,可充分应用现代信息技术,为各级各类人群(包括全体老年人在内)提供均衡的教育资源和培训机会,实现城乡区域间各层次各类型人才的均衡化发展。

三是加大高技能、高知识水平和创新能力的人才资源开发力度,助力中国式现代化高质量发展。创新驱动是推动经济社会发展的关键要素,而人才驱动又是创新驱动的核心要素。第一,通过培养和吸引具有创新能力的人才,为科技进步和产业升级提供动力。第二,培养具有创新能力、全球视野和战略思维的高水平人才,着力提升我国高技能、高知识水平和创新能力人

---

① 冯文猛、李恒森:《推进人力资源强国建设,助力实现中国式现代化》,https://baijiahao.baidu.com/s?id=1784963595845251883&wfr=spider&for=pc。

才的规模,增强各类人才应对复杂问题、国际形势等能力,这将不断增强国家在全球经济中的竞争力和国家安全。另外,从科技安全的角度看,每万人口的研发人员数应达到 100 左右。① 第三,建设人力资源强国要重视文化、艺术和社会科学的发展,通过培养具有深厚文化底蕴和创新思维的人才,推动中国文化的繁荣和传播,促进人的发展与经济社会和人类文明的发展相协调。因此,在老年人力资源开发中亦需加大高技能、高知识水平和创新型人才开发,同时需高度关注物质文明与精神文明的协调发展,在提升老年人职业能力和技能水平的同时,充分发挥其传承与弘扬优秀传统文化的积极作用。

第二节 老年人口是中国式现代化的宝贵资源

一、老有所为的内涵及实践形式

（一）老有所为的内涵阐释

在我国语境下,老年人力资源开发一般意义上等同于老有所为,通过老年人积极广泛的社会参与实践得以实现。故此,本研究通过探讨老有所为的内涵意蕴来理解中国式老年人力资源开发的内涵要义。20 世纪的 90 年代左右,老年人力资源开发开始引起我国学者的关注。老年人力资源开发通常包含在一般意义的人力资源开发中。简单来说,有劳动意愿与劳动能力的老年人口称之为老年人力资源。② 叶忠海认为老年人力资源开发是指老年人力资源潜能开掘并转化发展为人才资源的过程。当然,该过程要遵循老年人身心发展规律,把握老年人力资源开发的特性。③ 徐颂陶、徐理明、迟耀春将老

---

① 王朋岗、马文腾:《建设社会主义现代化强国对我国人口发展提出新要求》,载《人口与发展》2023 年第 1 期,第 112 - 117 页。
② 陈友华、詹国辉:《中国老年人力资源开发:现状、问题与出路》,载《晋阳学刊》2023 年第 2 期,第 46 页。
③ 叶忠海:《老年人力资源开发的若干基本问题》,载《职教论坛》2020 年第 5 期,第 110 页。

年人力资源开发定义为对离退休人员重新使用、培训的过程。① 老年人力资源开发的内涵在我国有一个逐渐演变发展的过程。在积极老龄化理念的推动下，受老年人群自身的特殊性影响，老年人力资源开发有着其独特的内涵意蕴。

从老有所为的视角出发，我国老年人力资源开发理论源远流长。早在汉代所设由 50 岁以上、德高望重的老年人担任的"三老五更"职位、唐宋时期安排老年学士担任修史编志之职、明代设置由德高望重的老年人担任的"里老"职位等均可见老年人力资源开发思想的萌芽。② 老有所为的观点最早是在 1983 年发表的《重视发掘和利用老年社会劳动力资源——北京市退（离）休职工"老有所为"问题调查》一文中提出的。邬沧萍最早将老有所为定义为老年人自愿参与社会发展，为社会所做的力所能及的有益贡献。③ 随着国际积极老龄化政策框架的确立，学界开始广泛关注老年人力资源开发问题，从积极老龄化视角探讨老年人社会参与和社会贡献的研究。尤其是生产性老龄化观点为老年人力资源开发提供了较强的理论支撑。随着全球老龄化的加速发展，在国际积极老龄观的推动下，"生产性老龄化"的内涵意蕴日益丰富，从老年人参与就业的经济价值活动延展到各类志愿服务、生活照料等社会价值活动。④ 这为老年人力资源开发开拓了更为广阔的领域。同样，随着我国经济社会的发展和学者们研究的深入，我国老有所为的内涵也不断获得丰富和发展。老有所为的对象逐步由以退（离）休干部为主体的"精英式"发展到面向全体老年人的"普适式"，老有所为的属性亦由"社会福利"属性发展为以社会参与为主要特征的"社会价值"属性。⑤ 老有所为的核心在于促进老年人的社会参与，重视并发挥老年人的经验与智慧，通过合理利用老年人力资源，鼓励他们在经济社会发展中继续发挥作用，创造新的价值和贡献。

---

① 徐颂陶、徐理明、迟耀春：《中国人才资源开发全书》，中国人事出版社 1998 年版，第 42 页。
② 刘冉冉：《试论中国古代的老有所为及尊老之意义》，载《兰州学刊》2008 年第 10 期，第 155–157 页。
③ 李翌萱：《从需求到权利：中国老年人社会参与研究》，社会科学文献出版社 2017 年版，第 35 页。
④ 邬沧萍：《"老有所为"是我国积极应对人口老龄化的客观要求》，载《人口与发展》2011 年第 6 期，第 32–34 页。
⑤ 杜鹏、王菲：《"老有所为"在中国的发展：政策变迁和框架构建》，载《人口与发展》2011 年第 6 期，第 34–38 页。

依据"人的全面发展"理念，以"健康、参与、保障"为核心要素，新时代赋予了老有所为新的意蕴内涵。综合学者们的观点，本研究认为老有所为的内涵为：低龄健康老年人群积极参与各种学习活动，不断促进自我全面而终身的发展，并在自愿或鼓励引导的基础上，通过各种形式广泛参与社会经济、政治、文化生产和生活，为积极应对人口老龄化社会问题和经济社会可持续发展做出贡献。主要体现在以下维度：一是在终身学习理念的推动下，老年人树立"全生命周期养老准备"的理念，积极参与终身学习，以适应社会变革和新生产技术的发展，更好地实现再社会化，有效促进健康养老服务体系的构建和学习型社会的构建；二是在老龄化问题日益严峻，劳动力短缺的背景下，老年人需更多地参与社会经济发展，建言献策，引导和培养新人，从而有效缓解人力资源短缺问题，服务经济社会发展，释放新的人口红利；三是在构建社会治理新格局的背景下，老年人需广泛参与基层社会治理，如社区党建、志愿者服务等活动，助力构建和谐社会；四是在现代信息技术蓬勃发展的背景下，老年人需积极参与现代家庭生活照料及代际交流，提高生活质量，构建和谐家庭关系；五是在社会文明快速发展的背景下，老年人广泛参与文化活动，弘扬优秀传统文化并促进现代文明与传统文化的融合发展。显而易见，以老年人全面终身的发展为核心，以积极有效的社会参与为基石，为现代社会经济、政治、文化的全面发展提供宝贵的人力资源支撑，从而实现个人价值与社会价值的深度融合，这正是老有所为在新时代的根本要求与核心特质。

当前，老年人的老有所为主要集中在干农活、做家务、参与文化娱乐活动等，在需要一定知识和技能的"发展型"社会的参与上还显著不足。[①] 综合学者们对老年人健康状况、学历、社会参与意愿、人口存量等方面的研究，低龄健康老年人应成为老有所为的重要主体。按国际标准，低龄老年人为60～74岁的老年人。根据我国法定退休年龄规定，55～63岁之间退休的人员是老有所为不可或缺的重点人群。根据我国老年人口社会参与的特点，需进一步加大对老年人社会参与的鼓励和引导，促进更为广泛且有效的老有所为实践。

---

① 王莉莉：《中国老年人社会参与的理论、实证与政策研究综述》，载《人口与发展》2011年第3期，第35-43页。

(二) 老年人老有所为实践的主要形式

老年人老有所为的实践形式,即老年人力资源开发应用的实践形式,亦即老年人以何种形式参与社会,其涉及的具体领域和范围十分广泛,包含经济、社会、文化、生活等多个层面。学者们研究认为,老有所为是老年人社会参与的最终目的;而老年人社会参与是老有所为的一种实践形式,[1] 老年人社会参与是实现老有所为的不可或缺的重要基础和前提。1996 年,我国出台《中华人民共和国老年人权益保障法》,以法律赋权的形式确定了老年人从"传授文化和科技知识、提供咨询服务、依法参与科技开发和应用、依法从事经营和生产活动、参加志愿服务、兴办社会公益事业、参与维护社会治安、协助调解民间纠纷、参加其他社会活动等"[2] 九个方面广泛参与社会经济、政治、文化、生产活动的权利,也明确了老年人参与社会、实践老有所为的基本形式。2002 年,《老龄化马德里政治宣言》中将"充分的社会参与"明确为:消除年龄与性别歧视,促进两性平等,消除对老年人的怠慢、虐待和暴力行为,加强社区建设,建立社会支持网络,改善老年人参与社会的自身条件和社会条件,增加老年人口保持独立的机会,挖掘他们全面参与经济、社会、文化和政治生活的潜力;第二次行动计划则进一步明确提出国家和社会要为老年人"提供机会、方案和支持,鼓励老年人参与或继续参与文化、经济、政治、社会生活和终身学习"[3],进一步为老年人实践老有所为提供了明确的方向指引。

美国学者罗伯特·巴特勒指出生产性老龄化形式可分为继续就业、志愿服务、家庭援助、教育培训等。[4] 美国华盛顿大学教授谢若登(Sherraden,2001)认为,老年人的社会参与和社会贡献活动可划分为以市场为基础的经济活动、有经济价值的非市场经济活动、正式的社会/公民贡献活动、非正式的社会扶助、社会关系和活动以及教育和能力提升活动等六个方面。[5] 有

---

[1] 杜鹏、王菲:《"老有所为"在中国的发展:政策变迁和框架构建》,载《人口与发展》2011 年第 6 期,第 34 - 38 页。

[2] 《中华人民共和国老年人权益保障法》,载《中华人民共和国国务院公报》1996 年第 26 期,第 1013 - 1019 页。

[3] 叶忠海:《老年教育若干基本理论问题》,载《现代远程教育》2013 年第 6 期,第 11 - 16 页。

[4] 李光、马瑞廷:《生产性老龄化视域下低龄老年人力资源开发研究》,载《中国成人教育》2021 年第 24 期,第 8 页。

[5] 易鹏、梁春晓:《老龄社会研究报告》,社会科学文献出版社 2019 年版,第 13 - 14 页。

研究认为，老有所为的主要形式包含再就业在内的覆盖面广泛且内容丰富的各种社会实践活动。① 受老年人自身健康状况、经济条件、家庭环境、学历、专业技术技能、退休前从事职业等多方面因素影响，老年人实践老有所为的社会参与形式各不相同。有学者将老年人社会参与方式归纳为三个层面。一是家庭层面，老年人以家庭为载体，通过家庭照料、家务劳动、隔代教育等形式实践社会参与。调研数据表明，以家庭为载体方式实现社会参与的老年人达32%。二是社区层面，老年人以社区为载体，参加社区志愿服务、社区文娱活动等。三是社会层面，老年人在更为宏大的社会场景中，通过再就业、学习、社团活动、社会服务等形式实践社会参与。② 有研究认为，老年人的社会参与分为"娱乐+公益+有偿的"三种主要形式，即参与各类公共文化和娱乐活动、参加公益活动、参与各种有收入的劳动。还有研究将老年人社会参与分为经济活动、政治参与、公益活动、家庭活动、网络参与等主要形式。③ 有研究依据老年人社会参与的需求，将其划分为三个层次，即：一是适应性社会参与，即通过社会参与适应工作中断或角色转换带来的不适应或安全感的缺乏；二是获得性社会参与，即通过参与社交、学习等活动，满足归属感、情感等需求；三是自我价值实现的社会参与，即老有所为，通过社会参与发挥老年人自身的才智，服务和奉献社会，实现其人生价值。④ 有研究依据老年人参与活动的特征，将其社会参与划分为健身锻炼型、智力参与型、助人奉献型、简单交往型和团体组织型等五种类型；⑤ 同类型划分还有社交类、怡情类、学习类和康体类等四种社会参与类型。⑥ 谢立黎等利用2018年中国老年社会追踪调查数据（CLASS），从个人生活和

---

① 宋靓珺等：《"老有所为"理论视阈下的老年配偶照顾者之价值重构》，载《中国卫生政策研究》2018年第1期，第21-27页。
② 王博、黄新玲：《城市低龄老年人社会参与现状及影响因素》，载《今日财富》2023年第10期，第161-163页。
③ 宋煜：《老年人社会参与的理论综述与现状研究》，见中国老年学和老年医学学会《中国老年学和老年医学学会2023年学术大会论文集》，第167-176页。
④ 谢宇：《社会参与理论视阈下老年教育课程体系构建策略——以广州电大老年开放大学为例》，载《广州广播电视大学学报》2018年第5期，第1-7，107页。
⑤ 李月、陆杰华、成前等：《我国老年人社会参与与抑郁的关系探究》，载《人口与发展》2020年第3期，第86-97页。
⑥ 丁志宏：《社会参与对农村高龄老人健康的影响研究》，载《兰州学刊》2018年第12期，第179-195页。

家庭生活两个层面将老年人社会参与形式划分为四类，各类所占比重分别为低参与型（57.2%）、家庭中心型（19.70%）、个人中心型（16.30%）和平衡型（6.80%）。①

综合学者们的研究及老年人社会参与形式的丰富和发展，本研究将老年人老有所为实践归纳为四个方面。

一是参与经济生产活动。老年人通过再就业广泛参与农林牧副渔业、制造业、建筑业、批发和零售业等经济生产活动。《中国劳动统计年鉴2022》数据表明，农林牧副渔业就业人员中60岁以上老年人占比为30.8%、制造业占比为3%、建筑业占比为4.6%、批发和零售业中占比为3.5%、住宿和餐饮业中占比为3.3%、房地产业中占比为7.3%、科学研究和技术服务业中占比仅为1.1%。② 可见，我国老年人参与经济生产活动主要分布在农林牧副渔业领域。

二是参与社会服务。如参加文化传承、文体活动、社区治理、社区服务、各类志愿者服务等。根据2015年全国老龄办、民政部、财政部联合开展的"第四次中国城乡老年人生活状况抽样调查"中老年人参与社会服务的占样本百分比数据显示：维护社区治安为10.2%、帮助邻里协调纠纷为19.6%、维护社区卫生环境为21.9%、帮助邻里为40.6%、关心下一代教育为15.1%。③

三是参与家庭照料。如养老服务、健康照护、隔代教育、家务劳动等。根据中国老龄科学研究中心的调查可知，我国老年人参与隔代抚养的比例达到66.47%，（外）祖父母参与照顾0～3岁儿童的比例占总数的60%～70%。④研究表明，全年52周不间断照料孙辈的个体占到所有参与隔代抚育个体的50%以上，全年照料周数超过40周的比例达到70%以上。⑤ 可见，参与家庭照料是当前老年人社会参与的一种极为普遍的形式。

---

① 谢立黎、王飞、胡康：《中国老年人社会参与模式及其对社会适应的影响》，载《人口研究》2021年第5期，第49-63页。
② 李桂芝：《中国劳动统计年鉴》，中国统计出版社2022年版，第80-81页。
③ 郑红、王丽丽：《老年人社会参与意愿及其主要形式与影响因素——基于第四次中国城乡老年人生活状况抽样调查数据》，载《老龄科学研究》2022年第10期，第41-52页。
④ 《带孙子的老年人比例达66.47%　隔代抚养引深思》，http://edu.people.com.cn/n/2014/0828/c1053-25556218.html。
⑤ 杜丽红、徐云龙、韩玲等：《积极老龄化背景下河北省老年人社会参与现状及路径研究》，载《才智》2023年第14期，第122-124页。

四是参与终身学习。老年人参加终身学习的主要形式包括自主学习,如自主参加各类在线学习、线下讲座等;参加各类学习型组织、社团,开展互教互学;参加老年大学学习,报读各类课程,系统学习相关知识,参加游学活动等。根据民政部统计数据,截至 2023 年 11 月,常态化参加学习的老年人有 2000 多万人。① 老年人通过持续参加各种形式的学习,获得新知识和新能力,促进自我全面而终身的发展,以适应社会变革,实现"全生命周期养老准备"。

二、老有所为的特点及价值

(一) 老有所为的特点

根据老年人自身特点及主要社会参与形式,我国老年人老有所为的特点主要表现在以下方面。

1. 老有所为的参与度逐步提高

根据第四次中国城乡老年人生活状况调查数据,2015 年,我国 45% 的老年人参加了邻里帮扶、社区卫生维护等社会活动,73% 的老年人愿意帮助其他有困难的人;② 对比 2010 年开展的第三次城乡调查,老年人社会参与意愿和参与度均有明显提高,尤其是协调邻里纠纷矛盾的参与率显著上升。根据 2016 年 CLASS 数据,有 91.81% 的老年人参与了对上一辈老年人的照料,对比 2014 年数据,参与家庭照料的老年人比例明显上升。③ 根据老年大学协会的统计数据,从 1983 年全国第一所老年大学在山东省创办以来,我国老年教育历经 40 多年的发展,各级各类老年教育机构日益发展,老年教育资源日益丰富,正规、非正规、非正式的老年教育形式多样化,常态化参加老年大学和以各种形式参与线上线下非正规学习的老年人日益增多,老年人参加终身学习的比率有了显著提升。

---

① 《全国各级各类老年大学达 7.6 万所》,https://www.mca.gov.cn/n152/n166/c1662004999979995478/content.html。
② 党俊武:《中国城乡老年人生活状况调查报告 (2018)》,社会科学文献出版社 2018 年版,第 272 页。
③ 谢立黎:《中国老年人社会参与的现状、特点与对策》,见中国老年学和老年医学学会《新时代积极应对人口老龄化研究文集》,华龄出版社 2019 年版,第 183 – 189 页。

2. 老有所为的城乡差异显著

受城乡二元制结构影响,城乡社会经济发展水平、社会保障水平、医疗卫生水平,以及人口素质等方面存在较大差异,导致我国城乡老年人社会参与差异显著。一方面,老年人参与经济性生产活动主要集中在农、林、牧、渔民、个体户/自由职业者等不受退休政策影响的职业,以农村老年人为主;① 数据统计表明,63.7%的农村老年人以从事劳动为主要收入来源。② 而"国家、企事业单位领导""专业技术人员"等参与经济性生产活动的占比非常低。另一方面,参与终身学习的老年人以城市老年人为主体。我国城乡老年教育资源配置显著不均衡,受教育资源短缺、老年人自身参与学习意识缺乏、支持保障条件不完善等因素影响,农村及欠发达地区老年人参与终身学习的比率仍然非常低。

3. 老有所为的网络参与形式逐渐增多

随着信息技术快速发展并广泛应用于日常学习、社交、交通、就业、理财、购物等各个领域,老年人面临着新的社会参与形式的机遇和挑战。2020年11月,国务院办公厅公布了《关于切实解决老年人运用智能技术困难的实施方案》,一方面通过互联网应用进行适老化改造,另一方面加大老年人数字技能教育的力度,有效帮助老年人跨越"数字鸿沟"。③ 越来越多的老年人通过网络参与社会活动,如使用社交媒体、在线学习和休闲娱乐等。据统计预测,2030年我国老年人口互联网普及率将会上升至24.1%,到2050年将上升至59.6%,④ 未来将有更多老年人通过网络形式参与社会实践。

4. 老有所为的社会公益服务比率高

老年人广泛参与社区各层次的文娱活动、社团组织活动、志愿服务等,在整体老有所为实践中占有较高比率。此外,参与比例还呈现女性居多的特点,例如参与家庭照料多以老年女性为主,在参与老年大学学习的学员中,以女性为主的特点更为显著。

---

① 谢立黎:《中国老年人社会参与的现状、特点与对策》,见中国老年学和老年医学学会《新时代积极应对人口老龄化研究文集》,华龄出版社2019年版,第183-189页。
② 卢梦霞:《简析新时代背景下农村老人养老方式》,载《云南科技管理》2018年第5期,第11-14页。
③ 《国务院办公厅印发〈关于切实解决老年人运用智能技术困难的实施方案〉》,载《中国社会工作》2020年第35期,第6页。
④ 谢立黎:《中国老年人社会参与的现状、特点与对策》,载中国老年学和老年医学学会主编《新时代积极应对人口老龄化研究文集》,华龄出版社2019年版,第183-189页。

（二）老有所为的价值

老年人实践老有所为的价值主要体现在两个维度，即人本价值和经济社会价值。

人本价值，即老年人在老有所为实践中通过积极的社会参与获得身心健康全面的发展，进而实现其老年阶段的人生价值。研究表明，有社会参与活动的老年人身体和心理健康的程度均优于没有社会参与活动的老年人，社会参与和心理健康呈正相关。[①] 具体来看，身体健康方面，老年人可以通过积极参与社会活动来预防失能，降低慢性病发病率，缓解身体疼痛，进而降低死亡率；心理健康方面，社会参与在缓解老年人认知功能衰退，降低抑郁发生率和抑郁程度上有明显作用，提升社会参与强度、增加参与活动的多样性可以改善老年人的健康状况。不同特征的老年人在社会参与中的健康受益程度不同。面临更多障碍的老年人在社会参与中更有可能获得身体健康收益，比如高龄老年人、独居老年人、女性老年人和健康状况不佳的老年人。[②] 社会参与模式对老年人的健康状况有着不同程度的影响。身体健康方面，相较而言，家庭交际型和锻炼身体型社会参与有助于改善老年人的身体健康。[③] 心理健康方面，研究发现，对于那些社会参与可能性最小的老年人，选择社会参与对其心理健康的效用最突出；[④] 而休闲娱乐型社会参与能全面显著地提高老年人心理健康水平，[⑤] 照料孙子女对老年人心理健康有正向影响。[⑥] 此外，社会参与对高龄老年人有更明显的认知衰退缓解效应。[⑦] 可见，就老

[①] 刘颂：《老年人社会参与对心理健康影响探析》，载《南京人口管理干部学院学报》2007年第4期，第38–40页。

[②] Celeste Marsh, Paul A. Agius, Gamini Jayakody, et al., "Factors associated with social participation amongst elders in rural Sri Lanka: a cross-sectional mixed methods analysis", *Bmc Public Health*, 2018, 18 (1), p.636.

[③] 田园：《社会参与对老年人健康的影响研究》（学位论文），山东建筑大学2022年。

[④] 王金水、许琪、方长春：《谁最能从社会参与中受益？——社会参与对老年人精神健康的异质性影响分析》，载《人口与发展》2021年第4期，第121–130页。

[⑤] 陈洁瑶、方亚、曾雁冰：《多元社会参与及家庭支持对中国老年人心理健康的影响研究》，载《中国卫生政策研究》2021年第10期，第45–51页。

[⑥] 肖颖、王永梅：《社会参与对老年人心理健康的影响——基于CLASS追踪调查数据的实证分析》，载《社会福利（理论版）》2020年第8期，第24–31页。

[⑦] 刘凌晨、程宏宇、彭希哲：《中国老年人社会参与模式对认知衰退的影响》，载《中国人口科学》2022年第4期，第103–114、128页。

年人终身而全面的发展而言，老年人积极的社会参与既是实现再社会化的重要途径，亦是一个促进老年人身心健康发展、提高老年人的生活质量和生命质量的过程，更是一个不断赋予老年人权利、提升发展能力，实现自我价值的过程。新时代老年人社会参与以老年人终身而全面的发展为核心，以积极有效的社会参与为基础，为现代社会经济、政治、文化等全面发展提供重要的人力资源支撑，进而实现人本价值与社会价值的融合发展，亦是中国式现代化人口高质量发展的根本要求和本质特征。

经济社会价值，即老年人通过积极的老有所为实践，为社会经济文化发展创造新的价值和贡献。主要体现在以下方面。

一是服务经济社会发展。研究表明，数量庞大的老年群体在收入、消费、储蓄等方面行为的特殊性都将对社会经济发展带来较大的影响。① 第四次中国城乡老年人生活状况调查数据显示，2015 年 60 岁以上老年人参与生产性经济活动的总计 30%，其中从事有收入工作（非农）的占 10.2%，从事农林牧副渔等经济生产活动的占 24.4%；2015 年平均收入为 1355 元/月，其中城镇 1554 元/月，农村 1155 元/月，从事农林牧副渔等经济活动的平均年收入为 4920 元。② 可见，低龄健康老年人更多地参与社会经济生产，将有效缓解劳动力短缺问题，服务社会经济发展，释放新的人口红利。

二是促进构建社会治理新格局。党的二十大报告强调"健全城乡社区治理体系，建设人人有责、人人尽责、人人享有的社会治理共同体"③。社区是老年人社会参与的主场域，老年人是社区活动的重要主体，亦是参与社区治理的天然主体。在中国式现代化进程中，老年人积极的社会参与是创新社区治理不可或缺的要素。根据第四次中国城乡老年人生活状况抽样调查数据，45.6% 的老年人经常参加各类社区公益活动，参与总人数突破 1 亿人；其中 21.4% 的老人向社区提出过建议，20.7% 的老年人经常参与维护社区卫生环境的活动，17.0% 的老年人经常协助调解邻里纠纷。④ 老年人通过参与各类型的基层社区治理活动，在增强社区凝聚力、提升社区治理效能、构建

---

① 李建民：《老龄经济学与老龄化经济学》，载《市场与人口分析》2001 年第 5 期，第 1 - 7 页。
② 阳义南：《中国老年经济学透视》，光明日报出版社 2021 年版，第 180 页。
③ 习近平：《高举中国特色社会主义伟大旗帜　为全面建设社会主义现代化国家而团结奋斗——在中国共产党第二十次全国代表大会上的报告》，载《中国人大》2022 年第 21 期，第 6 - 21 页。
④ 《第四次中国城乡老年人生活状况抽样调查——中国老年人参加各种公益活动占到 45.6%》，http://world.people.com.cn/n1/2016/1010/c57506 - 28765421.html。

和谐社会等方面发挥着积极的作用，有效促进构建共建共治共享的社会治理新格局。

三是促进现代文明与优秀传统文化的融合发展。中国式现代化创造了人类文明新形态。习近平总书记指出："对传统文化中适合于调理社会关系和鼓励人们向上向善的内容，我们要结合时代条件加以继承和发扬，赋予其新的涵义。"① 在现代文明日益多元化发展的背景下，老年人广泛参与社会文化活动，将有效促进现代文明与传统文化的融合发展。一方面，老年人是传统文化和社会主义核心价值观的重要载体，其在广泛参与文化实践活动中，可以传承优秀文化传统，弘扬社会主义核心价值观；同时，将自身积淀的丰富的经验和智慧薪火相传至年轻一代，为现代文明的发展注入动力。另一方面，老年人积极参与社会经济文化活动，展示出积极向上的精神面貌，将对年轻一代起正向激励作用。我国老年人口中有很多老干部、老战士、老专家、老教师、老模范，积极参与各层级关心下一代工作委员会的工作，坚守优秀传统文化根基，赓续红色革命精神，通过开展广泛的宣传教育活动，促进优秀传统文化在青少年心中生根发芽；并有效增强代际交流，形成代际双向互动，促进传统文化与现代文明碰撞，形成融合与创新发展。

四是强化家庭功能，优化居家养老服务。随着人口结构的变化，我国家庭结构由传统大家庭转为小型化、核心化结构，呈现出单亲家庭、重组家庭、隔代教养家庭、独居家庭等多形态，家庭功能逐步弱化。老年人积极参与家庭生活照料，将有效促进和谐家庭的构建，增强家庭功能。一方面，老年人参与家庭生活照料，为子女和家庭发展做出贡献，促进增强代际间情感、文化、思想、精神的交流，形成良好的家庭文化氛围，实现家庭赡养与代际反哺功能的双向发展。另一方面，根据我国"9073"的养老结构，90%的老年人为居家养老模式。低龄健康老年人积极参与家庭照料，从精神慰藉、生活照料、健康护理等方面为高龄老年人提供养老照护服务，将切实提升高龄老年人居家养老质量，有效强化家庭养老功能。

五是提升老年人健康水平，促进人口高质量发展。在终身学习理念的推动下，老年人树立"全生命周期养老准备"理念，积极参与终身学习，是老年人积极参与社会生活的重要形式。老年教育是终身教育的最后环节，也是文化养老的重要载体，亦是健康养老的重要路径。第一，老年人通过参加

---

① 《习近平关于中国式现代化论述摘编》，中央文献出版社2023年版，第277页。

各种讲座、在线学习、老年大学的学习,获得新的技能和知识,更好地实现再社会化及自我发展,逐步提高身心健康发展水平,将促进其有效参与经济社会发展,共享改革成果,增强自身的幸福感与获得感。第二,老年人积极参与终身学习,通过老有所学,实现老有所乐、老有所为,促进健康的老有所养,将助推健康养老服务体系的发展完善。第三,老年人积极参与终身学习既是重要的社会参与形式,亦是学习型大国建设和"人的现代化"的重要组成部分。老年人常态化参与终身学习,将全面有效地促进老年人口综合素养的提升,助力我国实现人口高质量发展的目标。

三、新时代老年人口素质的发展

随着社会物质文明与精神文明的发展,我国人口在健康、教育水平等方面的整体素质得到了全面提升。根据预测,我国未来近30年将有着丰富的低、中龄老年人口资源(见图3-1),这为中国式人力资源开发提供了宝贵资源。

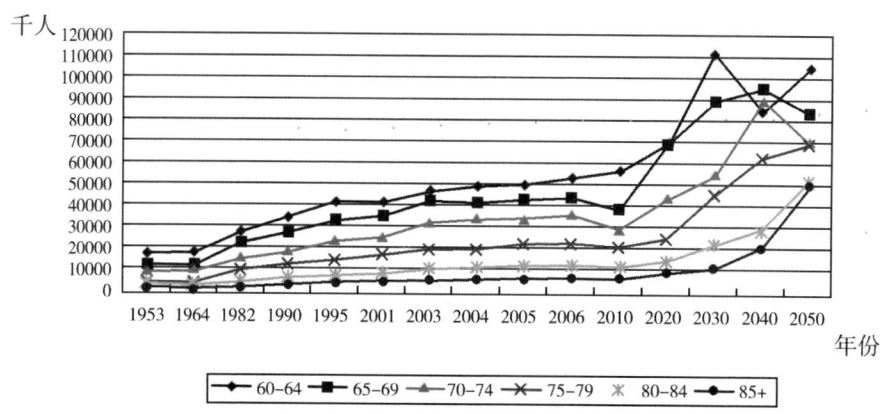

图 3-1　1953—2050 年老年人口各年龄组数量折线图①

---

①　程馨:《中国人口老龄化背景下的老年人力资源开发研究》(学位论文),青岛大学 2008 年,第 69 页。

（一）老年人口整体身体健康水平明显提高

随着人们对健康认知的发展以及医疗卫生可及性的提升，老年人身体健康状况日益改善，整体健康水平得到显著提升。我国人口健康水平发展最直观的考查依据是人口预期寿命的不断增长。老年活跃期亦不断增长，这为老年人力资源开发提供了重要的基础。参考伯彻的观点，考查健康的另一重要依据是以生理、精神和社会潜力为特征的充满活动的状态，是满足社会、文化、责任等要求的满足状态。[①] 学界对老年人健康状况的研究认为，反映老年健康状况的常见单项指标有主观指标和客观指标两种。常见的主观指标有自评健康，自评健康是个体对自己健康状况的主观评价，是个体健康状况的强有力指标。[②] 客观指标有身体健康指标和心理健康指标之分。其中，身体健康一般指生理机能正常，常见指标有日常生活能力（Activities of Daily Living，简称 ADL）、工具性日常生活能力（Instrumental Activities of Daily Living，简称 IADL）、躯体功能、慢性病等。心理健康一般指心理的各方面处于良好或正常的状态。[③] 有研究发现在其他条件相同（尤其是年龄）的情况下，20 世纪 40 年代出生的老年人的日常生活活动受限（LADL）的概率比 20 世纪 20 年代出生的老年人低 20.3%，[④] 这一医学指标表明了老年人身体健康水平的提高。2015 年全国 1% 人口抽样调查资料数据显示，全国 60 岁及以上老年人口中自评健康占 40.5%，基本健康占比 41.85%，不健康但生活能自理占 15.05%，不健康且生活不能自理仅占 2.6%。[⑤] 而第七次全国人口普查资料数据显示，截至 2020 年末，全国 60 岁及以上老年人口中自评健康占 54.64%（相较 2015 年提升了 14.14%），基本健康占比 32.61%，不健康但生活能自理占 10.4%（相较 2015 年降低了近 5%），不健康且生活不能

[①] Johannes Bircher, "Towards a Dynamic Definition of Health and Disease", *Medicine, Health Care and Philosophy*, 2005, 8 (3), pp. 335–341.

[②] Patricia T. Alpert, "Self-perception of Social Isolation and Loneliness in Older Adults", *Home Health Care Management & Practice*, 2017, 29 (4), pp. 249–252.

[③] 唐钧、李军：《健康社会学视角下的整体健康观和健康管理》，载《中国社会科学》2019 年第 8 期，第 130–148、207 页。

[④] 易鹏、梁春晓：《老龄社会研究报告（2019）》，社会科学文献出版社 2019 年版，第 38 页。

[⑤] 国家统计局人口和就业统计司：《全国 1% 人口抽样调查资料》，中国统计出版社 2015 年版，第 383–384 页。

自理占 2.34%（相较 2015 年亦有所下降）。① 数据对比显示，我国 60 岁以上老年人整体健康水平呈逐步提升趋势，体量巨大的低龄健康老年人口为老年人力资源开发提供了坚实的基础。（见图 3-2）

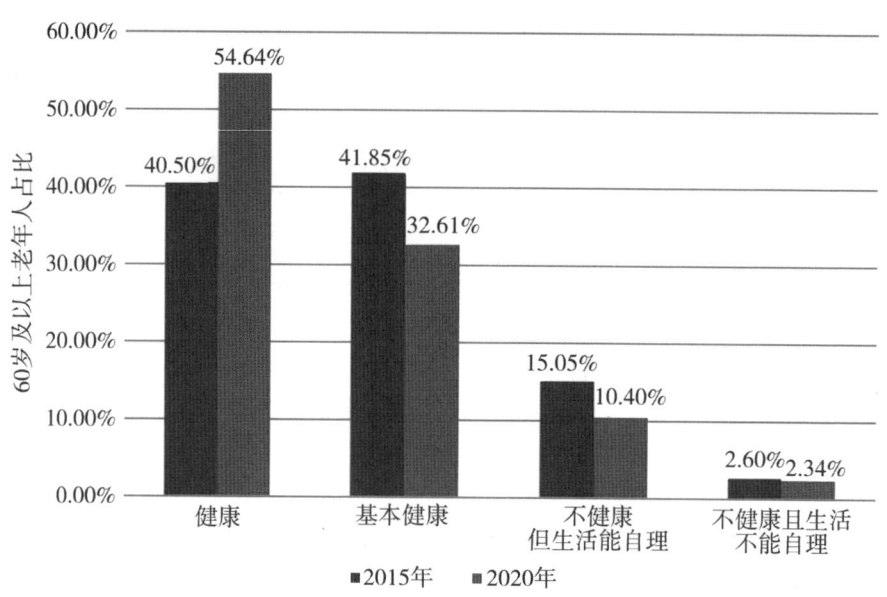

图 3-2 60 岁及以上老人健康自评变化

（二）老年人受教育整体水平大幅提升

根据我国第七次人口普查数据，历次普查每 10 万人拥有的各种受教育程度人口数据（见表 3-1）表明我国人口受教育程度大幅提升。以每 10 万人中大专以上人口数为例，2010 年为 8930 人，而 2020 年则为 15467 人，增长比率为 73.2%。根据《2012 年中国劳动统计年鉴》数据，我国 2011 年就业总人数为 7.64 亿，其中高中及以上学历人口占比为 29.6%（高中占比为 16.7%、大学专科占为 7.6%、本科生占比为 4.9%、研究生占比为 0.4%）。

---

① 国务院第七次人口普查领导小组办公室：《中国人口普查年鉴 2020（下册）》，中国统计出版社 2022 年版，第 1727-1728 页。

而 55～59 岁的就业人口中,高中及以上学历人口占比为 12%;60～64 岁的就业人口中,高中及以上学历人口占为 4.3%,且没有研究生人口;65 岁及以上的就业人口中,高中及以上学历占比为 2.2%。① 对比《2022 年中国劳动统计年鉴》数据,我国 2021 年末就业人口总数约 7.5 亿,其中高中及以上学历人数占比为 56.3%(高中占比 22.3%、大学专科占比为 16.6%、大学本科占比为 15.4%、研究生占比为 2%)。而 55～59 岁的就业人口中,高中及以上学历人口占比为 18.4%;60～64 岁的就业人口中,高中及以上学历人口占比为 14.8%;65 岁及以上的就业人口中,高中及以上学历占比为 4.9%。② 这组对比数据表明(见图 3-3),2011—2021 年 10 年间,我国就业人口(包括老年人口)受教育程度显著提升,为有效推动老年人力资源开发利用提供了关键性基础。

表 3-1 历次普查每 10 万人拥有的各种受教育程度人口[③]

单位:人

普查年份	大专及以上	高中(含中专)	初中	小学
1964	416	1319	4680	28330
1982	615	6779	17892	35237
1990	1422	8039	23344	37057
2000	3611	11146	33961	35701
2010	8930	14032	38788	26779
2020	15467	15088	34507	24767

---

① 张志斌:《中国劳动统计年鉴 2012》,中国统计出版社 2012 年版,第 1-31、62-66 页。
② 李桂芝:《中国劳动统计年鉴 2022》,中国统计出版社 2012 年版,第 1-31、62-66 页。
③ 国务院第七次全国人口普查领导小组办公室:《我国第七次人口普查主要数据》,中国统计出版社 2021 年版,第 11 页。

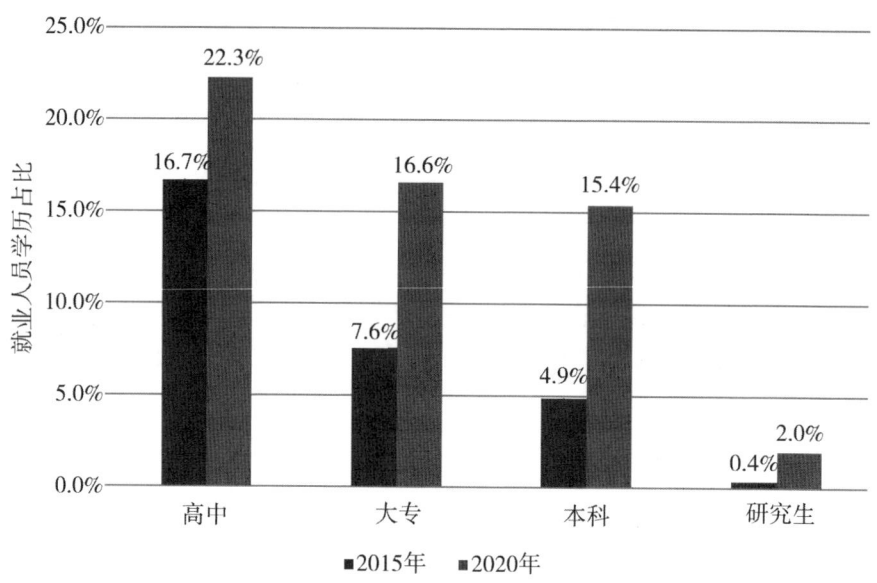

图3-3 就业人口受教育程度变化（根据中国劳动统计年鉴资料整理）

（三）老年人口再就业趋势日益显著

1. 老年人口再就业意愿显著提升

研究发现，超40%的城市低龄老年人有再就业经历，这表明老年人对继续参与社会经济活动具有较高积极性。[①] 一项对退休低龄老人的样本研究发现，41.52%的受访老年人有再就业经历，57.49%的受访者实际参加过志愿服务，85.63%的受访老年人愿意参加志愿服务。[②] 我国老年人口再就业意愿呈现出稳步提升趋势，不仅体现在参与经济活动的人数持续增长，而且在行业分布上呈现出一定的集中性与多元性，尤其是在科技领域拥有丰富的未充分利用资源，这为老年人力资源开发提供了广阔的发展空间。

---

① 苏辉：《城市低龄老年人再就业问题研究——基于"老年人再就业问题调查"数据》，载《老龄科学研究》2022年第12期，第34-49页。

② 程朝阳、于凌云：《成都市退休低龄老年人劳动参与行为及影响因素》，载《中国老年学杂志》2020年第23期，第5089-5092页。

2. 老年人再就业人数持续增长

《中国劳动就业统计年鉴》数据显示：2012年城镇就业人口中，55～59岁就业人口占绝对就业总人口的4.9%、60～64岁就业人口占比为2.0%、65岁及以上就业人口占1.4%；[1] 2022年城镇就业人口中，55～59岁就业人口占绝对就业总人口的7.1%、60～64岁就业人口占比为2.5%、65岁及以上就业人口占2.8%。[2] 对比可见，城镇老年人口占绝对性就业人口比重大幅度提升。而据统计，2020年我国农村60岁及以上的老年人口规模为1.21亿人，其中从事农、林、牧、渔业的劳动人口占比高达77.5%，表明再就业老年人口具有较大体量。[3]

3. 老年人就业能力增强

学者研究指出，老年人参与经济活动的增长速度高于老年人口增长速度，显示出老年人就业能力的提升。[4] 而老年科技工作者参与经济活动占比较大，尤其是医疗卫生、文化教育、科技研究等领域的退休专业技术人员参与经济活动的占比更为显著。以百度搜索为例，搜索中国老年人才的发明创造，有106万条记录。其中，从发明创造的数量来看，被报道的老年人才中最多发明的有600多项；从发明创造的质量来看，有老年人才的发明创造获得全国发明金奖。[5] 我国老年群体就业能力的不断增强，为深化老年人力资源开发创造了有利条件。

---

[1] 张志斌：《中国劳动统计年鉴2012》，中国统计出版社2012年版，第71-73页。
[2] 李桂芝：《中国劳动统计年鉴2022》，中国统计出版社2022年版，第80-82页。
[3] 张文娟、陈露：《2010—2020年中国农村老年人口的工作预期寿命及其地区差异》，载《人口研究》2023年第11期，第21-34页。
[4] 李亚磊：《中日老年人口就业比较研究》（学位论文），吉林大学2017年。
[5] 方志：《生产性老龄化视角下的中国老年人才开发研究》（学位论文），首都经济贸易大学2017年，第4页。

第三节 老年人力资源开发的典型模式及成功案例

一、老年人力资源开发的典型模式

(一) 老年教育模式

美国学者詹姆斯·舒尔茨指出,老有所为是老年经济学的核心,而教育则是提高人力资本最基本的手段。[1] 加强老年人教育和培训是学者们普遍认同的老年人力资源开发路径。在老龄化日益加剧的背景下,老年教育作为我国社会公共服务体系的重要组成部分,服务经济社会发展日益成为其价值理性追求,在老年人力资源开发中起着重要的作用。2016 年颁布的《老年教育发展规划(2016—2020 年)》是我国第一个专门为老年教育制定并颁布的国家专项规划,[2] 为我国老年教育发展提供了明确的政策指引,也促进了老年教育在老年人力资源开发实践中的快速发展。

我国老年教育经过多年发展,形成了三种主要的教育模式。

一是老年大学(学校)教育模式。这是一种由各级组织部老干部局、老龄委与民政局等涉老部门,教育局、文化广电和旅游局等行政部门,企事业单位、高校、驻穗部队、私人投资公司等多类主体办学,老年人以正规学习形式参与老年教育的典型模式。

二是以老年人生活社区为依托的社区老年教育模式。受老年大学办学场地、资源等条件限制,社区老年教育以其灵活、开放等特性,广泛覆盖城乡社区,成为老年人参与学习的重要途径。社区老年教育的发展主要有四种类型:第一种是以区或街道(镇)为主体的地域性类型,第二种是以学校为主体的辐射类型,第三种是政府机构与社区合作办学类型,第四种是社区学

---

[1] 孙中华、张立波、吴玲玲:《完善我国城市老有所为实现途径的研究——基于老年人力资源开发视角》,载《劳动保障世界》2010 年第 5 期,第 10-13 页。
[2] 《国务院办公厅关于印发老年教育发展规划(2016—2020 年)的通知》,https://www.gov.cn/gongbao/content/2016/content_5129496.htm。

校（院）实体性的体制类型。① 国家开放大学以其覆盖城乡的办学体系，在社区老年教育的发展中发挥了重要的作用。

三是数字化老年教育模式。随着现代信息技术的高速发展，老年教育从传统的广播、电视远程教育模式向数字化老年教育模式转变。信息技术在教育领域的广泛应用，催生了数字化老年教育的快速发展，各类应用App、在线课程推陈出新，老年教育资源海量丰富；老年人接受跨越"数字鸿沟"的教育培训，数字技能素养得到普遍提升；数字化老年教育快速发展，大幅提升了老年人非正式学习的参与率。

四是老年人社团学习模式。老年人依托各类社团，自主组织参与学习，形成多类自主学习型组织，成为老年人非正式参与老年教育的重要形式。例如，1982年上海黄浦区广东街道图书馆成立了上海第一个老年读书会。

近年来，在党和国家的高度重视下，我国老年教育蓬勃发展，基本形成了以"休闲娱乐、文化康养"为主要内容的教育结构形态，有效满足了"老有所教、老有所学、老有所乐"的需求，在一定程度上实现了老年人力资源开发教育功能。从老年人社会参与的逻辑来看，老年人力资源开发教育主要凸显在三个方面。

第一方面是参与终身学习，为全生命周期养老做准备。老年人通过参加正规学习、正式和非正式学习，不断丰富精神文化生活，促进终身而全面的发展。

第二方面是服务家庭生活。老年人通过老年教育课程学习提升生活技能素养，以家庭生活为场域，积极参与家务劳动、家庭保健、隔代教育等，凸显了老年人在家庭生活服务中不可或缺的劳动价值贡献（虽未纳入生产价值计量）。

第三方面是参与社会服务。老年人参与老年教育学习，尤其是通过老年大学第二课堂和第三课堂，以各种形式参与到各类社团活动和社会服务中，积极凸显老年人的经济社会价值。

老年教育日益成为老年人力资源开发最为重要的实践模式。由于我国老年教育发轫于丰富离退干部的生活，长期定位为"闲暇教育"，教育内容以休闲娱乐为主，其在发展过程中对市场需求的技术技能型和发展型老年人力

---

① 汤根生、全根先、史建桥：《公共图书馆与中国老年教育》，国家图书馆出版社2015年版，第37页。

资源开发教育关注甚少，当前老年教育在经济生产应用型的老年人力资源开发上显著不足。

（二）时间银行互助养老模式

时间银行是由美国学者埃德加·卡恩提出的一种基于广义的互惠交换的新的分配机制。[①]志愿者们利用空闲时间参与公益服务，并将所贡献的时间通过一种虚拟货币形式存入时间银行，当他们在未来遇到困难或需要帮助时，可以提取之前积累的时间。时间银行模式通过组织活跃的老年人群体，激励他们为自己的时间银行账户积累"财富"，充分利用他们的技能与生活经验，为年龄更大的老人提供服务，[②]实现老年人力资源开发的经济社会价值。1990年，全球第一家时间银行在美国成立。如今，时间银行已扩展到约26个国家，总数超过1000家，主要分布在欧洲、北美和亚洲等地区，[③]随着时间的推移，美国、英国、日本等国家已发展形成了一些典型的案例。

在美国开设的时间银行中，有两项最具代表性：老年志愿者服务银行（Older Volunteer Service Bank）与长老计划（Elder Plan）。老年志愿者服务银行的主要功能是为老年人提供照护服务。其主要模式是低龄老年人为高龄老年人或独居老人提供服务，主要成员为老年志愿者（大多为退休职工），志愿者在时间银行积累的积分不但能够自己兑换使用，还可以用于自己的直系亲属。同时，国家每年会为老年志愿者提供相关培训，提升其服务能力。长老计划（Elder Plan）起初是美国为老年人提供疾病预防的试点机构，主要宗旨是"培养健康生活方式，拥抱幸福晚年生活"，老年人通过参与相关组织活动，从中获得归属感以及新知识、新技能带来的满足感。在时间银行的实践中，许多老年志愿者不仅通过服务获得了时间货币进而换取服务，而且实现了个人的价值，即"老有所为，老有所乐"。[④]

---

① 陈松林、樊婷婷、高丽杰：《时间银行互助养老模式发展问题与对策》，载《安徽建筑大学学报》2021年第6期，第88–92页。
② 赵林、李雪青、郭君：《时间银行模式下老龄人力资源的开发研究——以南京养老志愿服务联合会为例》，见中国老年学和老年医学学会《2022·首届中国老龄志愿与公益服务高峰论坛优秀论文集》。
③ 王晓斐：《关于国外时间银行的发展经验探究》，载《知识经济》2019年第19期，第35–36页。
④ 李明、曹海军：《老龄化背景下国外时间银行的发展及其对我国相助养老的启示》，载《国外社会科学》2019年第1期，第12–19页。

另外,英国政府为了提高公民参加时间银行的积极性,提供了一系列政策支持活动。时间货币或时间积分被视为英镑的重要补充货币,甚至在英国的许多社区内,它们被视为评价一个公民的信用及邻里忠诚度的重要指标。[①] 英国最具代表性的时间银行有两家:斯通豪斯公平份额(Stonehouse Fair Shares)与莱西格林时间银行(Rushey Green Time Bank)。斯通豪斯公平份额是英国第一家时间银行,成立于1999年。其会员多为老年人,大部分为退休职员,他们在积极鼓励老年人之间进行代际内的社区互助服务的同时,也鼓励不同年龄层的代际社区互助服务。[②] 莱西格林时间银行同样成立于1999年,旨在促进社区内技能和经验的交流。成员每花费一个小时帮助社区中的某个人(比如跑腿、教授画画、帮助打理花园),之后就有权获得一个小时的帮助。[③] 这建立了社区内成员(尤其是老年人)相互支持的网络,让他们更具成就感和归属感。

20世纪末,我国老龄科研中心将"时间银行"的理念和机制引入国内。1998年,上海市虹口区的提篮桥街道最早将时间银行应用于我国互助养老事业的发展。此后,广州、南京、武汉、深圳等地也不断出现了"时间储蓄"项目和时间银行机构。[④] 随着我国人口老龄化的日益加深,时间银行互助养老人力资源开发模式的作用日益凸显。党和国家高度重视,从政策制度层面给予了积极的支持,2012年出台《志愿服务记录办法》、2016年出台《城乡社区服务体系建设规划(2016—2020年)》、2019年出台《国务院办公厅关于推进养老服务发展的意见》等,各政策文件逐步明确加快建立志愿服务记录制度,积极探索时间银行等要求。[⑤] 在积极老龄化政策引导和政府主导下,近年来我国时间银行获得快速发展。截至2020年,我国时间银行已经发展到128家,主要集中分布在东部沿海地区。从组织属性看,时间银行分为政府主导型、社会组织主导型、企业主导型三种类型。目前以政府主

---

① 朱凌燕:《时间银行养老服务模式运作困境及其管理创新研究》(学位论文),华东政法大学,2021年。
② 李明、曹海军:《老龄化背景下国外时间银行的发展及其对我国相助养老的启示》,载《国外社会科学》2019年第1期,第12-19页。
③ Rushey Green Time Bank, https://www.rgtb.org.uk/.
④ 陈功、吴振东:《人口老龄化背景下"时间银行"演变及其对我国经济社会发展的启示》,载《北京工商大学学报(社会科学版)》2021年第2期,第117-126页。
⑤ 陈功、吴振东:《人口老龄化背景下"时间银行"演变及其对我们经济社会发展的启示》,载《北京工商大学学报(社会科学版)》2021年第2期,第117-126页。

导型为主，由政府或街道负责其创建、运营和监管；从参与对象看，主要动员辖区内的低龄老人参与，同时也吸引了一部分大学生、白领及热心社区居民，服务的主要对象是空巢、独居的高龄老人，同时也为辖区内所有有需求的人群提供帮助。① 以时间银行互助养老的老年人力资源开发，其核心逻辑是针对不同人群的时间管理与利用，通过对时间社会属性与价值的开发，使"时间"客体在经济社会发展方面发挥更大作用。② 引导低龄健康老年人积极参加时间银行，科学利用闲暇时间，参与互助养老、社区治理和经济社会发展，③ 既是对老年人力资源最直接有效的开发应用，也将有效缓解我国养老服务的压力。例如，人口老龄化程度较高的广州市越秀区（2022 年人口老龄化程度达 19.62%，高于全国老龄化水平）于 2009 年建立了养老服务储蓄机构，鼓励社区内健康退休老年人对孤寡、精神病、高龄、失独、重病、特困等特殊老年群体提供志愿服务，通过结对帮扶、邻里守望等方式，创新开展积极养老服务，鼓励老年人利用自身知识、经验、技能，在社区开展"交通协管""国学教育大学堂"等志愿服务。该区充分开发应用社区老年人力资源取得了良好的效果。据统计，2017 年，广州市越秀区全区养老服务储蓄志愿者人数 1769 名，储蓄工时 7 万小时，自愿捐赠 2.33 万小时，兑换工时 5.33 万小时，志愿者奉献爱心工时 9.28 万小时。④ 可见，时间银行互助养老的老年人力资源开发模式一方面可以帮助老年人继续发挥他们的才能，获得自我实现感，塑造积极老龄观；另一方面有助于建立"以老助老"的有效人力资源循环机制，减轻家庭和社会养老的压力，营造和谐的养老氛围，推动我国养老友好型社会的建设进程。⑤

---

① 索浩宇、吴振东、陈功：《"时间银行"：应对人口老龄化新模式的"忧"与"思"》，第四届北京大学老龄健康博士生论坛，2019 年。

② 陈功、吴振东：《人口老龄化背景下"时间银行"演变及其对我们经济社会发展的启示》，载《北京工商大学学报（社会科学版）》2021 年第 3 期，第 117 – 126 页。

③ 陈功、吴振东：《人口老龄化背景下"时间银行"演变及其对我们经济社会发展的启示》，载《北京工商大学学报（社会科学版）》2021 年第 3 期，第 117 – 126 页。

④ 田梦玮：《城镇互助养老体系建设中社区老年人力资源开发研究——以武汉市 JL 社区为例》（学位论文），华中师范大学，2019 年，第 47 页。

⑤ 赵林、李雪青、郭君等：《时间银行模式下老龄人力资源的开发研究——以南京养老志愿服务联合会为例》，见中国老年学和老年医学学会《2022·首届中国老龄志愿与公益服务高峰论坛优秀论文集》，第 8 页。

(三)"银龄行动"模式

"银龄行动"起源于 2001 年国家西部大开发战略。2003 年全国老龄工作委员会启动了"银龄行动",即"老年知识分子援助西部大开发行动",参加人员主要是 70 岁以下、身体健康、愿意为西部做贡献的离退休老医生、老教师、老科技工作者和老文艺工作者等老年知识分子。"银龄行动"率先在上海、辽宁、甘肃、青海、新疆五省(区、市)试点,开展了上海对口援助新疆、辽宁对口援助青海,甘肃开展省内援助。2003 年,上海市在全国率先启动了"沪疆银龄行动"。2004 年,"银龄行动"在全国的试点工作扩大到 20 个省;2005 年,增至 24 个省,并先后有 19 个省(区、市)结束试点,进入正式实施阶段。到 2010 年,全国 31 个省(区、市)全部开展了"银龄行动"。"银龄行动"已成为一项重要的常态化老龄工作,亦是一种成效显著的老年人力资源开发实践模式。据老龄工作部门不完全统计,"银龄行动"自开展以来,援助类别涉及 25 个大项,78 个小项,内容涵盖医疗卫生、工业、农业、教育、科技、畜牧、职业教育等,涉及经济社会发展的方方面面;各地老专家们通过传、帮、带、教等方式,为受援地培养了一批"带不走的人才"队伍。自 2003 年启动"银龄行动"到 2016 年,全国参加"银龄行动"的老年志愿者已达 500 万人次,受益群众 3 亿多人次,创造经济价值 80 多亿元。[①]

退休教师群体是我国"银龄行动"的重要参与者,在促进教师队伍建设、城乡教育资源均衡发展中发挥着积极重要的作用。2018 年 1 月,《中共中央 国务院关于全面深化新时代教师队伍建设改革的意见》明确提出:"实施银龄讲学计划,鼓励支持乐于奉献、身体健康的退休优秀教师到乡村和基层学校支教讲学"。[②] 2018 年 7 月,教育部、财政部印发了《银龄讲学计划实施方案》,明确了"中央引导、地方实施,统筹规划、整体安排,因地制宜、注重实效"的原则,从 2018 年起,面向社会公开招募一批年龄在 65 岁以下的优秀退休校长、教研员、特级教师、高级教师等到农村义务教育学校讲学,发挥优秀退休教师引领示范作用,为农村学校提供智力支持,

---

① 马丽萍:《壮心未老 "银龄"有为——"银龄行动"十七年综述》,载《中国社会工作》2019 年第 29 期,第 10 – 13、8 – 9 页。
② 新华社:《中共中央 国务院关于全面深化新时代教师队伍建设改革的意见》,载《人民教育》2018 年第 Z1 期,第 7 – 13 页。

帮助提升农村学校教学水平和育人管理能力，缓解农村学校优秀师资总量不足和结构不合理等矛盾，促进城乡义务教育均衡发展。① 2020 年 2 月，在实施"银龄讲学计划"的基础上，教育部进一步研究制定并印发了《高校银龄教师支援西部计划实施方案》，明确充分利用高校退休教师优质资源，调动高校优秀退休教师继续投身教育事业的积极性，推动西部高等教育振兴发展，进一步从区域、对象、学段上扩大了政策覆盖面。② 2023 年 8 月，教育部等十部门联合印发《国家银龄教师行动计划》，明确经过 3 年左右时间，银龄教师服务各级各类教育的工作体系基本健全，全国银龄教师队伍总量为 12 万人左右，在推动建设教育强国，积极应对人口老龄化，建设全民终身学习的学习型社会、学习型大国中发挥明显作用等一系列政策目标，其中，"银龄教师支持终身教育行动聚焦建强师资队伍，支持各级老年教育机构、社区教育机构、开放教育机构提升发展水平"③ 这一政策表明国家为银龄教师搭建更为广阔的人力资源开发应用平台，促进其在全面助力教育强国建设中发挥更为广泛积极的作用。自 2018 年教育部启动实施中小学银龄讲学计划以来，累计招募两万余名中小学退休教师，近一千名部属高校、部省合建高校等"双一流"建设高校退休教师开展支教支研。④ 而"高校银龄教师支援西部计划"经过 2 年试点实施，有效带动了受援学校在立德树人、人才培养、队伍建设、科研创新等方面质量的整体提升。459 名银龄教师指导和参与了 539 个科研项目，受指导的青年教师共计 746 人，为学校发展建言献策 721 条。⑤

国家老龄委主导的各层级、各领域的"银龄行动"和教育部等十部门联合开展的"教师银龄行动"，是我国老年人力资源开发的成功模式，并从国家层面广泛推广到各省市区域。例如，从 2006 年开始，广东省老龄工作委员会办公室和广东省老科技工作者联合会携手开展"银龄行动"，援助省

---

① 《银龄讲学计划实施方案》，载《云南教育（视界时政版）》2018 年第 8 期，第 34 - 35 页。
② 《教育部关于印发〈高校银龄教师支援西部计划实施方案〉的通知》，https://www.gov.cn/zhengce/zhengceku/2020 - 03/26/content_5495805.htm。
③ 《教育部等十部门联合印发〈国家银龄教师行动计划〉》，http://zjnews.china.com.cn/yuanchuan/2023 - 08 - 30/389251.html。
④ 周世祥：《振兴西部教育 银龄教师"老有所为"》，载《光明日报》2023 年 10 月 17 日，第 14 版。
⑤ 戚务念：《国家银龄教师行动计划的四大社会功效》，载《中国高等教育》2023 年第 18 期，第 28 - 31 页。

内粤东西北等经济欠发达地区；到 2017 年，广东省"银龄行动"直接受益群众近 5 万人，助力受助对象增收节支近 4 亿多元。① 实践证明，"银龄行动"推动我国老年人力资源开发取得了显著的成效。

1. "银龄行动"彰显了老年人力资源开发应用的政治价值

一是促进了人力资源的均衡发展。"银龄行动"有效发挥老年人积累的经验、知识、专业技术等，弥补了经济发展欠发达地区人力资源的不足，并加大了人才培养力度，全面提高了受援地区整体人力资源发展水平和利用效率。二是促进城乡教育均衡化发展。"银龄教师行动"积极发挥退休老教师的"传帮带"作用，有效提升受援地区教师的能力和水平；同时通过数字化教育路径，广泛向各城乡学校共享优质教育资源。三是促进区域经济均衡发展。"银龄行动"项目带动新技术、新资源助力支援地区产业经济的发展，进一步缩小地区间、城乡间的发展差距，促进经济社会的均衡协调发展。

2. "银龄行动"彰显了老年人力资源开发应用的社会价值

一是"银龄行动"实践让老年人充分发挥余热，展示自身才能，彰显了老有所为、老有所乐的人生价值，引导广大老年人树立积极老龄观。二是提升老年人身心健康水平。银龄项目为老年人提供了参与社会活动、发挥作用的平台与机会，满足了老年人的归属感和自我价值的实现，有利于老年人身心健康发展。三是传承和弘扬中华优秀传统文化，促进社会包容和代际融合。银龄项目在老年人与年轻人间的"传帮带"中，既实现了对中华优秀传统文化的传承和发扬，又增强了老年人与年轻人之间的沟通与交流，增进了社会对老年人的了解与认同，进而有助于构建积极老龄化的良好社会氛围。

3. "银龄行动"彰显了老年人力资源开发应用的经济价值

一是缓解了老龄化带来的劳动力短缺的压力，尤其是缓解了西部地区及经济欠发达地区高端人才紧缺的压力。二是充分利用老年人的宝贵经验和技能，促进了人力资源的合理配置和有效利用。三是为经济社会发展创造新价值、注入新活力。鼓励更多老年人继续参与经济生产活动，不仅能提升老年人的收入水平，增强其消费能力，还有助于进一步激发银发经济市场活力，

---

① 叶青：《"银龄行动"注入"老有所为"新内涵 11 年来，服务受益群众近 5 万人》，载《大社会》2015 年第 8 期，第 26-28 页。

为经济社会发展注入新的动能。

（四）老年人才中心模式

老年人才中心（银色人才库）是指专门为老年人群提供就业服务、职业培训、信息咨询以及相关社会活动的机构，是我国老年人力资源开发的重要模式之一。1996年经中央机构编制委员会办公室批准设立中国老龄协会老年人才信息中心，是隶属于中国老龄协会（原全国老龄工作委员会办公室）的事业单位，负责为老龄事业发展提供信息服务、老年人才网建设、人才招聘及信息提供等相关工作。这是我国老年人才中心最为典型的代表。2022年8月24日，中国老年人才网正式上线，标志着中国老年人才信息服务平台启动建设，平台专注于拓展老年人再就业的机会，构建专属的交流与合作渠道，加快老年人才的集聚，建设老龄人才智库，推进老龄人力资源的有效开发，[1]服务于经济社会的高质量发展。

随着计算机和互联网技术的普及应用，全国各地陆续建立了线上老年人才库和就业信息平台，极大促进了老年人力资源开发应用。据不完全统计，全国目前已有500多家银色人才服务机构，遍布各大中城市。一些较发达地区还成立了专门的老龄事业促进中心或老年人力资源服务中心。

例如，2004年12月24日，福建省银色人才库在福州正式开通，该银色人才库是福建省退休干部管理服务中心对全省70岁以下退休专业技术人员的数量、年龄结构、专业特长、兴趣爱好以及再就业意向等情况进行摸底调查的基础上建立起来的，目的是储备和开发退休人员中各类中高级技术人才，通过福建人事人才信息网、中国海峡人才网为用人单位和退休的专业人员搭建起供求沟通平台。成立初期，6790多名中高级职称的退休专业技术人才成为银色人才库的首批成员。通过不断充实和完善福建银色人才库储备力量，在一定程度上解决了专业技术岗位人员不足的困难，提高了科技实力，促进了社会经济的发展，同时更好地帮助老年人实现老有所为，老有所乐。[2]

南京市老年人力资源开发协会成立于2001年，由南京市民政局主管，是一个由离退休干部、教育和医务工作者等自愿组成的地方性、专业性社会

---

[1] 张天一：《为银发族再就业创造更好条件》，载《中国家庭报》2022年9月5日，第2版。
[2] 《福建开通银色人才发挥老年余热》，http://news.sohu.com/20041224/n223636223.shtml。

团体。协会下设五个中心,分别为中西医结合保健中心、职业(教育)培训中心、老年人才交流中心、老年法律援助中心和老年服务中心。其主要工作业务涵盖老年人才资源开发和研究,老年专家顾问和咨询,承接企事业单位经济发展规划、工程项目论证、科技攻关、社会问题调查等需求,为企事业单位讲学、提供指导、组织老年人才培训与交流、举办老年保健俱乐部、创办老年大学,为新产品、新技术的开发和转让提供服务等方面,充分开发利用离退休干部和科技人员等人力资源。[1]

徐州老年人才资源开发服务中心于2019年4月16日正式挂牌成立。该中心是依托徐州市老年协会搭建的公益性平台,除了介绍供需双方(老年人与用人单位)互相了解,中心还提供老年人专用合同,合同条款翔实细致,工作内容、休息休假、合同解除、人身伤害、违约赔偿等内容一应俱全,从根本上解除了老年人才二次就业的顾虑,以及用工企业招人的担忧,切实为"夕阳就业"保驾护航,有效促进了老年人力资源开发。[2]

我国各级各类老年人才中心主要从以下方面着手推进老年人力资源开发应用:一是为老年人提供各类信息服务,包括政策解读、市场动态、行业资讯等。二是搭建老年人与就业市场的桥梁,通过收集老年人有关专业技术、能力、需求和市场各类行业企业用工岗位需求信息等,定期发布老年人求职信息和企业招聘信息,为老年人就业提供信息渠道和服务的平台,拓宽老年人就业市场。三是开展老年人就业培训与咨询服务,通过市场调研,针对市场用工和老年人需求的现状,为老年人提供技能培训,帮助他们提升技能,增强就业竞争力,促使老年人重新进入职场或转换职业领域。四是为老年人再就业提供一定的激励与保障,对老年人就业合同签订、薪资待遇等方面进行监管,并给予相应的支持和激励,如提供技能培训、社保补贴等。

(五)老年人创业扶持模式

老年人创业是基于老年人自身知识技术、经验、资源、经济等积累,而以各种形式自主创业的老年人力资源开发形式,是我国老年人力资源开发的又一有效实践模式。1995年,鲍卡斯和休曼(Baucus & Human,1995)提

---

[1] 《南京老年人才资源开发协会》,http://www.jinqiu99.com/index.asp。
[2] 《为"夕阳就业"保驾护航:徐州老年人才资源开发服务中心成立》,https://www.163.com/dy/article/ECTAB8RF05149RPN.html。

出了老年创业，并认为老年创业者是自愿或非自愿退休人员。① 部分学者根据退休限定老年创业者的范围，② 而部分学者则以年龄为限定义老年创业者是 50 岁以上创业的人。③ 考托宁指出，与年轻人相比，老年人拥有更多的市场经验、社会资源和经济基础，④ 老年创业能带来资本价值和自我重塑。老年人创业大体上可分为合伙或自营创业⑤、机会型创业或生存型创业⑥、首次创业或再次创业⑦等类型，并认为老年创业是职业生涯中的第二职业⑧。而我国 2017 颁布的《"十三五"国家老龄事业发展和养老体系建设规划》则明确"支持老年人才自主创业，帮助有意愿且身体状况允许的贫困老年人

---

① David A. Baucus, Sherrie E. Human, "Second-career entrepreneurs: a multiple case study analysis of entrepreneurial processes and antecedent variables", *Entrepreneurship Theory and Practice*, 1995, 19 (2), pp. 41 – 71.

② R. Blackburn, R., M. Hart, M. O'reilly, Entrepreneurship in the Third Age: New dawn or misplaced expectations? University of Aberdeen. 23rd ISBA National Small Firms Policy and Research Conference. University of Aberdeen, 2000: 1 – 17; Fabienne Bornard, Cécile Fonrouge, "Handicap à la nouveauté et seniors", *Revue Francaise de Gestion*, 2012, 8 (227) 111 – 125; Adnane Maâlaoui, Gilles Bouchard, Imen Safraou, "Les seniorpreneurs: motivations, profils, accompagnement", *Entreprendre & Innover*, 2014, 20 (1) 50 – 61.

③ Anne de Bruin and Patrick Firkin. Self-Employment of the Older Worker. Labour Market Dynamics Research Programme Working Paper No. 4, 2001; Fabienne Bornard and Emmanuel Abord de Chatillon. Il est toujours temps d'entreprendre: analyse de la base de données des chambres de commerce et d'industries 3 (22): comportant 7298 porteurs de projets en 2014. RIMHE: Revue Interdisciplinaire Management, Homme (s) & Entreprise, 2016, 3 (22): 44 – 66.

④ Teemu Kautonen, *Senior Entrepreneurship*, https://www.oecd – ilibrary.org/docserver/39915b50 – en.pdf? expires = 1729364708&id = id&accname = guest&checksum = 0E376781286EEC51B07B205FB0679AE8.

⑤ Malcolm Small, *Understanding the Older Entrepreneur*, https://www.alanbradshaw.uk/uploads/2/7/0/6/2706840/understanding_the_older_entrepreneur.pdf.

⑥ Adnane Maâlaoui, Imen Safraou, Gilles Bouchard, "Les seniorpreneurs: motivations, profils, accompagnement", *Entreprendre & Innover*, 2014, 20 (1), pp. 50 – 61.

⑦ Mathias Rossi. Léntrepreneur senior: caractéristiques, perceptions de léntrepreneuriat et motivation entrepreneuriale chez les plus de 55 ans en Suisse, Entreprendre et Innover dans une économie Durable de la Connaissance, 2009.

⑧ 周冬梅、陈雪琳、杨俊等：《创业研究回顾与展望》，载《管理世界》2020 年第 1 期，第 206 – 225、243 页; Fabienne Bornard, Emmanuel Abord de Chatillon, "Il est toujours temps d'entreprendre: analyse de la base de données des chambres de commerce et d'industries comportant 7298 porteurs de projets en 2014", *RIMHE: Revue Interdisciplinaire Management, Homme (s) & Entreprise*, 2016, 3 (22), pp. 44 – 66.

和其他老年人接受岗位技能培训或农业实用技术培训，通过劳动脱贫或致富"①。这为老年人创业提供了政策引领和创业支持。2018 年，辽宁省政府发布了《辽宁省人口发展规划（2016—2030 年)》，明确"充分发挥老年人参与经济社会活动的主观能动性和积极作用。大力发展老年教育培训，支持老年人才自主创业，鼓励专业技术领域人才延长工作年限"②。这是全国首个提出"支持老年人创业"的省份。

在积极老龄化背景下，老年人以多种形式参与创业，成为一种高经济价值的老年人力资源开发实践。农村老年人通过学习电商技术，应用淘宝、抖音等直播平台和微信等社交平台进行农产品销售，实现自主创业，成效突出。例如，陕西省旬阳县秦巴大山里就曾有 600 多位贫困老人通过直播平台售卖土特产，其销售额一度突破 2000 万元，一方面解决了自身经济困难的问题，另一方面积极促进了乡村振兴。③

其他老年人力资源开发的形式还有高校、医院、科研机构等专业技术人员退休返聘，老年人才参与专项发明创造、科技攻关等，这些亦是推动积极老龄化的重要实践探索。

二、老年人力资源开发的成功案例

随着我国人口老龄化问题日益严峻，老年人力资源开发得到了高度重视，从国家到地方，从单位到个人，老年人累积的知识、技术技能、经验等宝贵财富正转化为巨大的经济动能，为中国式现代化发展添砖加瓦，涌现了各类型老年人力资源开发的成功案例。

（一）"银发知播"案例

"银发知播"为新时代老年人力资源开发创造了新的实践样本。百度百科显示：2022 年"感动中国"年度人物"银发知播"群体是由欧阳自远、

---

① 武雪莹、易加斌：《老年人创新创业：跳出老龄化社会的"阻挡效应"》，载《岭南师范学院学报》2019 年第 2 期，第 102－107 页。
② 《辽宁省人民政府关于印发辽宁省人口发展规划（2016—2030 年）的通知》（辽政发〔2018〕20 号），https://www.waizi.org.cn/policy/70415.html。
③ 孔凡飞、曹玉杰：《农村老年人力资源开发助力乡村振兴的思考——基于社会工作的视角》，载《绥化学院学报》2021 年第 12 期，第 50－52 页。

汪品先、王广杰、唐守平、舒德干、戴建业等人组成的群体。"银发知播"主要由退休的院士、大学教授、中小学教师等共13人组成，他们的平均年龄为77岁，他们在各自的领域内通过短视频和直播等形式传播科学和人文知识。87岁的中国科学院院士、同济大学海洋与地球科学学院教授汪品先，是首位在短视频平台开设主体账号的院士，他在视频里用时新的话语方式，讲解中国探索海洋的故事；73岁的同济大学退休教授吴於人打出"不刷题"的旗号，在直播间里科普物理常识、演示趣味物理实验；古代文学专业教授戴建业通过短视频讲授古诗词，幽默风趣的风格吸引了770多万粉丝[①]……随着信息技术的迅猛发展，老年人与互联网之间的"数字鸿沟"问题成为人们日益关心的数字时代话题，但这个群体在汹涌的数字浪潮中主动拥抱新技术，不仅成为互联网的使用者，还利用互联网成为内容创造者，他们的出现为高质量网络知识传播注入了积极的能量。

在信息技术日益迭代更新的数字化时代，"银发知播"通过网络平台分享专业知识和生活智慧、经验和专长，在知识传承方面发挥着重要的作用，也为老年人力资源开发提供了新的实践样本，具有重要的意义。

一是推广了积极老龄观："银发知播"生动展现了老年人积极向上的生活态度和持续学习的能力，一方面有助于改变社会对老年人的传统观念，认可老年人力资源的价值和潜力；另一方面也为广大老年人提供了学习榜样，增强了老年人积极参与社会活动的信心。

二是提供了利用现代信息技术手段开发老年人力资源的路径。"银发知播"利用互联网和新媒体技术传播知识，打破了传统教育的时空限制，这表明可以充分应用现代技术，创新教育和培训方式，提高老年人力资源开发效能。

三是开发适老化岗位。"银发知播"表明，老年人有能力适应并利用新技术，从事与其经验和能力相匹配的工作。未来人力资源开发中可开发更多适合老年人的岗位，为老年人提供更多的工作机会。

四是贯彻终身学习理念。"银发知播"不断学习和掌握新技能，表明终身学习对老年人终身而全面的发展及老年人力资源开发有着重要作用，需着力推动老年人群确立终身学习理念，积极实践终身学习。

---

① 凌翰：《"银发知播"何以"感动中国"》，载《光明日报》2023年4月15日。

（二）海南省"候鸟人才"开发案例

海南"候鸟人才"项目主要是针对低龄健康老年人的人力资源开发项目，该项目主要基于两方面因素：一是随着老年人口流动化趋势和养老模式日益多元化，海南省因其独特的地理气候条件吸引了大量"候鸟老人"前来过冬或长期居住。这些"候鸟老人"中不乏具有丰富经验、专业知识或专门技能的退休人士，形成了独特的人力资源宝库。二是海南省建设自由贸易港过程中面临劳动力短缺和高级专业人才不足的问题，亟须引进和创新人才。"候鸟老人"中不乏专家学者、企业家、艺术家、医生、领导干部等各行各业的精英人才，为海南"候鸟人才"项目提供了良好的基础。据统计，"候鸟人才"大多为60岁以上的老年人，如陵水清水湾候鸟人才工作站登记的369名"候鸟人才"平均年龄在60岁以上；"新琼海人"候鸟人才工作站登记的446名"候鸟人才"中，60岁以上的比例为77.4%。[①]

海南省政府为"候鸟人才"的开发与利用提供了多方面的政策支持。2012年，海口市印发《关于柔性引进候鸟型高层次人才的意见》，提出引进"候鸟"高层次人才的具体举措。2014年，海南省委通过了《海南省柔性引进人才暂行办法》，明确"候鸟人才"的引进范畴，采取多种形式鼓励旅居海南的"候鸟人才"为当地发展服务。2017年，海南省出台了《关于充分发挥"候鸟型"人才作用的意见》，明确提出"候鸟人才"在科技项目立项、科研成果转化、人才项目申报等方面享受省内同类人才相关待遇和政策支持。2018年5月，海南省发布《百万人才进海南行动计划（2018—2025年）》，明确提出鼓励各级各类用人单位设立"候鸟"工作站。候鸟人才工作站思路的明确提出及其标准化建设，标志着候鸟人才工作站模式的基本形成。2019年4月，中共海南省委人才发展局颁布《海南省候鸟人才工作站管理实施办法（试行）》，明确规定了候鸟人才工作站的基本职能：一是积极宣传"候鸟人才"政策，配合办理相关业务；二是摸清区域内"候鸟人才"底数，搭建"候鸟人才"与用人单位合作交流平台，促进供需对接；三是定期开展各类文体共建、学术交流、科普讲座等，通过以上职能来规范

[①] 陈恩、张小雪：《老年人力资源开发的模式探索——以海南候鸟人才工作站为中心的分析》，载《新东方》2021年第2期，第12–17页。

和促进"候鸟人才"工作的开展。①

"候鸟人才"项目实施以来,在老年人力资源开发方面取得了显著成效,在人才匮乏地区,"候鸟人才"的应用效果尤为显著。首先,多个行业领域的工作站,特别是在新能源、南繁育种、热带农业、医疗健康等领域,有效促进了人才与产业的对接。其次,精准对接部分缓解了海南在高级专业人才方面的短缺问题,提高了人才的有效使用率。再次,形成了以海口、三亚为中心,辐射全岛的人才服务网络,提升了人才资源的整合与利用效率。最后,通过候鸟人才工作站的运营,海南还在探索建立全省"候鸟人才"一体化、标准化、网络化服务机制方面取得了进展,为自贸港的建设提供了人才支撑。

(三) 湘潭市"银发人才耀莲城"案例

湖南省湘潭市拥有丰富的科教资源和坚实的工业基础,包括离退休干部党组织450个,涉老协会组织10余个,离退休干部党员2.2万余人,具有专技专长的银发人才5312人。2023年,湘潭市开展"银发人才耀莲城"银发人才开发项目,该项目是湘潭市委积极响应党的二十大报告提出的"把各方面优秀人才集聚到党和人民事业中来"的要求,高度重视银发人才的开发和利用,将银发人才开发纳入"聚才湘潭·价值莲城"人才强市战略,通过实施银发人才引进计划,支持银发人才开展创新创业、科技服务和科技成果转化,激活和利用银发人才资源,为社会发展贡献智慧和力量的重要举措。

该项目实施助力产业创新、乡村振兴、红色传承、文明创建、健康湘潭、引资引智等"六大工程"。项目开展以来,吸纳了1039名退休干部进入银发人才库,并选取党建基础好、作用发挥较显著的社区(村)、机关、高校、企业,筹建银发人才工作站(室),首批在湘潭大学、湖南科技大学、湘钢集团等布点授牌20个。② 该项目实施以来,银发人才在多个领域取得了显著成效。

---

① 陈恩、张小雪:《老年人力资源开发的模式探索——以海南候鸟人才工作站为中心的分析》,载《新东方》2021年第2期,第12-17页。
② 符瑶:《我市首批20家银发人才工作站授牌 刘志仁勉励全市银发人才坚守初心、服务发展、为民造福、甘为人梯》,载《湘潭日报》2023年6月1日,第1版。

一是为产业创新添动力。华菱线缆银发专家张公卓主持参与航空航天用超高温电缆、海洋工作 ROV 机器人用脐带电缆等近 10 项具有行业领先水平产品研发,解决许多关键技术难题。湘乡经济开发区银发人才工作站组织"银发"小分队进企业,为 39 家中小微企业提供精准服务。老专家朱大可创建的湖南科通电气设备制造有限公司,成为国家高新技术企业、湖南省"小巨人"计划企业,提供就业岗位 116 个,年产值达 800 万元,每年创税 60 多万元。

二是为乡村振兴提速度。吴买生专家工作站致力于沙子岭猪种资源选育、保护、研究,沙子岭猪被列入国家畜禽遗传资源品种名录,沙子岭猪保种场被列为国家级畜禽遗传资源保种场。市农业农村银发人才工作站与雨湖区金马村签订结对赋能合约,引进湖南旺谐食品有限公司,解决了 76 位村民的就业问题。湘潭县冯砺成老专家团队探索寸三莲品种的保护和选育、湘莲加工设备的创新研发,助力花石镇成为全国最大的湘莲交易物流中心和湘莲出口基地,年销售额超 25 亿元。湘潭县老艺人银发人才工作站将青山唢呐、石鼓油纸(布)伞等传承发展,将非遗文化转化为当地名优特产,带动地方经济发展,促进农民就业。

三是为健康湘潭增效能。市老年保健协会积极开展健康知识讲座,在 5 个乡镇卫生院建立银发人才工作站,每年培训老年保健骨干 500 余人次。"任氏防治脑中风综合疗法"专长绝技创始人任开益带领一批名老中医创立金侨医院,成为全国"治未病"预防保健服务试点单位。湘潭市中心医院、湘潭县中医医院、湘乡市人民医院银发医卫专家下基层开展会诊惠民活动 200 余场次,为 6000 余名群众的健康、为文化传承注入活力。

四是为文明实践育新风。市中级人民法院原院长符国保成立湘潭市民商法学会,为企业、群众提供维权和法律咨询等服务。市城管局银发人才协助唐兴寺社区集中整治 52 个单元直排式垃圾通道,助力文明城市创建。湘潭县凤凰山庄银发人才引导志愿者开展社区自治,让"三无"小区蝶变为文明小区。

五是为引资引智做贡献。市关工委赴惠州、东莞、深圳等地募资引才,募集爱心资金 300 余万元,通过开展结对帮扶、爱心助学等活动,积极引导本地高校学子留潭、外地学子返乡。湘潭县银发人才刘娟秀退休后,引进资金成立湘潭市外贸公司,解决了125人的就业问题,创汇3000多万美元。[①]

湘潭市银发人才开发极大地发挥了老年人才的优势,通过银发人才的创新创业行动和科技服务,为湘潭市的产业创新、乡村振兴、文明创建等提供人才和技术支持,推动经济社会的高质量发展;银发人才在医疗、教育、法律等领域的专业知识为社会提供了高质量服务;银发人才的参与和贡献激发了社会活力,促进了社会和谐,增强了社区的凝聚力;银发人才作为青年人才的导师和榜样,通过传授经验,培养了新一代人才,形成了人才发展的良性循环。

(四)"新沪商'人之老'"老年志愿者案例

该项目由上海新沪商联合会的一批民营企业家在2009年11月发起,他们关注到社区孤寡或空巢老年群体居家养老的孤独境遇,以"老吾老,以及人之老"的敬老爱老之心,设立专项资金,主导发起"新沪商'人之老'"老年义工慈善项目。项目主要招募65岁以下的"年轻"老年志愿者,常年结对服务本小区70岁以上的居家孤寡、空巢老人,采取"小老"帮"老老"的老年互助模式和"近邻相互关照"的邻里守望模式开展服务,主要包含精神慰藉和急难相助两大项内容。精神慰藉内容有:日常探望与交流、户外活动、集体娱乐、心理疏导及支持,帮助老人缓解孤独感;急难相助内容有:协助老人采购和使用日常生活用品、提供家政服务与支持,确保他们的生活便利,保障了他们的尊严,并在紧急情况下及时提供帮助。项目实施10年来,形成了常态、实现了长效,建立了一整套集志愿组织自治、基础管理、服务激励等于一体的运行体系。截至2019年9月,该项目已在上海市6个街镇的74个居民小区设立了63个助老义工站,共招募845名志愿者,与4750位空巢老人结成关爱服务对子,累计提供了101.7万小时的各种形式的非正式照料服务;助老项目成为街道为老服务、非正式照护服务的重要组成部分,让1100余名居家孤寡、空巢老人获益,获得社区居民广泛赞誉和好评。项目先后荣获"上海市优秀志愿服务项目""上海市优秀志愿服务品牌""上海市群众最喜爱的社区志愿服务项目""上海市志愿服务先

---

① 吴桂林、聂舟:《最美夕阳红丨银发人才耀莲城 湘潭千名老同志开创人生职业"第二个春天"》,https://baijiahao.baidu.com/s?id=1780890977526190028&wfr=spider&for=pc。

进集体",以及全国"敬老文明号"等光荣称号。①

"新沪商'人之老'"老年人志愿者项目由民营企业发起,并给予资金支助,对于拓展老年人力资源开发路径有着重要意义。一是民营资本参与为老年人力资源开发提供了更多元化的投资渠道,有助于缓解政府在养老和老年人力资源开发方面的财政压力。二是激发市场活力,创新养老服务模式。民营资本的参与能够激发养老服务市场的活力,民营企业通常更加灵活和创新,能够根据市场需求开发新的养老服务和产品,满足老年人多样化需求,推动养老服务行业的创新和发展。三是推动社会资本的有效利用,民营资本参与老年人力资源开发有助于更有效地利用社会资本,通过公私合作模式(PPP)等方式,实现资源的优化配置和社会福利的最大化。四是增强老年人的社会参与,提高老年人的自我价值感。民营资本通过开发适合老年人的就业、教育、娱乐等项目,提升老年人的社会参与度,提高他们的生活质量和社会地位;民营资本支持可以丰富老年人各种活动和项目,老年人能获得更多有效的社会参与路径,进而促进其实现其自我价值,并提高社会认同感。

---

① 《新沪商"人之老"社区助老志愿队深入参与上海文明城市共建》,https://sh.sina.cn/news/2021-06-21/detail-ikqcfnca2278286.d.html。

第四章　中国式老年人力资源开发的政策依据

本章基于中国式老年人力资源开发政策法规现状，探讨中国式老年人力资源开发的政策依据。本章的基本框架为：一是从国家层面，围绕国家立法、老龄工作政策、终身教育（老年教育）政策等维度探讨中国式老年人力资源开发的宏观政策依据；二是从地方政府层面，回顾和总结各地方政府在老年人权益保障立法、就业促进立法、终身教育立法等方面的创新探索成效，探讨地方政策创新探索中需要高度关注的问题；三是从法规和政策演进层面，探讨迄今中国式老年人力资源开发政策逐步发展和完善过程中的主要成就与亟须解决的问题，提出新时代中国式老年人力资源开发政策科学化、体系化和法制化的发展方向。

第一节　国家宏观政策支持

一、国家立法

依据积极老龄化政策框架，老年人的社会参与不仅是法律规定的一项基本权利，也是实现老年人终身而全面发展的重要基础。通过立法刚性保障老年人的社会参与权利，不仅是积极应对人口老龄化问题的哲学基础，也是开发老年人力资源的逻辑起点。

改革开放以来，党和国家高度重视老龄工作和老龄事业。我国已基本形成了以《中华人民共和国宪法》为统领，以《中华人民共和国老年人权益保障法》为主导，以《中华人民共和国民法典》《中华人民共和国劳动法》《中华人民共和国教育法》《中华人民共和国社会保险法》等为支撑，包括行政法规、地方性法规、部门规章在内的老年人权益保障法律法规体系。①1982年，我国颁布《中华人民共和国宪法》（简称《宪法》），并根据与我国经济社会发展相适应的原则，分别于1988年、1993年、1999年、2004年、2018年对这一根本法进行修正。该法第2条"中华人民共和国的一切权力属于人民。……人民依照法律规定，通过各种途径和形式，管理国家事务，管理经济和文化事业，管理社会事务"及第42条"劳动是一切有劳动能力的公民的光荣职责"，则从立法高度规定了包含老年人在内的全体人民的劳动权利，及以各种形式参与经济、政治、文化、社会事务的权利；此外，《宪法》第14、33条相关规定如"国家建立健全同经济发展水平相适应的社会保障制度""国家尊重和保障人权"等，不仅为老年人权益提供了法律保障，亦为我国老年人力资源开发提供了根本性的政策依据。

1996年8月，我国颁布《中华人民共和国老年人权益保障法》，这是我国迄今为止仅有的一部老年人专门立法。此后，该法分别于2009年、2012年、2015年、2018年进行四次修正，逐步完善了老年人权益保障等相关内容。该法1996年第一次强调"健全对老年人的社会保障制度，逐步改善保障老年人生活、健康以及参与社会发展的条件，实现老有所养、老有所医、老有所为、老有所学、老有所乐"的目标；第69条则从八个方面明确"老年人要参与社会发展"，即以法律赋权的形式确定了老年人社会参与的权利，初步明确老年人的社会参与范畴；该法还提出要"发展老年教育"，进一步强调"老年人有继续受教育的权利。……把老年教育纳入终身教育体系"②。该法明确保障了老年人的受教育权利和社会参与权利，为促进老年人终身而全面发展与经济社会发展相融合提供了立法保障，也为我国老年人力资源开发提供了明确的法律依据。

随着经济社会的发展，我国法律体系日益完善，从不同维度为老年人的权益提供了相应的保障，为老年人力资源开发提供了法律支撑。北大法宝检索结果显示，我国老年人权益保障相关法律文件较多，包括2部法律（《宪法》《中华人民共和国老年人权益保障法》）、6部行政法规、2部司法解释、

---

① 牟方志：《十八大以来中国共产党应对人口老龄化的理论与实践研究》（学位论文），西南交通大学2022年，第124页。
② 《中华人民共和国老年人权益保障法》，载《中华人民共和国最高人民检察院公报》2014年第3期，第1-8页。

116 篇部门规章、3 篇党内法规、1975 篇地方性法规。① 例如,《中华人民共和国劳动合同法》对与老年劳动者相关的劳动合同解除、养老保险待遇等权益做了相关性规定;《中华人民共和国教育法》(2021 年修正)第 42 条"国家鼓励学校及其他教育机构、社会组织采取措施,为公民接受终身教育创造条件",对老年人享有继续教育权利作了间接规定;此外,《中华人民共和国社会保险法》《志愿服务条例》《社会团体登记管理条例》的相关规定与老年人再就业保障具有一定相关性,② 为老年人力资源开发提供了相关法律依据。

二、老龄工作政策

老龄工作通常指围绕老年人和人口老龄化所开展的各种工作的总称。老龄工作有广义和狭义之分。广义的老龄工作指各级机关政府、社会和企业等各领域的涉老单位围绕老年人和人口老龄化所开展的各种活动。广义的老龄工作包含两个层面的含义:第一层面是解决人口老龄化带来的结构性问题,即发展方面的问题;第二层面是解决老年人问题,包括老年人的养老、医疗、社会服务及其他相关问题,属于人道主义问题。狭义的老龄工作专指国家老龄委及其办公室围绕老年人和人口老龄化所开展的活动。③ 党和政府高度关注老龄工作,多年来出台了多项老龄工作政策制度,形成了积极老龄化政策制度体系,是我国老年人力资源开发重要的政策依据和指导。

(一)我国老龄工作发展完善阶段的政策制度(1954—1999 年)

我国早期的老龄工作主要是老干部工作。1954 年,中共中央成立了老干部办公室,1955 年制定了《关于国家机关工作人员退休处理暂行办法》。1958 年 2 月,国务院颁布实施了《关于工人、职员退休处理的暂行规定》,

---

① 田相茹:《中日老年人经济参与立法比较研究》(学位论文),兰州大学 2021 年,第 20 页。
② 汪地彻:《〈中华人民共和国老年人权益保障法〉配套立法要略》,载《社会福利(理论版)》2022 年第 1 期,第 37–46 页。
③ 老龄工作:《中国大百科全书第三版网络版》,https://www.zgbk.com/ecph/words?SiteID=1&ID=486965&Type=bkzyb&SubID=216731。

明确了工人身份、退休年龄等相关规定。① 这一规定的实施标志着我国在城市地区普遍实行了退休制度。但从那个年代起，我国老龄工作便出现了城镇与农村的分化，而且这种差距在后期不减反增。② 1978 年党的十一届三中全会以后，随着国家将重点转向以经济建设为中心，为适应改革开放的发展需求，党中央将老干部工作提到党和国家全局的高度，新老干部交替受到高度重视，研究并提出废除领导干部职务终身制，着手建立干部离退休制度。为了做好老干部工作，1978 年，中央组织部成立了老干部管理局，同时发文要求各省区市，中央、国家机关各部委，大专院校，各大中型企业，都要建立专门的部门并有专人负责老干部工作。1980 年 2 月，党的十一届五中全会讨论《中国共产党章程》修改草案，明确提出废止领导职务终身制；同年 10 月，国务院颁布《国务院关于老干部离职休养的暂行规定》，标志着我国退休制度正式启动。该规定明确"要关心离休干部的政治、文化生活""注意发挥离休干部的作用"等，③ 初步体现了"老干部是党和国家宝贵财富"这一思想意蕴。1982 年，党中央和国务院就老干部退休制度做了进一步研究和完善。同年 12 月，全国人大常委会第五次会议通过的《中华人民共和国宪法》第 44 条规定："国家依照法律规定实行企业事业组织的职工和国家机关工作人员的退休制度。退休人员的生活受到国家和社会的保障。"④ 我国从立法高度确定了干部离退休制度，并明确了退休人员在退休后的相关保障。此后，老干部工作逐渐形成并得到迅速发展。

1982 年，经国务院批准，我国成立老龄问题世界大会中国委员会，同年参加联合国在维也纳召开的第一届老龄问题世界大会，会议主要讨论了世界人口老龄化趋势、导致老龄化的决定性因素及人口老龄化对社会经济发展的影响等问题；我国研判并预测未来老龄化的发展趋势，明确人口老龄化将对我国经济社会发展带来重大的影响，要高度重视老龄工作。自此，我国老龄工作的面向对象由特定的老干部群体发展为面向包括各级各类老年人在内

---

① 《国务院关于工人、职员退休处理的暂行规定》，载《安徽政报》1958 年第 2 期，第 15 - 17 页。
② 陆杰华、汤澄：《公平视域下的中国老龄政策体系探究》，载《中国特色社会主义研究》2015 年第 1 期，第 76 - 82 页。
③ 《国务院关于老干部离职休养的暂行规定》，载《中华人民共和国国务院公报》1980 年第 15 期，第 451 - 453 页。
④ 《中华人民共和国宪法》，载《中华人民共和国国务院公报》1982 年第 20 期，第 851 - 874 页。

的全体老年群体。1983年,国务院正式批准成立了中国老龄问题全国委员会,随后全国各地相应建立了老龄工作机构,系统地开展老龄工作。同年,国务院批准了《关于我国老龄工作中几个问题的请示》,指出"老龄问题是涉及我国经济、社会发展和人口规划的一个战略性问题,也是新问题""以保障老年人的各种权利、社会福利和参与社会发展,做到老有所养、健康长寿、老有所为,余热发挥"。[1] 我国首次明确老龄事业是我国社会主义事业的重要组成部分,并开始探索积极如何有效应对人口老龄化社会问题。1984年,全国首届老龄工作会议召开,首次提出"五个老有",即"老有所养、老有所医、老有所为,老有所学、老有所乐",将其确立为中国老龄工作的核心目标,[2] 这也是我国党和国家政策文件中首次提出"老有所为"。1986年中央组织部、劳动人事部等部门发布《关于发挥离休退休专业技术人员作用的暂行规定》,明确"支持和帮助离休、退休专业技术人员继续发挥作用""对离休、退休专业技术人员继续发挥作用,要提供条件和方便"等规定。[3] 1987年,党的十三大明确提出"要注意人口迅速老龄化的趋向,及时采取正确的对策"[4]。1990年中央组织部发布《关于进一步加强老干部工作的通知》等文件,明确"老干部是党和国家的宝贵财富,有组织有领导地发挥老干部的作用"[5]。这充分体现了党和国家尊重和积极利用老年人才资源的战略思想。1992年,党的十四大提出要重视研究人口老龄化问题,认真做好这方面的工作。1994年,民政部、国家教委、老龄委等8个部门印发《中国老龄工作七年发展纲要(1994—2000年)》,提出了初步建立具有中国特色的老龄工作体系等基本任务,并具体明确要"实现老有所学,保障老年人受教育的权利,不断提高老年人的素质","实现老有所为,发挥老年人作用。鼓励、支持低龄和健康老人在自愿且量力而行的前提下,参与社会发展,推动社会精神文明和物质文明建设。到2000年,城镇的低龄、健

---

[1] 《国务院办公厅转发中国老龄问题全国委员会关于我国老龄工作中几个问题的请示的通知》,载《中华人民共和国国务院公报》1983年第10期。

[2] 杜鹏、王菲:《"老有所为"在中国的发展:政策变迁和框架构建》,载《人口与发展》2011年第6期,第34-38页。

[3] 《关于发挥离休退休专业技术人员作用的暂行规定》,https://law.esnai.com/mview/3750。

[4] 赵紫阳:《在中国共产党第十三次全国代表大会上的报告》,载《求实》1988年第52期,第1-8页。

[5] 中共中央组织部:《关于进一步加强老干部工作的通知(中组发〔1990〕5号)》,44433687e21af45a93b.html?_wkts_=1735184158586&bdQuery=1990年+关于进一步加强老干部工作的通知。

康老年人参与老有所为的人数由目前的35%提高到50%以上"等目标任务,①为我国老年人力资源开发提供了清晰的政策指引及任务要求,并将城镇低龄健康老年人确定为老年人力资源开发的重点对象。1995年,国务院批准将中国老龄问题全国委员会更名为中国老龄协会,系国务院副部级事业单位,由民政部代管,是国家专司老龄事业的部门。1999年10月,党中央国务院决定成立主管全国老龄工作的议事协调机构——全国老龄工作委员会,加大了推动我国老龄工作开展的力度。

(二) 我国老龄工作全面发展新阶段的政策制度 (2000年至今)

2000年,我国正式进入老龄化社会。2000年8月,中共中央、国务院颁布的《关于加强老龄工作的决定》明确指出"老龄问题涉及政治、经济、文化和社会生活等诸多领域,是关系国计民生和国家长治久安的重大社会问题",②老年人的合法权益受到重视。2001年,国务院制定《中国老龄事业发展"十五"计划纲要(2001—2005)》,确定要"把老龄事业推向全面发展的新阶段"的总目标,并在"精神文化生活"章节明确"充分发挥老年人在社会生活中的积极作用"的任务。③2006年我国出台《中华人民共和国国民经济和社会发展第十一个五年规划纲要》,首次提出"积极应对人口老龄化"的概念。④2010年10月,党的十七届五中全会再次明确"积极应对人口老龄化,注重发挥家庭和社区功能,优先发展社会养老服务,培育壮大老龄服务事业和产业"。⑤这一时期,初步形成积极老龄化观念,对我国老年人力资源开发起到了一定的推动作用。

党的十八大以后,中国特色社会主义进入新时代。习近平总书记对积极应对人口老龄化作出了一系列重要指示批示,深刻阐述了新时代老龄工作的

---

① 《中国老龄工作七年发展纲要(1994—2000年)》,https://mall.cnki.net/reference/R2010010090000207.html。
② 《中共中央、国务院关于加强老龄工作的决定》,http://www.nhc.gov.cn/jtfzs/jslgf/201307/e9f0bbfea6c742ec9b832e2021a02eac.shtml。
③ 《国务院关于印发中国老龄事业发展"十五"计划纲要的通知》,载《中华人民共和国国务院公报》2001年第26期,第30-35页。
④ 《中华人民共和国国民经济和社会发展第十一个五年规划纲要——2006年3月14日经十届全国人民代表大会》,载《中华人民共和国国务院公报》2006年第12期,第16-48页。
⑤ 《中共中央关于制定国民经济和社会发展第十二个五年规划的建议》,载《求是》2010年第21期,第3-16页。

新思想、新理念与新战略,我国老龄工作和老龄事业(包括老干部工作)发展进入新阶段。党中央从国家发展全局和战略高度,高瞻远瞩,把积极应对人口老龄化纳入建设中国特色社会主义"五位一体"总体布局和"四个全面"战略布局之中,①坚持把马克思主义人口理论与中国老龄化实际相结合,以人民为中心的发展思想为着眼点,以中国式现代化为落脚点,倡导积极的老龄观,坚持"积极看待老龄社会、积极看待老年人和老年生活"②。老龄工作的方针也由过去的"党政主导、社会参与、全民关怀相结合"转化为"党委领导、政府主导、社会参与、全民行动相结合",即要完善党委统一领导、政府依法行政、部门密切配合、群团组织积极参与、上下左右协同联动的老龄工作机制,形成老龄工作大格局。③ 2013年党的十八届三中全会发布《中共中央关于全面深化改革若干重大问题的决定》,再次明确提出"积极应对人口老龄化,加快建立社会养老服务体系和发展老年服务产业"④。

2013年12月,全国老龄办等24个部门联合发布《关于进一步加强老年人优待工作的意见》,明确"争取在2015年,实现县级以上人民政府全面建立健全老年人优待政策,社会敬老氛围更加浓厚",⑤虽然该文件主要关注老年人优待工作以及提升老年人的社会参与度和生活质量,但它为我国构建老年人力资源开发基础环境提供了制度性保障。2014年《财政部 发展改革委 民政部 全国老龄办关于做好政府购买养老服务工作的通知》提出支持社会组织参与养老服务,明确"养老服务水平和质量显著提高,推动建成功能完善、规模适度、覆盖城乡的养老服务体系"的目标,⑥进一步为老

---

① 赵向红、战俊敏:《习近平关于积极应对人口老龄化的重要论述研究》,载《昆明理工大学学报(社会科学版)》2021年第5期,第47-52页。
② 习近平:《党委领导政府主导社会参与全民行动推动老龄事业全面协调可持续发展》,载《人民日报》2016年5月29日,第1版。
③ 《党委领导政府主导社会参与全民行动,推动老龄事业全面协调可持续发展》,载《人民日报》2016年5月29日,第1版。
④ 新华社:《中共中央关于全面深化改革若干重大问题的决定》,载《前线》2013年第12期,第5-19、27页。
⑤ 《关于进一步加强老年人优待工作的意见》,见《陕西老年学通讯(总第98期)专题资料汇编》,2014年,第3-6页。
⑥ 《财政部 发展改革委 民政部 全国老龄办关于做好政府购买养老服务工作的通知》,https://www.gov.cn/zhengce/2016-05/22/content_5075645.htm。

年人提供更多元化、专业化的服务，这也为我国老年人力资源开发提供了更多可能性的支持保障条件。2015年，卫生计生委、民政部等九部门联合印发《关于推进医疗卫生与养老服务相结合指导意见的通知》，明确"到2017年，老年人健康养老服务可及性明显提升""到2020年，符合国情的医养结合体制机制和政策法规体系基本建立"等基本目标。① 该政策强调医养结合，通过整合医疗和养老资源，提升老年人的健康水平和生活质量，为老年人健康发展提供了必要性保障，即为老年人力资源开发储备健康人力资本提供了政策保障。2016年1月，中共中央办公厅、国务院办公厅印发《关于进一步加强和改进离退休干部工作的意见》，其中指出要"主动适应协调推进'四个全面'战略布局和人口老龄化的新形势新要求"，"以充分体现离退休干部特点和优势、更好地服务党和国家工作大局为方向，积极稳妥推进离退休干部工作转型发展，激励广大离退休干部为全面建成小康社会，实现'两个一百年'奋斗目标和中华民族伟大复兴的中国梦贡献智慧和力量"②。这是自1982年老干部退休制度建立以来，第一个以中共中央办公厅、国务院办公厅名义印发的老干部工作综合性文件，强调要充分利用好离退休干部人力资源，要发挥老干部自身的内涵、智慧和力量，在积极应对人口老龄化国家战略中做出新的贡献。该文件既对新时代老干部工作转型发展提出了新要求，同时也为中国式老年人力资源开发明确了重点方向。同年7月6日，人力资源和社会保障部印发《人力资源和社会保障事业"十三五"规划纲要（2016年—2020年）》，明确"完善社会保障制度体系，并探索建立长期护理保险制度"，③ 进一步加强各类老年群体的养老保障，促进提升老年人生活质量，并为老年人参与社会提供相应保障，为促进老年人力资源开发进一步奠定了良好的实践基础。同年12月，国务院办公厅发布《关于全面放开养老服务市场提升养老服务质量的若干意见》，④ 提出要引导社会资本进入养老服务业，并推动公办养老机构改革，旨在通过市场化手段提升养老服

---

① 《卫生计生委、民政部等九部门联合印发关于推进医疗卫生与养老服务相结合指导意见的通知》，https://www.gov.cn/gongbao/content/2015/content_2973149.htm。
② 《中办国办印发〈关于进一步加强和改进离退休干部工作的意见〉》，载《党建研究》2016年第3期，第9－10页。
③ 《人力资源部关于印发人力资源和社会保障事业"十三五"规划纲要（2016年—2020年）》，https://www.gov.cn/gongbao/content/2017/content_5181097.htm。
④ 国务院办公厅：《国务院办公厅发布关于全面放开养老服务市场提升养老服务质量的若干意见》，载《中华人民共和国国务院公报》2017年第2期，第71－77页。

务质量和效率,进一步拓宽并增强了老年人力资源开发的基础。

2019年发布的《国家积极应对人口老龄化中长期规划》强调"积极应对人口老龄化,是贯彻以人民为中心的发展思想的内在要求",明确指出"改善人口老龄化背景下的劳动力有效供给"的目标。① 2020年,党的十九届五中全会通过的《中共中央关于制定国民经济和社会发展第十四个五年规划和二〇三五年远景目标的建议》,设置了"实施积极应对人口老龄化国家战略"专门章节,明确"实现基本养老保险全国统筹,实施渐进式延迟法定退休年龄""制定人口长期发展战略,促进人口长期均衡发展,提高人口素质"等具体要求,② 为我国老年人力资源开发提供了明确的指导方针。中共中央、国务院于2021年11月印发《关于加强新时代老龄工作的意见》,从健全养老服务体系、完善老年人健康支撑体系、促进老年人社会参与、着力构建老年友好型社会等方面,为老年人终身发展提供了制度化体系化保障,并进一步提出"加强老年人权益保障""把老有所为同老有所养结合起来"等具体要求,③ 为我国老年人力资源开发提供了全方位系统性基础性的保障和指引。2022年2月,《"十四五"国家老龄事业发展和养老服务体系规划》进一步明确"实施积极应对人口老龄化国家战略,引导老年人树立主动健康和终身发展理念,鼓励老年人积极面对老年生活,在经济社会发展中充分发挥作用"④,确定要提升老年人健康水平和人口素质的目标要求,为老年人力资源开发提供了重要基础和保障。2022年5月,中共中央办公厅印发《关于加强新时代离退休干部党的建设工作的意见》,明确"充分发挥离退休干部党员的政治优势、经验优势、威望优势……组织引导离退休干部党员为党和国家事业作出新贡献"⑤,进一步强调要引领老干部在中国式现代化高质量发展中发挥重要作用。2024年1月,国务院办公厅印发《关

---

① 党俊武:《〈国家积极应对人口老龄化中长期规划〉全文解读》,载《老龄科学研究》2019年第12期,第3-8页。
② 新华社:《中共中央关于制定国民经济和社会发展第十四个五年规划和二〇三五年远景目标的建议》,载《中国企业改革发展2020蓝皮书专题资料汇编》,第371-386页。
③ 新华社:《中共中央 国务院关于加强新时代老龄工作的意见》,载《中华人民共和国国务院公报》2021年第34期,第10-15页。
④ 《"十四五"国家老龄事业发展和养老服务体系规划》,载《中国民政》2022年第4期,第48-49页。
⑤ 新华社:《中共中央 国务院关于加强新时代离退休干部党的建设工作的意见》,载《中华人民共和国国务院公报》2021年第34期,第10-15页。

于发展银发经济增进老年人福祉的意见》,这是我国首个以"银发经济"命名的政策文件,强调让老年人安享幸福晚年,共享发展成果。① 2024 年 9 月,《全国人民代表大会常务委员会关于实施渐进式延迟法定退休年龄的决定》出台,意义在于"适应我国人口发展新形势,充分开发利用人力资源"②。这一政策的实施为我国加大推进老年人力资源开发提供了强有力的政策依据。党和国家紧紧围绕我国人口老龄化的新形势、新特点、新情况,立足中华民族伟大复兴战略全局,坚持以人民为中心,为全面贯彻落实积极应对人口老龄化国家战略,制定并形成新时代老龄工作政策制度体系,其成为我国老年人力资源开发的重要政策依据和指南。

三、老年教育政策

老年教育作为我国积极应对人口老龄化的重要举措,是我国教育事业和老龄事业的重要组成部分。在国家层面,发展老年教育是积极应对人口老龄化、促进人口高质量发展、推进教育现代化及建设学习型社会的重要举措;在个人层面,发展老年教育是满足老年人不断升级的学习需求、丰富老年人精神文化生活、促进老年人终身而全面的发展及自我价值实现的必然要求。老年教育作为老年人力资源开发的重要基础和实践路径,其相关政策制度将为中国式老年人力资源开发提供重要的实践性指导。

我国老年教育发轫于 20 世纪 80 年代初期离退休干部的教育活动。在很长一段时间,老年教育观为福利观,其本质上属于文化娱乐活动,教育属性被弱化。1983—2000 年,国家没有专门出台关于老年教育的政策文件,只是在老龄工作的相关文件中提及老年教育,未对老年教育的形式、内容、体制等做具体规定。1994 年,《中国老龄工作七年发展纲要(1994—2000)》明确提出"开展颐养康乐和进取有为相结合的老年教育",③ 首次明确应通过老年教育促进老年人"老有所为"。1996 年《中华人民共和国老年人权益

---

① 国务院办公厅:《国务院办公厅关于发展银发经济增进老年人福祉的意见》,载《中华人民共和国国务院公报》2024 年第 3 期,第 23-27 页。

② 《全国人民代表大会常务委员会关于实施渐进式延迟法定退休年龄的决定》,载《中华人民共和国全国人民代表大会常务委员会公报》2024 年第 5 期,第 720-734 页。

③ 刘亚娜、张朋:《数字时代中国特色老年教育服务的现状、机遇与思考》,载《成人教育》2024 年第 5 期,第 39-48 页。

保障法》第 31 条提出："老年人有继续受教育的权利。国家发展老年教育，鼓励社会办好各类老年学校。"① 在该法案和相关政策的指引下，老年人身心健康均衡发展教育得到各级政府的高度重视，我国老年教育初步形成"老年人终身学习"和"老年人社会参与"的理念。

2000 年后，人口老龄化逐渐成为党和国家关注的重大议题，老年教育开始得到重视并被确定为积极应对人口老龄化的重要举措。老年教育政策亦得到相应的完善和发展，相关政策规定有了更深入和具体的阐述。从 2000 年起，国务院开始陆续颁布"十五""十一五""十二五""十三五""十四五"《中国老龄事业计划纲要》，均将老年教育与老年人力资源开发纳入老年精神文化生活和社会参与保障内容之中。② 2001 年 6 月，中组部、文化部、教育部、民政部和全国老龄工作委员会办公室联合发布《关于做好老年教育工作的通知》，强调要"遵循老年教育事业发展的规律，以'老有所教''老有所学''老有所乐''老有所为'为目标，推动老年教育事业的健康发展"③。这是改革开放以来我国多部门颁发的第一个关于老年教育的专门性文件，并将老有所为列为发展老年教育的目标之一。2002 年，党的十六大报告将继续教育（包括老年教育）正式纳入终身教育体系，强调："加强职业教育和培训，发展继续教育，构建终身教育体系。"④ 党的十六大以后，党中央先后提出三大理念："以人为本""构建和谐社会"和"科学发展观"。党的十七大对此作了深刻的论述。这三大理念为加快老年教育发展指明了方向。2010 年 7 月，《国家中长期教育改革和发展规划纲要（2010—2020 年）》第 8 章继续教育章节明确规定"以加强人力资源能力建设为核心，大力发展非学历继续教育，稳步发展学历继续教育。重视老年教育"⑤。该纲要进一步确立了老年教育作为"人力资源能力建设"的战略举措定位。

---

① 《中华人民共和国老年人权益保障法》，载《中华人民共和国最高人民检察院公报》2014 年第 3 期，第 1 - 8 页。

② 李洁：《我国老年教育政策法规：回顾、反思与建议》，载《终身教育研究》2019 年第 4 期，第 51 - 60 页。

③ 《关于做好老年教育的通知》，https://cj.dhu.edu.cn/zsjyyjs/2001/0622/c16824a213999/page.htm。

④ 江泽民：《全面建设小康社会 开创中国特色社会主义事业新局面——在中国共产党第十六次全国代表大会上的报告》，载《中国公务员》2002 年第 12 期，第 4 - 17 页。

⑤ 中共中央 国务院：《国家中长期教育改革和发展规划纲要（2010—2020 年）》，载《人民教育》2010 年第 17 期，第 2 - 15 页。

第四章　中国式老年人力资源开发的政策依据

随着我国积极老龄化政策框架的确立，在终身教育理念的推动下，积极老年教育观逐步确立。老年人力资源开发教育政策指引的作用更为凸显。2015年10月，《中共中央关于制定国民经济和社会发展第十三个五年规划的建议》第14篇第4节明确规定"发展老年教育"，首次将发展老年教育提高到党和国家发展战略的高度。① 2016年，《国务院办公厅关于印发老年教育发展规划（2016—2020年）的通知》强调通过教育不断"提高老年人口素质"，重视"老年人力资源开发"。② 这是我国老年教育工作的第一个专项政策文件，从国家制度层面确立了老年人力资源开发教育目标和工作重点。同年，《人力资源和社会保障事业"十三五"规划纲要（2016年—2020年）》明确"推行终身职业技能培训制度，构建覆盖城乡全体劳动者、贯穿劳动者学习工作终身、适应劳动者和市场需求的职业培训制度"③，首次将老年人包含在终身职业技能培训体系中，拓宽了老年教育的范畴。2017年3月，我国政府工作报告中首次出现了"办好老年教育"表述。④ 2018年12月，《中华人民共和国老年人权益保障法》（2018年修正）增加了"把老年教育纳入终身教育体系"，以及各级人民政府应对老年教育加强领导、统一规划、加大投入的要求。2019年2月，中共中央、国务院印发《中国教育现代化2035》，提出教育现代化的十大战略任务，其中"构建服务全民的终身学习体系"位列第五，强调："大力发展老年教育。加快发展城乡社区老年教育，结合多层次养老服务体系建设，推进养教结合。创新老年教育体制机制。"⑤ 2019年，《国家积极应对人口老龄化中长期规划》明确提出"构建老有所学的终身学习体系，提高我国人力资源整体素质"⑥。自此，老年

---

① 李洁：《我国老年教育政策法规：回顾、反思与建议》，载《终身教育研究》2019年第4期，第51-60页。
② 《国务院办公厅关于印发老年教育发展规划（2016—2020年）的通知》，https://www.gov.cn/zhengce/zhengceku/2016-10/19/content_5121344.htm。
③ 《人力资源和社会保障部关于印发人力资源和社会保障事业发展"十三五"规划纲要》，https://www.gov.cn/gongbao/content/2017/content_5181097.htm。
④ 籍献平、马少荣、朱全友：《中国老年教育政策法规的演进》，载《河北广播电视大学学报》2020年第2期，第5页。
⑤ 新华社：《中共中央、国务院印发〈中国教育现代化2035〉》，载《中华人民共和国教育部公报》2019年第Z1期，第2-5页。
⑥ 《中共中央　国务院印发〈国家积极应对人口老龄化中长期规划〉》，https://www.gov.cn/zhengce/2019-11/21/content_5454347.htm。

人力资源开发教育政策全面确立。2020年11月，国务院办公厅印发《关于切实解决老年人运用智能技术困难的实施方案》，明确要"坚持以人民为中心的发展思想，切实解决老年人在运用智能技术方面遇到的困难，让老年人在信息化发展中有更多获得感、幸福感、安全感"，并积极"开展老年人智能技术教育，将加强老年人运用智能技术能力列为老年教育的重点内容"①，鼓励和帮助老年人跨越数字鸿沟，更好地适应技术的变革和经济社会的发展。2021年，中共中央办公厅、国务院办公厅印发《关于推动现代职业教育高质量发展的意见》，明确"制定国家资历框架，建设职业教育国家学分银行，实现各类学习成果的认证、积累和转换，加快构建服务全民终身学习的教育体系"②。从国家层面将老年人纳入职业教育体系，强调促进老年人技能技术学习和职业能力发展。此后，我国老年教育发展积极回应"全面实施积极应对人口老龄化国家战略"的根本要求，积极为老年人增权赋能，促进老年人口素质高质量发展，有效推动老年人力资源开发。2021年11月，《关于加强新时代老龄工作的意见》亦明确"将老年教育纳入终身教育体系"提出了多途径推动扩大老年教育资源供给的路径，以及"引导老年人践行积极老龄观"③ 等根本要求，为老年人力资源开发教育提供了政策指导。2022年10月，党的二十大报告进一步指出：统筹职业教育、高等教育、继续教育协同创新，推进教育数字化，"建设全民终身学习的学习型社会、学习型大国"④，并首次创新地将教育、科技、人才三大战略统筹部署，从而为老年教育在高质量发展中如何落实科教兴国、教育强国、人才强国战略指明了方向，明确了老年人力资源开发教育的时代使命和实践依据。

---

① 新华社：《国务院办公厅印发〈国家积极应对人口老龄化中长期规划〉》，载《中国社会工作》2020年第35期，第6页

② 新华社：《中共中央办公厅 国务院办公厅印发〈关于深化现代职业教育体系建设改革的意见〉》，载《中华人民共和国教育部公报》2021年第12期，第2-6页。

③ 《中共中央 国务院关于加强新时代老龄工作的意见》，载《人民日报》2021年11月25日，第1版。

④ 习近平：《高举中国特色社会主义伟大旗帜 为全面建设社会主义现代化国家而团结奋斗——在中国共产党第二十次全国代表大会上的报告》，载《创造》2022年第11期，第6-29页。

第二节　地方政策的创新探索

一、地方政府相关法规政策的创新探索

(一) 地方政府创新探索概况

依据《中华人民共和国立法法》(简称《立法法》),我国法律体系包括法律、行政法规、地方性法规、自治条例和单行条例、规章。其中,法律包括宪法和基本法(如刑法、民法、教育法等)。《立法法》(2015 年修正)第 73 条规定:地方性法规可以就下列事项作出规定:①为执行法律、行政法规的规定,需要根据本行政区域的实际情况作具体规定的事项;②属于地方性事务需要制定地方性法规的事项。但是,除《立法法》第 8 条规定涉及国家主权和全国人大立法权的事项外,"其他事项国家尚未制定法律或者行政法规的,省、自治区、直辖市和设区的市、自治州根据本地方的具体情况和实际需要,可以先制定地方性法规。在国家制定的法律或者行政法规生效后,地方性法规同法律或者行政法规相抵触的规定无效,制定机关应当及时予以修改或者废止"[①]。另外,《立法法》(2015 年修正)第 13 条规定:"全国人民代表大会及其常务委员会可以根据改革发展的需要,决定就行政管理等领域的特定事项授权在一定期限内在部分地方暂时调整或者暂时停止适用法律的部分规定。"[②]《立法法》的上述规定则为地方政府在老年人力资源开发范畴的政策创新提供了依据和可能。

根据全国人大网资料,改革开放 40 多年来,截至 2024 年 6 月 28 日,我国立法机关颁布的目前仍然有效的法律共计 303 件,[③] 其中涉老专门法律 1 部,即 1996 年通过的《中华人民共和国老年人权益保障法》,该法构成了

[①] 《中华人民共和国立法法》,载《中华人民共和国最高人民检察院公报》2015 年第 5 期,第 7 - 18 页。

[②] 《中华人民共和国立法法》,载《中华人民共和国最高人民检察院公报》2015 年第 5 期,第 7 - 18 页。

[③] 《现行有效法律目录》,https://weekly.pkulaw.cn/nowlawcolumn#sec11。

我国老年涉法体系的支柱和法源。我国各地方政府依据上述法律法规、部门规章和中央政策文件，结合地方实际情况，解放思想、因地制宜、守正创新，在老龄工作（包括老干部工作、积极老龄化），以及老年人权益保障、就业促进、老年教育等方面率先探索，先行先试，形成了许多先进经验和生动实践。根据北大法宝检索结果显示，与老年人权益保障相关的地方性规范性文件、地方工作文件共计301篇，[①] 这不仅促进了老年人力资源开发，还对积极应对人口老龄化战略的实施及中国式现代化进程的推进起到了重要作用。

根据国家信息中心2024年11月发布的《中国积极应对人口老龄化：城市能力指数报告（2024）》，该报告认为城市层级越高，应对人口老龄化的能力越强。报告显示，城市应对人口老龄化的能力与经济发展水平呈正相关，与人口老龄化进程基本适应。青岛市、北京市、上海市、重庆市、成都市、济南市、天津市、南京市、苏州市、杭州市等60个城市积极应对人口老龄化能力指数处于全国领先水平。尽管在综合引领型城市排名中，直辖市、副省级城市和省会城市排名明显靠前，但不同测度指标的排名情况却有所不同。如福州市、青岛市、重庆市、宜昌市、内江市等60个城市在政策措施支持度方面处于全国领先水平；青岛市、唐山市、济南市、南京市、南宁市等60个城市在服务体系完善度方面处于全国领先水平；上海市、北京市、杭州市、深圳市、成都市等60个城市在银发经济成长度方面处于全国领先水平。[②] 国家信息中心这一报告是客观且权威的，从积极应对人口老龄化能力维度上反映了我国地方和城市在老年人力资源开发政策上的创新探索成效。我国地方和城市相关老年人力资源开发政策上的创新主要体现在老年人权益保障、老年人就业促进、老年教育等方面。

（二）老年人权益保障立法的创新探索

我国地方政府早期在老年人权益保障的立法与创新探索，对我国1996年实施《中华人民共和国老年人权益保障法》起到了很大的推动作用。地方老年人权益保障立法较早的是山东省，其于1988年7月发布《山东省保

[①] 田相茹：《中日老年人经济参与立法比较研究》（学位论文），兰州大学2021年，第20页。
[②] 《中国积极应对人口老龄化：城市能力指数报告（2024）》，https://www.ndrc.gov.cn/wsdwhfz/202411/t20241111_1394405.html。

护老年人合法权益的若干规定》，明确"老年人有继续参加劳动的权利；老年人在力所能及的情况下，可以从事社会劳动或社会公益活动，他们取得的合法收入受法律保护"等促进老年人力资源开发的规定。① 同年还有山西省、浙江省、河北省发布实施了相关老年人权益保障立法。该阶段，先后有四川、福建、云南、山东、山西、贵州、吉林等，以及北京、天津、昆明等多个省市均于1996年前以立法形式对老年人权益给予保障，并从开展老年人教育、保障老年人劳动权利与合法收入、促进老年人参与社会活动及经济生产等方面，积极探索如何推进老年人力资源开发，促进老年人实现老有所为（见表4-1）。这为我国从国家层面推进老年人权益保障专项立法奠定了不可或缺的基础。

自1996年《中华人民共和国老年人权益保障法》（简称《老年人权益保障法》）颁布后，截至2006年，全国有30个省（自治区、直辖市）制定实施了保护老年人合法权益的专项地方性法规。② 相关省（自治区、直辖市）结合区域经济发展水平及老年人口现状等具体情况，制定与区域经济社会发展相适应的地方《老年人权益保障法》，切实贯彻执行了《中华人民共和国老年人权益保障法》的精神要求，有效保障了老年人的基本权益；并根据该法后续的修正和修订内容，适时修正了地方《老年人权益保障法》，积极开展了地方性的创新探索。具体体现在以下两方面：一是内容的细化。例如《黑龙江省老年人权益保障条例》《陕西省实施〈中华人民共和国老年人权益保障法〉办法》等在章节划分上有创新性安排，具体如将家庭赡养与抚养这一内容创新为"家庭保护""家庭保障"，将"社会服务"具体化为"养老服务"，将"宜居环境"细化为"养老环境""设施保障"等。二是内容的新增。例如《广东省老年人保障条例》于2005年5月发布，依据国家《老年人权益保障法》的修订，结合相关地方性法规分别于2017年9月和2020年9月进行两次修正，在第38条增加了"各级人民政府和有关部门以及消费者组织、老年人组织等社会组织，应当做好老年人防范诈骗的宣传

---

① 《山东省保护老年人合法权益的若干规定》，https://baike.baidu.com/item/%E5%B1%B1%E4%B8%9C%E7%9C%81%E8%80%81%E5%B9%B4%E4%BA%BA%E6%9D%83%E7%9B%8A%E4%BF%9D%E9%9A%9C%E6%9D%A1%E4%BE%8B/15923468?fromModule=search-result_lemma。

② 《〈中国老龄事业发展〉白皮书》，https://www.gov.cn/jrzg/2006-12/12/content_467201.htm。

教育工作,加强个人信息安全、健康保健、投资消费安全等知识的宣传,增强老年人的防骗意识"的内容,强调了老年人消费安全权益的保障。同样,还有福建、云南、新疆、河北等多个省份在制定地方立法时,[①]结合地方实际情况和社会发展新形势及特点,对国家《老年人权益保障法》在内容上有部分新增。此外,还有少部分省市以实施通知、意见等形式贯彻执行国家《老年人权益保障法》。

表 4-1 1996 年前部分省市老年人权益保障立法(根据文献资料整理)

序号	法规名称	立法时间	促进老年人力资源开发的相关内容
1	《天津市保护老年人合法权益的若干规定》	1987.3.18	文化、体育部门要发展老年人文化体育事业;国家机关、社会团体、企业事业单位和基层群众性自治组织,要支持老年人发挥专长为社会服务
2	《山西省保护老年人合法权益的规定》	1988.7.21	国家机关、社会团体、企业事业单位和基层群众性自治组织,应努力创造条件使老年人老有所为,继续发挥作用,为社会服务;老龄化教育、新闻出版、广播电视部门,应努力发展老年人文化教育事业,丰富老年人的精神生活
3	《山东省保护老年人合法权益的若干规定》	1988.7.23	老年人有继续参加劳动的权利。老年人在力所能及的情况下,可以从事社会劳动或社会公益活动,他们取得的合法收入受法律保护;为老年人开展文化教育、体育活动提供物质条件
4	《吉林省保护老年人合法权益若干规定(试行)》	1988.7.31	文化、体育部门应发展老年人文化体育事业;国家机关、社会团体、企事业单位和基层群众性自治组织,要根据国家政策支持老年人发挥专长,组织他们为社会服务

---

① 朱琳:《我国老年人权益保障地方法规立法研究》(学位论文),青岛大学 2020 年,第 10-14 页。

续上表

序号	法规名称	立法时间	促进老年人力资源开发的相关内容
5	《浙江省保护老年人合法权益若干规定》	1988.9.1	政府有关部门和社会团体应积极兴办老年人的活动场所,组织老年人开展文化、体育、娱乐活动;市、县(区)和乡(镇)可设立老年人协会
6	《河北省老年人保护条例》	1988.11.24	要重视老年教育,有条件的部门和单位可创办老年学校,满足老年人的学习需要
7	《四川省老年人合法权益保护条例》	1989.3.10	发展老年人文化、教育、体育事业
8	《包头市老年人保护条例》	1989.4.15	文化、教育、体育部门应利用各自的场馆等设施,积极为老年人的文化、体育活动和老年人教育提供服务
9	《昆明市保护老年人合法权益条例》	1989.10.28	各单位应当鼓励老年人在自愿原则下参加各种社会活动,发挥其专长为社会服务;鼓励和支持老年人在政策允许的范围内,从事力所能及的工作,其合法的经济收入受国家保护
10	《贵州省老年人保护条例》	1990.5.12	要鼓励和帮助老年人在国家法律和政策允许范围内参加力所能及的社会活动,并保护其取得的合法经济收入
11	《乌鲁木齐市保护老年人合法权益的规定》	1990.9.8	教育部门应重视老年教育,积极支持有条件的地区和部门开办老年学校,满足老年人学习的要求;国家机关、社会团体、企事业单位和基层群众组织应在国家允许的范围内,根据本人的自愿和专长,鼓励和支持老年人开展力所能及的社会服务活动

续上表

序号	法规名称	立法时间	促进老年人力资源开发的相关内容
12	《福建省老年人保护条例》	1990.10.26	老年人是社会的宝贵财富,应当受到全社会的尊重和爱护……实现老有所养、老有所医、老有所为、老有所学、老有所乐
13	《云南省老年人保护条例》	1991.9.27	各级人民政府应当发展老年人社会保险、社会救济、医疗保健和文化教育事业
14	《长春市保护老年人合法权益条例》	1991.11.19	保护老年人的劳动权,鼓励和支持老年人参加力所能及的劳动和社会公益活动,其合法收入受法律保护;文化、教育、体育部门应当积极发展老年人的文化、教育、体育事业
15	《北京市老年人权益保障条例》	1995.9.22	各级人民政府和有关单位以及社会组织应当重视发挥老年人的专长和作用;各级劳动、人事部门应当开展老年人社会劳动咨询服务、老年人人才开发等工作,为老年人参与社会劳动提供方便。老年人从事社会劳动和公益事业的合法收入受法律保护;本市鼓励和支持兴办各类老年学校,为老年人参加学习创造条件

(三) 就业促进立法的创新探索

《中华人民共和国就业促进法》(2007年) 于2008年1月1日起正式施行,并于2015年进行了修正。该法明确规定"禁止就业歧视",从立法层面保障了全体劳动者享有平等就业的权利,是我国开发老年人力资源的重要法律依据。该法第3条规定"劳动者就业,不因民族、种族、性别、宗教信仰等不同而受歧视",尚未明确规定"禁止年龄歧视",对老年人就业的保障仍不充分。而该法第31条规定"农村劳动者进城就业享有与城镇劳动者平等的劳动权利,不得对农村劳动者进城就业设置歧视性限制",则强化了对城镇务工的农村人员的就业权益保障,无疑将大量老年务工人员纳入其中,从一定程度上增强了对特定老年人群的就业权益保障。该法第44条规定"国家依法发展职业教育,鼓励开展职业培训,促进劳动者提高职业技能,增强就业能力和创业能力",① 从根本上明确了促进人力资源开发的重要路径。综上可见，该法的实施，为地方政府促进开发老年人力资源提供了有力的法律依据，具有重要指导意义。自2008年《中华人民共和国就业促进法》实施以来，诸多省市结合地方经济发展及人力资源实际情况出台了地方《就业促进条例》，有陕西省、山西省、山东省、河南省、黑龙江省、吉林省、辽宁省、宁夏回族自治区、甘肃省、湖北省、江西省、贵州省、上海市、重庆市、深圳市、成都市等省市；有一些省市则以实施办法的形式发文，各地方政府从不同维度或细节方面开展了地方创新探索，主要体现在以下方面。

1. **新增了禁止就业年龄歧视的相关规定**

广东省2009年11月发布《广东省实施〈中华人民共和国就业促进法〉办法》，在第六章就业援助第44条规定将处于无业状态女40周岁以上、男50周岁以上的具有城镇户籍的人员列为优先扶持和重点帮助对象。② 在其实施办法中，相对国家上位法，针对就业援助对象做了年龄上的规定，从实施层面禁止了就业年龄歧视。而2001年5月实施的《深圳经济特区居民就业促进条例》则在第26条规定"用人单位在录用员工时，不得因性别、年龄、婚姻状况而歧视",③ 法律条文更为直接地明确"禁止年龄歧视"，将老年群体纳入就业保障的范畴。经查阅文献，多部地方《就业促进法》均使用"劳动者依法享有平等就业和自主择业的权利""创造公平就业的环境，消除就业歧视，保障劳动者公平就业权利"等相关表述，不对"劳动者"年龄做限制性表述，在一定程度上有利于广大老年群体适用《就业促进条例》，享有相应的权益。

2. **进一步强化了保障老年人参与经济生产的权益**

例如《深圳经济特区居民就业促进条例》于2024年4月30日修正，该条例第1条明确规定了"合理开发和利用深圳经济特区（以下简称特区）劳动力资源，促进居民就业"的目标，将开发劳动力资源放在了促进就业工作的首要位置；第26条规定"用人单位在录用员工时，不得因性别、年龄、

---

① 《中华人民共和国就业促进法》，载《中华人民共和国最高人民法院公报》2008年第1期，第3—8页。
② 《广东省实施〈中华人民共和国就业促进法〉办法》，http://www.gd.gov.cn/zwgk/wjk/zcfgk/content/post_2524531.html。
③ 《深圳经济特区居民就业促进条例（2024年修正）全文》，https://www.0797cx.cn/page354?article_id=113571。

婚姻状况而歧视。不同企业就业的居民，在劳动报酬、职业训练、休息（假）、劳动保护和社会保障等方面，享有法律法规规定的同等权利"。强调了老年人参与经济生产的培训、收入报酬、劳动保护、假期等各相关权益的保障；并在第 28 条规定"市、区政府鼓励开发社区服务、家政服务等适合深圳市户籍妇女就业的岗位和行业，促进妇女就业"，结合经济社会发展新业态，针对增加适合女性的就业岗位提出了明确的法律规定，[1] 进一步强调了对女性就业权益的保障。

3. 进一步细化了创业支持的相关规定

2009 年 11 月，陕西省发布《陕西省就业促进条例》，并于 2021 年 7 月修订。该条例设置"创业扶持"专门章节，明确规定为城镇失业人员、返乡农民等群体提供创业扶持；优惠扶持政策包括"税费减免、小额担保贷款、创业培训补贴、场地安排、免费提供开业指导、为劳动密集型小企业提供资金支持"等。[2] 《山东省就业促进条例》于 2009 年 11 月实施，该条例中亦规定了"公共就业服务机构应当为创业人员提供创业培训、项目开发、方案设计、风险评估、开业指导、融资服务、跟踪扶持等服务"等创业支持条文。[3] 《河南省就业促进条例》于 2009 年 5 月实施，该条例中规定了对就业困难人员实施就业扶持的相关政策，如"职业培训、创业培训和技能鉴定补贴""对自主创业的，给予免费创业服务、小额担保贷款和贷款贴息"等规定。[4] 《黑龙江省就业促进条例》于 2004 年实施，该条例中规定了鼓励失业人员自主创业的相关优惠政策，并"鼓励失业人员承包荒山、荒地、荒滩，从事种植业、养殖业等农业产业"[5]，充分结合地方产业经济特点与资

---

[1] 《深圳经济特区居民就业促进条例（2024 年修正）全文》，https://www.0797cx.cn/page354?article_id=113571。

[2] 《陕西省就业促进条例》，https://baike.baidu.com/item/%E9%99%95%E8%A5%BF%E7%9C%81%E5%B0%B1%E4%B8%9A%E4%BF%83%E8%BF%9B%E6%9D%A1%E4%BE%8B/4501097?fr=ge_ala。

[3] 《山东省就业促进条例》，载《山东省人民代表大会常务委员会公报》2009 年第 7 期，第 528 - 537 页。

[4] 《河南省就业促进条例》，https://baike.baidu.com/item/%E6%B2%B3%E5%8D%97%E7%9C%81%E5%B0%B1%E4%B8%9A%E4%BF%83%E8%BF%9B%E6%9D%A1%E4%BE%8B/8480247.。

[5] 《黑龙江省就业促进条例》，https://baike.baidu.com/item/%E9%BB%91%E9%BE%99%E6%B1%9F%E7%9C%81%E5%B0%B1%E4%B8%9A%E4%BF%83%E8%BF%9B%E6%9D%A1%E4%BE%8B/735572。

源特色,制定了与地方经济发展相适应的就业促进政策。《成都市就业促进条例》于 2013 年实施,用专门章节对创业扶持做了较为体系化的条文规定,从创业信息、创业培训服务、创业项目提供、创业孵化、小额担保贷款、创业奖励等方面全方位规定了创业支持政策。[①]《重庆市就业促进条例》中亦对创业扶持以专门章节做了明确规定。[②] 综上可见,地方政府在立法层面加强对就业困难人员给予就业支持的同时,更主张扶持其自主创业,制定了多维度全方位的创业支持政策,这同样适用于老年群体。一方面以创业带动就业,有效增加就业岗位;另一方面以创业带动经济发展,促进就业市场的良性循环与持续发展,从而提升地方整体的就业水平,这是地方立法在遵循国家上位法基础上进行的积极创新探索。

4. 新增了鼓励用人单位提供就业岗位的相关规定

例如山西省 2013 年实施的《山西省就业促进条例》,其中第 9 条规定了对用人单位吸纳劳动者就业的扶持政策,具体包括"属于劳动密集型小企业的,向所在地人力资源和社会保障行政部门申请小额担保贷款,由政府给予贴息支持;吸纳就业困难人员的,按照国家和本省有关规定享受岗位补贴和社会保险补贴;企业组织新录用人员培训的,享受职业培训补贴;国家规定的税收优惠"等。[③]《黑龙江省就业促进条例》中规定了用人单位招用失业人员,经相关部门审核,可享受减免有关税收和给予社会保险补贴的优惠。[④] 2010 年实施的《湖北省就业促进条例》中第 12 条规定"鼓励企业增加就业岗位,扶持失业人员和残疾人就业",[⑤] 并依法对相关企业和人员给予税收优惠。2010 年 5 月实施的《甘肃省就业促进条例》第 12 条亦有给增

[①] 《成都市就业促进条例》,载《成都日报》2012 年 7 月 11 日,第 10 版。

[②] 《重庆市就业促进条例》,https://baike.baidu.com/item/%E9%87%8D%E5%BA%86%E5%B8%82%E5%B0%B1%E4%B8%9A%E4%BF%83%E8%BF%9B%E6%9D%A1%E4%BE%8B/11046276?fromModule=search-result_lemma。

[③] 《山西省就业促进条例》,载《山西日报》2013 年 1 月 8 日,第 B04 版。

[④] 《黑龙江省就业促进条例》,https://baike.baidu.com/item/%E9%BB%91%E9%BE%99%E6%B1%9F%E7%9C%81%E5%B0%B1%E4%B8%9A%E4%BF%83%E8%BF%9B%E6%9D%A1%E4%BE%8B/735572?fr=ge_ala。

[⑤] 湖北省人民代表大会常务委员会:《湖北省就业促进条例》,载《湖北省人民代表大会常务委员会公报》2010 年第 4 期,第 5-13 页。

加就业岗位，吸纳就业的用人单位予以相关优惠的政策规定。① 可见，多个地方政府通过新增和细化政策，积极鼓励企业扩大就业岗位和吸纳更多就业，这些措施将对劳动力就业市场的发展产生积极的引导作用，并将有助于促进老年劳动者就业，也将积极推动了地方经济的发展。

（四）关于终身教育立法的创新探索

教育不仅是提升人口素质，促进人口高质量发展的关键，也是人力资源开发最为直接有效的途径。自 1995 年《中华人民共和国教育法》首次提出"国家适应社会主义市场经济发展和社会进步的需要，推进教育改革，促进各级各类教育协调发展，建立和完善终身教育体系"以来，② 党和国家高度重视并积极推动终身教育的发展。2001 年，我国首次将终身教育纳入国家发展规划，即在《中华人民共和国国民经济和社会发展第十个五年计划纲要》中明确提出"发展成人教育和多种形式的继续教育，逐步形成终身教育体系"③。进入 21 世纪以来，全民学习、终身学习已成为我国社会进步和教育发展的必然趋势，成为人们的一种生活方式。党的十六大、十七大、十八大、十九大、二十大报告及国家教育发展规划等政策文件中多次明确和强调发展终身教育、构建服务全民终身学习的教育体系、建设学习型大国等任务目标和要求，极大地推动了终身教育的发展。近年来，尽管对终身教育的立法呼声很高，但目前尚未从国家层面出台专门的法律法规，为终身教育的发展提供必要的刚性约束和法律保障。通过立法的方式促进终身教育的发展，是建设终身教育体系和学习型社会、学习型大国的必然要求，也是完善我国教育法律体系的题中应有之义。

我国第一部终身教育发展立法是我国台湾地区 2002 年 6 月正式公布的《终身学习法》，它对终身学习的概念界定、政府责任、保障机制、监督管理等维度做出了明确的规定，以构建学习型社会为最终目标，通过立法形式

---

① 《甘肃省就业促进条例》，https://baike.baidu.com/item/%E7%94%98%E8%82%83%E7%9C%81%E5%B0%B1%E4%B8%9A%E4%BF%83%E8%BF%9B%E6%9D%A1%E4%BE%8B/1838416?fr=ge_ala。

② 《中华人民共和国教育法》，载《中华人民共和国国务院公报》1995 年和 10 期，第 373 – 383 页。

③ 《中华人民共和国国民经济和社会发展第十个五年计划纲要》，载《中华人民共和国国务院公报》2001 年第 12 期，第 16 – 38 页。

有效推动台湾终身学习事业的发展，积极促进台湾经济社会各方面的可持续协调发展。①

我国内地第一部终身教育发展地方性法规是《福建省终身教育促进条例》。该条例于 2005 年 9 月 28 日正式实施。②条例第 3 条规定"将终身教育发展纳入国民经济和社会发展规划，统筹整合各种教育文化资源，促进终身教育事业的发展"，第 5 条规定"地方各级财政应当根据本行政区域终身教育发展情况及财力，安排相应的终身教育经费"，第 16 条规定"县级以上地方人民政府应当加强本行政区域老年教育工作，为完善老年教育设施和场所等制定优惠政策、提供必要条件。有关部门应当在各自职责范围内支持老年教育工作，促进老年教育事业的发展"。该条例从总体上明确了政府在终身教育发展中的主体责任，并从财政经费、资源统筹等方面为地方终身教育的发展提供了切实的保障。此外，该条例同样强调了地方政府发展老年教育的主体责任，将老年教育纳入终身教育发展范畴，同样给予财政经费及各类资源的支持保障。这是福建省地方政府在终身教育发展方面的积极创新，为福建终身教育、老年教育事业发展提供了法律保障，极大地促进了其终身教育事业的发展。

自 2005 年《福建省终身教育促进条例》颁布实施后，上海市、太原市、河北省、宁波市等省市相继颁布了各自的实施终身教育的促进条例（见表 4-2）。各省市有关终身教育促进条例的制定，为当地终身教育的发展提供了强有力的支持与保障。第一，明确了终身教育以促进人的全面发展和学习型城市建设为目标，实践全纳入的教育理念，将城乡各类型的老年人纳入教育范畴，成为构建学习型城市的重要组成部分。第二，明确了政府在终身教育发展中的主导地位及各相关行政部门的职责，建立联席会议制度、强化顶层规划和统筹协调等政府职能，并将终身教育纳入地方发展规划，给予经费、资源统筹等支持保障。第三，明确了终身教育发展的具体任务，主要包含老年教育、社区教育、职工培训、家庭教育、残疾人教育等任务；并将农民教育培训纳入终身教育范畴，例如新型职业农民培训、农民工返乡创业培训、农村实用技术推广培训（其中包含了大量农村老年人）等。第四，明

---

① 智慧：《台湾〈终身学习法〉研究与启示》（学位论文），山西大学 2013 年，第 12-13 页。
② 《福建省终身教育促进条例》。https://baike.baidu.com/item/%E7%A6%8F%E5%BB%BA%E7%9C%81%E7%BB%88%E8%BA%AB%E6%95%99%E8%82%B2%E4%BF%83%E8%BF%9B%E6%9D%A1%E4%BE%8B/9379948?fr=ge_ala。

确了对终身教育发展的监督和考核，如规定由教育、人力资源和社会保障等有关行政部门需按照职责分工，定期组织对各级各类教育培训机构开展的终身教育工作等进行评估，并向社会公布评估结果，以保障终身教育的良性发展。第五，部分省市立法中规定了终身教育专职教师队伍发展的相关保障，如从事终身教育工作的专职教师可以取得教师资格证，职称评聘纳入相关行业职称评聘系列等规定。相关省市地方政府关于终身教育地方立法的创新探索，在促进终身教育发展和学习型城市建设，全面提升人口素质的同时，也有效夯实了老年人力资源开发的基础；同时又为其他省市立法提供了宝贵的案例与经验，更为促进国家终身教育立法提供了重要的实践基础。

表4-2 部分省市终身教育立法（根据文献资料整理）

序号	名称	实施时间	与老年人力资源开发相关的表述
1	《福建省终身教育促进条例》	2005年9月28日	第16条：县级以上地方人民政府应当加强本行政区域老年教育工作，为完善老年教育设施和场所等制定优惠政策、提供必要条件。有关部门应当在各自职责范围内支持老年教育工作，促进老年教育事业发展
2	《上海市终身教育促进条例》	2011年5月1日	第16条：教育机构应当按照教育、民政行政部门的要求，开展适合老年人特点、丰富老年人生活、增进老年人健康的知识型、休闲型和保健型文化教育； 第18条：人力资源和社会保障、农业等行政部门以及工会、妇女联合会等可以委托社区学院、社区学校和其他教育培训机构，开展社区内的在职人员、失业人员、农民、进城就业农村劳动者、老年人、残疾人教育培训

续上表

序号	名称	实施时间	与老年人力资源开发相关的表述
3	《太原市终身教育促进条例》	2012年12月1日	第11条：各级政府应当依托社区教育机构，为社区内学龄前儿童、学生、从业人员、待业人员、下岗再就业人员、流动人员、残疾人及老年人等提供教育服务； 第19条：鼓励教师、学者、离退休人员以及其他具有专业知识和特殊技能的人员从事公益性终身教育工作
4	《河北省终身教育促进条例》	2014年7月1日	第13条：县级以上人民政府及负责老龄工作的机构应当加强老年教育工作，在资金投入、基础设施建设等方面制定有关优惠政策，开展适合老年人特点、丰富老年人生活、增进老年人健康的知识型、休闲型和保健型文化教育。鼓励社会举办各类老年学校
5	《宁波市终身教育促进条例》	2015年3月10日	第14条：市和县（市）区人民政府应当合理配置老年教育资源，优化老年教育布局，重视老年教育机构建设。教育、民政等部门负责组织开展适合老年人特点、丰富老年人生活、增进老年人健康的知识型、休闲型和保健型文化教育

续上表

序号	名称	实施时间	与老年人力资源开发相关的表述
6	《苏州市终身学习促进条例》	2023年6月1日	第17条：本市各级人民政府应当加快发展老年教育，扩大老年教育资源供给，扶持建设老年教育机构。支持符合条件的老年教育机构加快现代化建设，将老年教育场所纳入城乡社区治理与服务规划，科学设置社区老年教育场所。老年教育应当针对老年人的特点和学习需求，开展健康养老、安全保护、防范诈骗、数字技能、生活休闲、人文艺术等学习活动，促进老年人身心健康、融入数字社会
7	《武汉市终身学习促进条例》	2024年6月1日	第15条：市、区人民政府应当在辖区内至少设立一所老年大学，并根据学习需求，扩大办学规模；推动开放大学举办老年开放大学；支持利用闲置房、公园、社区公共服务设施等资源，为老年人提供学习活动场所。 第24条：老年大学、开放大学、社区教育机构应当为老年人提供合适的学习资源和服务，针对老年人的特点和学习需求，开展健康养老、安全保护、防范诈骗、数字技能、艺术体育、生活休闲等学习活动

（五）关于老年教育政策的创新探索

老年教育作为老年人力资源开发最为直接的路径，其政策制定通常在相关国家立法和政策中体现。国家政策中最早提及"老年教育"的是1994年12月颁布的《中国老龄工作七年发展纲要（1994—2000年）》中，对老年大学发展做了明确的要求。《中华人民共和国老年人权益保障法》首次从国家立法层面明确老年人享有继续教育的权利，国家要发展老年教育。2000

年后,随着我国进入老龄化社会,为积极应对人口老龄化,在终身教育理念的推动下,老年教育政策在党中央、国务院及有关部门出台的一系列教育、老龄事业、养老服务体系建设、社区治理等与老年教育相关的规划和政策性文件中得到提及,并对发展老年教育提出了明确要求。[①] 而2016年国务院办公厅印发的《老年教育发展规划(2016—2020年)》则是我国唯一的老年教育专项规划政策。该规划为各地方政府发展老年教育提供了明晰的政策指引,具有一定的操作性。该规划发布后,各地方政府相应制定了适合当地的老年教育发展规划,开展了积极的创新探索。例如,在该规划中明确到2020年"以各种形式经常性参与教育活动的老年人占老年人口总数的比例达到20%以上""全国县级以上城市原则上至少应有一所老年大学,50%的乡镇(街道)建有老年学校,30%的行政村(居委会)建有老年学习点"[②]。部分地方政府在规划中,结合地方经济社会发展水平,对此标准则有所提升,如上海市规划中明确为到2020年"实现参与老年教育的人口达到全市老年人口总数的40%";[③] 福建省规划中明确到2020年"全省90%以上的乡镇(街道)、60%以上的村(社区)建立老年学校(学习中心)"[④]。各地方政府对老年教育发展政策从领导体制、实施保障(经费、人员等)、组织形式等方面做了创新性探索。而最为显著的创新探索体现是进入21世纪后,部分地方政府创新推进老年教育地方立法,形成了具有地方特色的老年教育制度。

目前,我国在国家层面尚未出台老年教育专项立法。我国第一部地方性老年教育法规是《天津市老年人教育条例》。该条例于2002年9月1日实施,其创新性突出体现在三个方面。一是规定了地方各级政府发展老年教育的职能,从立法层面明确了老年教育属于政府公共服务的范畴,这为老年教育的发展提供了强有力的保障。二是明确了发展老年教育是全社会的责任,规定了老年教育经费的保障形式,除了"各级人民政府应当根据本行政区老

[①] 籍献平、马少荣、朱全友:《中国老年教育政策法规的演进》,载《河北广播电视大学学报》2020年第2期,第1-5页。
[②] 国务院办公厅:《国务院办公厅关于印发老年教育发展规划(2016—2020年)的通知》,载《中华人民共和国国务院公报》2016年第31期,第28-32页。
[③] 《市教委等关于印发〈上海市老年教育发展"十三五"规划〉的通知》,https://www.shanghai.gov.cn/shssswzxgh/20200820/0001-22403_50169.html。
[④] 《福建省人民政府办公厅关于印发福建省老年教育发展规划(2017—2020年)的通知》,https://www.fuzhou.gov.cn/zgfzzt/slndx/zz/xwgk/zcwj/201801/t20180110_1993356.htm。

龄人口对老年人教育发展的需求，逐步增加老年人教育经费，主要用于政府举办的老年人学校"外，还明确了企业事业单位、社会、个人等多元化筹措渠道。三是重点关注基层老年人受教育权益。明确了"各街道、乡、镇及有条件的居民委员会、村民委员会应当有老年人学校"，从立法层面重点关注基层老年人均等享有受教育的权益，明确了社区充分支持老年人参与老年教育的责任。2017年，该市印发《贯彻落实老年教育发展规划（2016—2020年）实施方案》，健全了"教育、组织、民政、文化、老龄部门密切配合，其他相关部门共同参与的老年教育管理体制"[1]，并启动实施了老年教育服务能力提升建设项目，推进各区提升服务老年教育的能力，使老年教育取得了较快发展。截至2018年底，天津市老年人参加老年教育活动的总人数达到87.5万人，全市老年教育覆盖率为35.7%。[2]

《天津市老年人教育条例》的实施对我国老年教育事业的发展以及对老年教育的法规建设具有里程碑意义。[3] 它为积极应对人口老龄化、老年人力资源开发教育提供了法规依据和保障，同时也为其他地方政府发展老年教育提供了有益的借鉴。自2002年《天津市老年人教育条例》颁布实施后，相继有徐州市、湖南省等省市颁布实施"老年教育条例"，另有成都等城市颁布实施"社区教育促进条例"，将老年教育包含在其中（见表4-3）。地方政府关于老年教育政策创新均将提高老年人口素质，实现老年人"老有所教""老有所学""老有所为""老有所乐"，促进老年人积极服务社会确定为核心目标，通过老年教育积极引导老年人树立积极老龄观，实现积极老龄化。地方政府在老年教育政策创新方面取得快速发展，不仅为地方老年人力资源开发注入了重要的实践动力，也为未来国家层面的立法奠定了基础。

---

[1] 《天津市贯彻落实老年教育发展规划（2016—2020年）实施方案》，https://www.tj.gov.cn/zwgk/szfwj/tjsrmzfbgt/202005/t20200519_2370427.html。

[2] 阎妍、鲁士发：《天津老年教育发展特色及创新研究》，载《天津电大学报》2021年第1期，第55页。

[3] 孙平：《我国现行老年教育立法路径的分析报告——以现行法规为视角》，载《司法警官职业教育研究》2021年第2期，第29-36页。

表4-3 部分省市老年教育（含社区教育）立法（根据文献资料整理）

序号	名称	实施时间	与老年人力资源开发相关的表述
1	《天津市老年人教育条例》	2002年9月1日	第2条：本条例所称的老年人教育，是指以提高老年人思想道德和科学文化素质，使受教育者增长知识、丰富生活、陶冶情操、增进健康、服务社会为目的所实施的非学历的老年人学校教育和其他形式的老年人教育活动
2	《徐州市老年教育条例》	2007年7月10日	第4条：老年教育应当突出老年人及老年教育的特点，以提高老年人思想道德和科学文化素质，使受教育者增长知识、丰富生活、陶冶情操、增进健康、服务社会为目的，推动老有所教、老有所学、老有所为、老有所乐目标的实现
3	《湖南省老年教育工作暂行规定》	2010年6月24日	第2条：本规定所称的老年教育，是对老年公民实施的非学历教育及其他形式的教育活动。目的是提高老年人思想道德素质、科学文化素质和健康素质，使受教育者老有所学、老有所为、老有所乐
4	《成都市社区教育促进条例》	2017年2月1日	第3条：本条例所称社区教育，是指开发、利用各种教育资源，以社区居民为对象，开展的旨在丰富居民精神文化生活，提高居民素质、技能和生活质量，构建和谐社区的教育活动。（该条中的社区居民包含大量老年群体）

续上表

序号	名称	实施时间	与老年人力资源开发相关的表述
5	《西安市社区教育促进条例》	2020年1月1日	本条例所称社区教育，是指以社区居民为对象，开展旨在弘扬社会主义核心价值观，丰富居民精神文化生活，提升居民素质、技能和生活质量的公益性教育活动。（该条中的社区居民包含大量老年群体）
6	《安徽省老年教育条例》	2021年1月1日	第3条：老年教育是国家教育事业和老龄事业的重要组成部分，应当坚持党委领导、政府主导、社会参与、面向基层、因地制宜、按需施教的原则，推动多元、特色发展，实现老有所教、老有所学、老有所为、老有所乐、老有所安
7	《山东省老年教育条例》	2022年1月1日	第4条：发展老年教育应当以老有所教、老有所学、老有所为、老有所乐为目标，有益于老年人身心健康，提升老年人生活品质，提高思想道德素质和科学文化素质
8	《贵州省老年教育条例》	2023年1月1日	第3条：老年教育坚持党委领导、政府主导、社会参与、开放共享、公益普惠的原则，增进老年人身心健康，提高老年人思想道德素质和科学文化素养
9	《厦门经济特区老年教育规定》	2024年3月1日	第2条：本规定所称老年教育，是指为满足老年人增长知识、丰富生活、陶冶情操、提高素质、增进健康、服务社会需求开展的学习活动，是终身教育和老龄事业的重要组成部分。 第三条：引导老年人践行社会主义核心价值观和积极老龄观

第四章 中国式老年人力资源开发的政策依据

二、地方政策创新探索中需关注的问题

(一) 老年人力资源开发与地方经济社会发展相适应问题

第一,我国地域广阔,不同地区在经济社会发展上呈现出独特性和显著的差异性。这种多样性要求各地在开发老年人力资源时,必须紧密结合本地的资源特点和经济社会发展水平,将老年人力资源的开发纳入地方经济社会发展规划中,强化顶层设计,促进老年人力资源开发的科学性与合理性。一是需紧贴国家和地方的产业政策及老龄政策,制定符合与地方经济社会发展相适应的老年人力资源开发利用规划;二是需将老年人力资源的开发与地方养老服务保障、老年健康保障、银发经济、老年教育等领域的发展紧密结合,实现相互促进、协调发展;进而促进老年人力资源有效开发利用,更好地服务地方经济社会的发展,实现老年人力资源开发与地方经济社会发展的良性互动。

第二,我国各地区的资源配置和人力资源结构存在较大差异,这决定了开发老年人力资源须紧扣地方的人力资源现状与劳动力市场需求。地方政府在制定相关政策和措施时,需充分考虑老年人口数量和分布、老年人技能和健康状况、地方产业发展方向和就业市场需求等综合因素。一是根据我国当前人口老龄化结构城乡倒置的特点,需对城镇和农村地区在老年人力资源开发的重点方向和主要策略上有所区分。二是考虑到我国人口老龄化结构在地区间发展不平衡的状况,对于老龄化程度较高的东部沿海经济发达地区,应着重制定更优的低龄老年人力资源开发激励政策,鼓励和支持这部分老年人继续参与社会经济活动;而对于老龄化程度较低的西部欠发达地区,则可以更多地关注预防性措施,提前布局,为未来可能出现的老龄化挑战做好准备。

第三,我国各地区资源优势各异,这决定了各地老年人力资源开发须因地制宜,各具特色。地区资源一般包括地方人才、传统文化、自然资源、地理位置等各种广泛的资源。我国各地区资源差异较大,如东西部人才资源差异、南北方气候资源差异等,这势必促使形成各具特色的地方老年人力资源开发政策制度。例如:海南省充分利用其独特的气候资源优势,制定"候鸟人才"开发政策。"候鸟人才"是老年人口季节性流动与养老模式多元化双重背景下的产物,是海南省独特的老年人力资源宝库。海南省政府2017年

发布《关于充分发挥"候鸟型"人才作用的意见》,是极具地方特色的老年人力资源开发制度,并取得了显著的开发利用成效。据不完全统计,现在每年在海南休养越冬的"候鸟"有100多万人,他们中不乏老年学者、教授、专家以及各方面的优秀人才。

(二) 老年人力资源开发中代际就业均衡发展的问题

在积极老龄化社会环境的构建中,我国及地方老年人力资源开发相关法规政策制度在一定程度上关注到了代际冲突相关问题。但随着人口老龄化的加剧,代际资源分配、就业机会、社会保障等问题日益凸显。如何促进不同年龄群体实现利益共享,成为不可忽视的现实问题。而在老年人力资源开发实践中,老年人就业与年轻人就业的代际冲突现实存在,是尤其需关注并妥善解决的重要问题。

第一,完善就业政策制度。老年人就业不仅是其参与社会的重要形式,也是老年人在全生命期积极老龄化的具体体现,更是全社会对老年人社会参与权利的尊重和认可。一是通过制定老年人灵活就业和老年志愿服务政策,可以有效化解老年人就业与年轻人就业之间的潜在矛盾;二是通过相关法规政策的制定,保障老年人和年轻人在就业市场上享有平等机会。

第二,统筹人力资源开发,促进代际间合作。地方政府需将老年人力资源开发纳入地方经济社会发展中,统筹各类人力资源开发;制定"老带新""代际合作"等相关政策制度,促进代际合作与代际就业协同发展。

第三,优化产业结构,促进代际间差异化就业。通过优化产业结构,促进代际间差异化就业。结合地方经济发展特色,进一步调整和优化产业结构,促使老年人就业与年轻人就业市场形成差异化发展。积极开发适合老年人特点的就业岗位,与年轻人的就业岗位形成互补,进一步优化人力资源结构,切实改善劳动力的有效供给。

(三) 老年人资源开发政策约束刚性不足的问题

由于现有的老年人力资源开发相关政策制度形成于各类政策法规文件中,往往缺乏足够的法律约束力,导致在实际执行中乏力的问题突出。例如《福建省终身教育促进条例》立法时,只能用排除法从狭义的终身教育定位条例的适用范围,政府角色与非政府角色不平衡,缺少硬性约束条款等。[①]地方政府在老年人力资源开发制度的创新探索中,需特别注意避免出现政策制定与实施脱节的情况,明确政策制度清晰的法律地位,强调政策制度的约束刚性,防止出现"雷声大、雨点小"的尴尬境地。

第一,完善实施细则与标准,强化政策制度执行力。地方政府在政策制度设计中,一方面需明确对老年人就业支持保障的实施细则,例如贫困老年人再就业培训补贴标准、就业咨询和就业推荐服务形式等;另一方面,需明确规定老年人力资源开发的目标任务,如就业率、创业扶持率、参与培训率、就业岗位数等,这将有效提升各相关部门的政策执行力,确保政策目标任务的顺利落实,从而保障老年人力资源开发的效能。

第二,强化监督考评机制,增强政策执行的约束刚性。地方政府在政策制度设计中,可将老年人力资源开发工作纳入年度考核目标,建立监督考评管理机制,定期对参与老年人力资源开发相关的企事业单位、培训教育部门等进行监督检查和评估反馈,并支持社会公众广泛参与监督反馈,增强政策的透明度,确保政策执行的效率和效果。

第三,实施奖惩机制,促进政策实施效果。地方政府在政策制度设计上,需明确奖惩机制,形成政策执行闭环。一方面,对考核评价结果为优秀的老年人力资源开发相关单位给予补贴、奖励等激励措施,鼓励企业事业单位和社会组织积极参与老年人力资源开发利用;另一方面,实施责任追究机制,对于考核评价结果不合格,以及违反老年人力资源开发政策规定等情况,对相关责任人和单位(社会组织)责令整改,并追究责任或进行相应处罚。

[①] 国卉男、高晓晓:《我国终身教育立法的特点、偏差与改进——基于地方立法文本的分析》,载《职业技术教育》2019年第31期,第46-47页。

第三节　老年人力资源开发政策的科学化和法制化

一、老年人力资源开发政策的完善和发展

老年人力资源开发是国家积极应对人口老龄问题的重要战略举措，其政策的完善和发展与我国人口发展变化及我国积极应对人口老龄化社会问题国家战略的形成、实施过程密切相关。新中国成立以来，随着人口发展变化，我国对人口老龄化的认知经历了一个不断深化和发展的过程。人口长期均衡发展是经济社会发展的核心要素和重要基础。年龄结构是人口变化的重要指标，也是未来变化的基础条件。[①] 随着我国人口结构的变化，人口老龄化的加速发展带来的问题与挑战日益凸显，党和国家在中国式现代化进程中不断研判和应对人口老龄化问题，逐步形成并实施积极应对人口老龄化国家战略，构建和完善老龄化问题治理体系。老年人力资源开发政策制度正是在国家积极应对人口老龄化问题战略的不断深化和发展的过程中逐步形成和完善的。

（一）老年人力资源开发政策初步确立（新中国成立到20世纪末）

从新中国成立到20世纪80年代初，我国人口快速增长。主要有三方面原因：一是医疗卫生水平发展，人口整体健康水平有所提升，人口死亡率较新中国成立前大幅度下降；二是出现了两次人口生育高峰，即1946—1958年和1963—1972年，这两个时期人口持续快速增长，两个十年累计出生人口超过51414.69万人；[②] 三是1980年虽然正式提出"一对夫妇生育一个孩子"的政策，但是由于这一政策与农村实行家庭联产承包责任制"撞车"，

[①] 王广州：《新中国70年：人口年龄结构变化与老龄化发展趋势》，载《中国人口学》2019年第3期，第2-15、126页。

[②] 王广州：《新中国70年：人口年龄结构变化与老龄化发展趋势》，载《中国人口学》2019年第3期，第2-15、126页。

导致80年代生育率出现了小幅反弹,而1984年提出的"开口子"政策,导致生育率出现了较大幅度的反弹。1982年到1991年的十年共计出生了2.3亿人,出生率平均值达到21.4‰,人口增长了1.6亿人,这可以看成是第三次人口出生高峰。① 这一阶段我国人口结构总体呈现出年轻型特征。特别是第二次全国人口普查数据显示:1964年,0~14岁人口占全部人口的40.4%,劳动年龄人口占总人口的49.17%,61岁及以上人口占总人口的5.5%。② 1964—1982年这18年间,尽管整体人口年龄有所上升,但提升的幅度并不大。1982年0~14岁人口仍然超过全部人口的1/3,60岁及以上人口只占7.6%。③ 因此,这一时期,人口老龄化问题尚未引起社会的广泛关注,老年人通常被认为是弱者和需要加以特殊保障的对象,国家政策制度层面尚未涉及老年人力资源开发的相关问题。1982—2000年这18年间,我国人口结构开始发生改变。到2000年,0~14岁人口占比下降到22.9%,65岁及以上老年人口占比为7%,比1982年提升了两个百分点,我国进入人口老龄化社会行列。自此,国家政策制度层面开始关注人口老龄化问题,包括老年人发展及老年人力资源开发等相关问题。

我国早期的政策制度中通常用"老有所为"表达老年人力资源开发意蕴。自1984年到1999年期间,我国老龄工作相关政策文件中均明确提出"老有所为",并将其确立为我国老龄工作的重点目标之一。该时期老年人力资源开发政策的核心内容为三个方面。一是党和政府高度重视发挥老干部的作用和离休、退休专业技术人员的二次开发利用。例如,1986年10月发布的《关于发挥离退休专业技术人员作用的暂行规定》明确了"离休、退休专业技术人员应聘从事专业技术活动,可以取得报酬"④,从政策制度层面为老年专业技术人员人力资源开发提供了支持,鼓励该类老年群体继续服务经济社会发展。二是明确老年人力资源开发的主体对象为"低龄和健康老

---

① 乔晓春:《中国人口老龄化的过去、现在与未来》,载《社会政策研究》2024年第1期,第47页。
② 《第二次全国人口普查》,https://baike.baidu.com/item/%E7%AC%AC%E4%BA%8C%E6%AC%A1%E5%85%A8%E8%9B%BD%E4%BA%BA%E5%8F%A3%E6%99%AE%E6%9F%A5/1606365?fr=ge_ala
③ 国务院人口普查办公室、国家统计局人口统计司:《中国1982年人口普查资料》,中国统计出版社1982年版,第271—351页。
④ 新华社:《中共中央办公厅国务院办公厅转发有关规定 支持离退休专业技术人员继续发挥作用》,载《人民日报》1986年10月22日。

年人"。早在 1994 年的《中国老龄工作七年发展纲要（1994—2000 年）》中就明确要了"鼓励、支持低龄和健康老人在自愿的前提下，参与社会发展。"① 三是界定老年人力资源开发的范畴。1996 年，《中华人民共和国老年人权益保障法》第 68 条从八个方面明确了"老年人要参与社会发展"，② 鼓励老年人在自愿和量力而行的情况下，依法从事经营和生产活动，传授文化和科技知识、兴办社会公益事业，③ 为老年人力资源开发奠定了坚实的政策法律基础。

（二）老年人力资源开发政策的基本形成（2000—2020 年）

2000 年（我国正式进入老龄化社会）到 2011 年期间，国家政策从加大老年教育、促进社会环境构建、鼓励城乡老年人参加经济生产等方面进一步明确了老年人力资源开发政策。2001 年，国务院印发《中国老龄事业发展"十五"计划纲要》，在"五个老有"基础上增加"老有所教"，指出要"重视老年人的价值，发挥老年人的作用，引导老年人自立自强，积极向上"，并指出"在城镇，要重视老年人才资源的开发和利用，引导老年人从事教育、科研、咨询以及维护社会治安、社区服务等社会公益活动；在农村，鼓励健康老年人从事种植、养殖和加工业"。④ 这是国家政策文件中首次提出"老年人才资源开发和利用"，并指明了城乡老年人力资源开发利用的领域，对我国老年人力资源开发起到了极强的指导作用。2006 年出台的《中华人民共和国国民经济和社会发展第十一个五年规划纲要》指出"营造老有所养、老有所乐、老有所为的社会氛围"，⑤ 则从国家政策层面明确了

---

① 孙建国、薛承会、王琴：《从社会参与角度探讨"后职业发展"概念及其与老年教育的关系》，载《老龄科学研究》2015 年第 2 期，第 13-19 页。

② 《中华人民共和国老年人权益保障法》，载《中华人民共和国全国人民代表大会常务委员会公报》2015 年第 3 期，第 508-515 页。

③ 参见《中华人民共和国未成年人保护法》《中华人民共和国妇女权益保障法》《中华人民共和国老年人权益保障法》，中国法制出版社 1998 年版。

④ 《中华人民共和国国民经济和社会发展第十一个五年规划纲要——2006 年 3 月 14 日第十届全国人民代表大会第四次会议批准》，载《中华人民共和国国务院公报》2006 年第 12 期，第 16-48 页。

⑤ 《中华人民共和国国民经济和社会发展第十一个五年规划纲要——2006 年 3 月 14 日第十届全国人民代表大会第四次会议批准》，载《中华人民共和国国务院公报》2006 年第 12 期，第 16-48 页。

要构建老年人力资源开发的社会环境。2011年,《国务院关于印发中国老龄事业发展"十二五"规划的通知》首次在政策文件中提出"老年人力资源"的概念,并支持"老年人以适当方式参与经济发展和社会公益活动"。[①] 同年,《国务院关于印发国家人口发展"十二五"规划的通知》提出"提高人口素质和技能,充分开发老年人力资源,鼓励老年人参与经济社会活动"的精神要求,[②] 则进一步明确了老年人力资源开发的政策指引及目标任务。

2012年,中国特色社会主义进入新时代。党和国家逐渐将老龄工作纳入经济社会发展工作全局,全面构建积极应对人口老龄化政策体系,老年人力资源开发相关政策得到不断的完善。这一时期,国家确立了"老年财富观",从提高人口素质,促进人口结构长期均衡发展,改善劳动力的有效供给等宏观层面完善了老年人力资源开发政策制度。2016年《国家人口发展规划(2016—2030年)》将"积极开发老年人力资源"单列为第四章"增加劳动力有效供给"一节,将老年人力资源开发提到国家战略的高度;并提出"大龄劳动力人力资本开发行动",明确从教育培训、健康服务、就业促进、岗位开发、职业介绍等多方面鼓励大龄失业人员回归劳动力市场[③]等具体操作指引。2016年《国务院办公厅关于印发老年教育发展规划(2016—2020年)的通知》强调通过教育不断"提高老年人口素质",重视"老年人力资源开发"。[④] 这一专项规划从教育层面为我国老年人力资源开发提供了最为直接的政策支持。2017年发布的《"十三五"国家老龄事业发展和养老体系建设规划》提出了"培育积极老龄观,引导老年人树立终身发展理念,引导全社会正确认识、积极接纳、大力支持老年人参与社会发展""健全健康支持体系",并设置"加强老年人力资源开发"专门章节,明确了"将老年人才开发利用纳入各级人才队伍建设总体规划,鼓励各地制定老年人才开发利用专项规划",从老年人劳动权益保护等方面进一步明确了老年

---

① 《国务院常务会通过中国老龄事业发展"十二五"规划》,载《陕西老年学通讯》2011年第4期,第4-5页。

② 《中共中央关于全面深化改革若干重大问题的决定》,载《实践(思想理论版)》2013年第12期,第7-17页。

③ 《国家人口发展规划(2016—2030年)》,https://www.gov.cn/zhengce/zhengceku/2017-01/25/content_5163309.htm。

④ 《国务院办公厅关于印发老年教育发展规划(2016—2020年)的通知》,https://www.gov.cn/zhengce/zhengceku/2016-10/19/content_5121344.htm。

人力资源开发的具体要求。① 该规则从老年人健康支持、参与保障、规划设计等维度进一步完善了老年人力资源开发政策制度。2019 年,《国家积极应对人口老龄化中长期规划》明确指出了"构建老有所学的终身学习体系"以提高人口素质,通过老年人力资源开发以"改善人口老龄化背景下的劳动力有效供给",并从"构建养老、孝老、敬老的社会环境"② 为老年人力资源开发营造个人、家庭、社会、政府广泛支持的良好社会环境。自此,我国积极应对人口老龄化社会的老年人力资源开发政策基础基本形成,为开发建设与中国式现代化相适应的人才支撑体系提供了方向和指引。

(三) 老年人力资源开发政策的完善发展 (2021 年至今)

2021 年,我国进入深度老龄化社会。国家统计局数据显示,2010—2020 年,60 岁及以上人口比重上升了 5.44 个百分点,65 岁及以上人口上升了 4.63 个百分点。与上个十年相比,上升幅度分别提高了 2.51 和 2.72 个百分点。而自 2020 年到 2035 年,我国将迎来第二次老年人口增长高峰,年均增长将超过 1100 多万人。③ 2020 年 10 月,《中共中央关于制定国民经济和社会发展战略第十四个五年规划和二〇三五年远景目标的建议》明确提出"优化人口结构,拓展人口质量红利,提升人力资本水平和人的全面发展能力",从人口发展的战略视角明确"积极开发老龄人力资源、发展银发经济"④。2021 年,中共中央、国务院《关于加强新时代老龄工作的意见》中设置了"促进老年人社会参与"专门章节,明确提出"鼓励老年人继续发挥作用,把老有所为同老有所养结合起来,完善就业、志愿服务、社区治理等政策措施,充分发挥低龄老年人作用;在学校、医院等单位和社区家政服务、公共场所服务管理等行业,探索适合老年人灵活就业的模式;鼓励各地建立老年人才信息库,为有劳动意愿的老年人提供职业介绍、职业技能培训

---

① 《国务院关于印发"十三五"国家老龄事业发展和养老体系建设规划的通知》,载《中华人民共和国国务院公报》2017 年第 7 期,第 5 – 16 页。
② 新华社:《中共中央 国务院印发〈国家积极应对人口老龄化中长期规划〉:确保积极应对人口老龄化的人力资源总量足、素质高》,载《中国人才》2020 年第 1 期,第 4 页。
③ 总报告起草组、李志宏:《国家应对人口老龄化战略研究总报告》,载《老龄科学研究》2015 年第 3 期。
④ 《第十三届全国人民代表大会第四次会议关于国民经济和社会发展第十四个五年规划和 2035 年远景目标纲要的决议》,载《中华人民共和国全国人民代表大会常务委员会公报》2021 年第 3 期,第 428 – 502 页。

第四章 中国式老年人力资源开发的政策依据

和创新创业指导服务;深入开展银龄行动,引导老年人以志愿服务形式"参与基层活动等。① 该意见从国家层面对老年人力资源开发提出了具体要求和路径指引,对老年人力资源开发实践有着极其重要的指导意义。2021 年,《国民经济和社会发展第十四个五年规划和 2035 年远景目标纲要》提出"综合考虑人均预期寿命提高、人口老龄化趋势加快、受教育年限增加、劳动力结构变化等因素,按照小步调整、弹性实施、分类推进、统筹兼顾等原则,逐步延迟法定退休年龄,促进人力资源充分利用"②,进一步强调了加强老年人力资源开发的政策指引。2021 年,国务院《"十四五"国家老龄事业发展和养老服务体系规划》明确提出鼓励老年人继续发挥作用,以及未来五年加强老年人就业服务、促进老年人社会参与等具体任务和要求。③ 2023 年,教育部等十部门联合印发《国家银龄教师行动计划》,明确搭建国家层面的老有所为平台,挖掘退休教师资源优势,发挥其有益补充、示范引领作用,推动我国学习型社会、学习型大国建设,以及教育强国建设。④ 2024 年,国务院办公厅印发《关于发展银发经济增进老年人福祉的意见》,明确建设国家老年大学,推动面向社会开放,为广大老年人群体提供教育服务。⑤ 同年 6 月,人力资源和社会保障部发出《关于强化支持举措助力银发经济发展壮大的通知》,进一步明确通过发展银发经济,大力开发老年人力资源的要求,并明确"拓展银发群体增收渠道;引导用人单位大力开发适老化岗位,推广以老助老服务模式,吸纳留用大龄劳动者,充分发掘老龄人力资源潜力和价值,进一步发挥离退休专业技术人员作用;维护大龄劳动者劳动权益。支持超过退休年龄劳动者再就业"等促进老年人力资源开发的具体措施,对我国老年人力资源开发具有极强的操作性指导意义。老年人力资源

---

① 《中共中央 国务院发布关于加强新时代老龄工作的意见》,载《人民日报》2021 年 11 月 25 日,第 1 版。
② 《中华人民共和国国民经济和社会发展第十四个五年规划和 2035 年远景目标纲要》,载《人民日报》2021 年 3 月 13 日,第 1 版。
③ 《国务院印发〈"十四五"国家老龄事业发展和养老服务体系规划〉》,载《新华每日电讯》2022 年 2 月 22 日,第 1 版。
④ 《教育部 科技部 工业和信息化部 民政部 财政部人力资源社会保障部 国家卫生健康委 国家医保局中国科学院 中国科协关于印发〈国家银龄教师行动计划的通知〉》,https://www.gov.cn/gongbao/2023/issue_10726/202309/content_6906514.html。
⑤ 国务院办公厅:《国务院办公厅关于发展银发经济增进老年人福祉的意见》,载《中华人民共和国国务院公报》2024 年第 3 期,第 23 - 27 页。

开发日益得到党和国家的高度重视,在国家层面各类老年人力资源开发政策正逐步发展完善。

二、老年人力资源开发政策发展需关切的核心问题

公共政策的民主化、科学化、法制化是公共决策追求的最高目标。作为具有公共政策属性的老年人力资源开发政策的民主化、科学化和法制化发展,是建设中国特色社会主义法治体系和法治国家的重要任务和重要目标,也是实施积极应对人口老龄化国家战略,实现中国式现代化的内在要求。民主化是前提和基础,科学化是主导,法制化是保障,三者是相辅相成的关系。中国式现代化进程中,老年人力资源开发政策制度设计是一项系统性工程,涉及老年人基本权益保障、老年人健康与发展、老年人养老服务保障、老年人就业福利待遇等多个方面。当前,我国老年人力资源开发政策虽然在国家实施积极应对人口老龄化战略发展中得到逐步发展和完善。但这些政策大多以相关条款或专门章节的形式出现在不同的政策文件中,主要起到倡导性作用,缺乏刚性约束力。截至目前,国家层面尚未出台专门针对老年人力资源开发的专项政策法规。从现有老年人力资源开发政策制度来看,仍存在法制化、科学化、体系化不足的问题,需进一步发展完善。构建法制化、科学化、体系化的老年人力资源开发政策制度需核心关切以下问题。

(一)法律法规体系仍待完善,老年人权益保障仍不充分

以立法形式将老年人力资源开发确定为政府意志,是促进老年人力资源开发应用,为中国式现代化提供人力支撑的最高保障机制。立法保障亦是老年人权益的最高保障机制。《中华人民共和国老年人权益保障法》中虽然对老年人参与经济社会发展的权利做出了明确的规定,但在具体实施过程中仍然存在诸多问题。[1] 主要体现在以下方面。首先,《中华人民共和国老年人权益保障法》的法律位阶不够高。该法是由全国人民代表大会常务委员会制定的,而非全国人民代表大会直接制定,这与党和国家将积极应对人口老龄化确定为国家战略定位的契合度不足。同时,该法亦未明确老年人再就业福

---

[1] 廖力贤:《对城市低龄老年人的人力资源开发》,载《中国商界(下半月)》2008年第11期,第223页。

利待遇及老年人力资源开发教育培训等相关权益保障。以《中华人民共和国老年人权益保障法》为核心构建的涉老法律体系仍需完善。其次，老年人力资源开发配套性的重要法律法规存在空白。我国宪法等法律法规虽然有关于劳动者就业的普适性和一般性的规定，但从整体而言，仍缺少对老年劳动者的关注。我国现行《劳动法》规定，劳动者达到法定退休年龄的，劳动合同终止。这意味着已退休人员再就业，与用工单位之间的劳动关系不再受《劳动法》保护，就业年龄歧视事实上存在；实践中存在的老年人工资待遇保障、劳动健康保障、工伤认定和赔偿保障、工作时间保障等问题均超出劳动法规定的相关范畴。我国现行的《中华人民共和国就业促进法》中没有针对老年劳动者群体就业问题的具体规定，特别是没有禁止年龄歧视的明确规定；亦没有为老年劳动者提供职业技能培训和基本劳动条件保障的相关条文规定。国家层面尚未出台关于老年人再就业的相关法律规定，亦未出台老年人力资源开发的专门法规。此外，与老年人教育权益保障相关的老年教育和终身教育国家层面的立法尚未落实。例如，国家层面的终身教育立法规划最早出现于 1994 年，此后开启了 20 多年的曲折历程。终身教育的立法动议 14 次经提案程序被载入全国人大的审议报告，立法机关不仅表示法律草案已初步成型（由教育部牵头起草），而且明确提出将"适时列入立法工作计划"，但始终没有落实。[①] 再次，已有的政策法规有一些不适应新时代新形势的发展变化之处，有着一定的修正完善空间。例如，现行的法定退休年龄政策和非弹性退休政策仍存在完善的空间。最后，老年人力资源开发中存在不同程度的无法可依、无章可循现象，即使有相关规定，但大多数以倡导性形式出现，缺乏操作指导，贯彻执行起来难度很大。例如尚未妥善解决好老年人参与经济社会发展的责权利问题，以及对做出突出贡献的老年人才激励等相关问题。

综上可见，在我国现行的法律规范体系中，老年人力资源开发涉及的老年人各项权益保障仍有待加强；现行法律法规体系中，与老年人力资源开发的相关劳动权利、发展权利、养老保障、福利待遇等政策法规呈现出碎片化、滞后性等特点；老年人力资源开发缺乏针对性、明确性的操作指引，亦缺乏刚性约束力。亟须进一步加强老年人力资源开发相关立法研究，构建广

[①] 靳澜涛：《我国终身教育立法缘何"难产"：瓶颈与出路》，载《中国远程教育》2021 年第 9 期，第 1-2 页。

泛集中民智的决策机制、营造良好的决策社会环境,① 促进多元主体共同参与制度设计（尤其要广泛深入了解各级各类老年群体的意见和需求，积极推动老年人个体、老年人社会团体、组织集体参与决策），构建科学的制度体系，从制度制定（决策）、制度执行、协调运转等三个维度，建立健全老年人力资源开发相关法律规范体系，切实保障好老年人的各项权益，消除就业年龄歧视，是促进高质量老年人力资源开发的核心关切所在。

（二）顶层规划设计缺失，统筹协同机制尚未形成

顶层规划设计是一种战略性思维和方法，在我国经济社会发展多个领域被广泛应用。通过顶层规划设计可以清晰地明确各个发展阶段目标、方向、任务、措施等。在顶层规划设计中构建领导体制，有助于优化组织架构，增强政府领导力；有助于统筹人、财、物、信息等各类要素资源，形成多部门协同发展的运行机制，避免资源浪费和目标冲突，增强多部门协同发展的合力，促进可持续发展和协调发展。早在 1984 年，全国老龄工作会议就明确提出了"老有所为"为老龄工作的核心目标之一，这表明党和国家较早开始高度重视老年人力资源开发。然而，多年来老年人力资源开发政策制度设计一直停留于单一性或碎片化的设计层面，尚未对老年人力资源开发作出科学的顶层规划设计，导致存在以下方面的问题。一是缺少清晰的老年人力资源开发总体目标、核心目标，近长期目标，老年人力资源开发应用与国家重大战略、经济社会转型发展需求契合度低。二是未成立老年人力资源开发工作领导机构，领导体制不健全，多部门协同运行机制尚未形成。我国老龄工作职能分别归属多个部门，如各级老龄委、卫健委、民政部门、人社部门等多个行政部门及各企事业单位退休干部管理中心。因各部门老龄工作目标和工作侧重均有所不同，加之缺乏相应的领导机构和协同运行机制，导致各部门在老年人力资源开发实践工作中对相关政策制度的执行落实长期处于九龙治水、自找门路的分散状态，缺少统筹协调，未能有效协同，难以形成工作合力。② 三是缺乏老年人力资源开发的阶段性具体目标、任务和措施，难以有效指导和推进各层次各类型老年人力资源开发取得理想的效果。目前，各

---

① 陈振明：《政策科学》，中国人民大学出版社 1998 年版，第 225 页。
② 范宪伟、李琦：《人口高质量发展背景下老年人力资源开发的思路建议》，载《人口与健康》2024 年第 7 期，第 8 - 11 页。

类型老年人力资源开发尚处于自发状态。第七次全国人口普查数据显示，62.44%的60～69岁老年就业人口分布在农林牧渔业，老年人就业高度集中在第一产业。而中国社会科学院关于中国城市劳动力抽样调查数据显示，城镇退休人员实际办理退休手续的平均年龄为53岁。依据国际上65岁及以上为老年人的标准，我国大部分退休人员尚未进入老年阶段；退休人员劳动参与率仅有4.2%，其中男性为4.9%，女性为3.7%，而65岁及以上老年人劳动参与率仅有1.8%。[1] 这表明，我国老年人力资源开发仍有着巨大的空间，亟须加强老年人力资源开发顶层规划设计，构建我国老年人力资源开发领导体制和协同运行机制，统筹多要素资源，促进多部门协同发力，有计划、有目标、分步骤地推进老年人力资源开发，优化人力资源结构，促进劳动力的有效供给。

（三）政策制度生态环境不完善，缺乏操作性指引

完善的政策制度生态环境是老年人力资源开发的重要基础性条件。我国老年人力资源开发政策制度生态环境主要应包括老年就业培训教育政策、就业市场服务政策、就业激励政策、就业福利保障、健康发展保障、社会支持政策等多个方面。

我国老年人力资源开发政策制度的形成逻辑决定了其缺乏完善的政策制度体系，难以有效支持老年人力资源开发的实践发展。从当前的相关政策制度来看，老年人力资源开发在很大程度上仍处于倡导性和鼓励性层面，与积极应对人口老龄化战略目标尚存在较大的差距。具体表现在以下方面。

一是对老年人就业能力发展支持不足。在过去很长一段时间里，我国老年教育归属民政部门管理。1999年，"老年非学历教育"又划归文化部管理；[2] 因此，老年教育长期被划归于文化娱乐活动。2016年，我国发布首个老年教育发展专项规划《老年教育发展规划（2016—2020）》，老年教育回归教育属性，并获得快速发展。老年教育广泛采用线下教育+线上远程教育的形式，迅速覆盖城乡社区，老年人获得了丰富的教育资源，并以多种形式广泛参与学习。但在老年教育长期发展的过程中，形成了以"休闲娱乐、精

---

[1] 《中国日报网评：开发中老年人力资源是积极应对老龄化的重要举措》，http://ex.chinadaily.com.cn/exchange/partners/77/rss/channel/cn/columns/8hk2q2/stories/WS606e84b4a3101e7ce9748204.html.

[2] 吴思孝：《我国老年教育的历史追溯与未来展望——基于政策发展视角》，载《成人教育》2019年第6期，第42-48页。

神文化"为主体的教育形态。由于缺乏终身职业教育发展视角，老年职业能力发展教育在这一公共教育服务政策制度设计中缺乏针对性、细化操作指引，相关支持保障显著不足，甚至存在一定程度上的缺失。据调查，大部分人拥有的知识和技能相对老旧，无法应对时代的变化和满足岗位需求，[1] 技能不匹配是老年人就业面临的关键问题之一。

二是就业支持政策不充分。当前的就业政策制度设计中，就业服务对象未包括已达到退休年龄的老年人。退休老年人再就业一方面未能享受就业补贴、培训补贴等就业促进政策；另一方面缺乏面向老年人就业的配套服务平台，未能面向退休老年人提供专业化、精准化的就业指导、推荐等服务。此外，老年人创业支持保障亦不充分。

三是未构建有效的就业激励政策。一方面缺乏对老年人再就业的相关激励机制，如老年人未享有平等的就业待遇、就业保障等。据了解，国家开放大学和相关省市推行学分银行，老年人参加学习后计算学分，达到一定的学分量可以兑换礼品或学习课程等，但并未能对其形成有效的就业激励；另一方面对企业的有效激励机制不足。虽然在相关政策中提及鼓励企业拓展适老化岗位，为老年人提供就业机会，但由于缺乏细化的操作指引，在实践层面仍然难以落地。调查数据显示，企业用工偏好年轻人，且普遍有明确的年龄限制，未能积极开发适老化的就业岗位。

四是社会支持政策不充分。第一，社会公众对老年人力资源开发存在一定的偏见和误区，代际就业冲突尤为突出，普遍认为老年人就业会抢夺年轻人的就业岗位，尤其是在激烈的就业市场竞争中，年轻人及社会普遍存在的焦虑情绪强化了这一认知误区。第二，社会公众普遍对老年人力资源开发的价值认知不足，尚未从家庭、社区、社会三个层面构建起对老年人力资源开发的良好支持环境和社会氛围。第三，大多数老年人对自身全面而终身发展的内在需求认知不够清晰，对自身参与社会经济生产活动的价值理解不足，仍未能形成积极老龄观，也未能将其内化为推动老年人力资源开发的内在价值追求与动力源泉。

---

[1] 李若冉、韩雪：《积极老龄化背景下老年人再就业路径优化》，载《市场周刊》2024年第20期，第187–190页。

第五章　中国式老年人力资源开发的策略

本章基于我国整体人口资源及老年人口资源现状，依据马克思主义中国化理论成果及老年经济学等学科理论，探讨了中国式老年人力资源开发策略。本章的基本框架为必须遵循的基本原则、宏观策略、中观策略、微观策略四个部分。本章首先结合我国国情，厘清了中国式人力资源开发必须遵循的基本原则，即思想意识先行原则、政策导向原则、"三因"利导原则。宏观策略部分主要针对老年人力资源开发政策发展及实践中须核心关切的问题开展研究，提出加快完善相关立法建设，切实保障老年人权益；加强顶层规划设计，推进统筹管理有序开发；完善政策制度生态环境，细化操作指引等策略建议。中观策略部分比宏观战略具有更强的针对性和操作性，主要围绕老年人力资源开发的具体实施策略开展研究，提出设立三级老年人力资源开发实施专门机构，完善老年人就业支持保障措施，构建老年人就业支持服务平台等策略建议。微观策略部分从以人为本出发，以满足老年人的社会参与需求为核心，主要围绕社区、企业、家庭、老年人四个具体层面提出策略建议，促进全面提升我国老年人力资源开发水平与效能。

第一节　中国式老年人力资源开发必须遵循的基本原则

一、思想意识先行原则

（一）制约老年人力资源开发的传统观念

当前，我国社会尚未全面确立老年人力资源开发思想。社会公众对于老年人资源的开发利用持有多种不同的观点和看法，在一定程度上制约了老年人力资源开发的进程。

1. 老年人无用论

这种观点来自两个方面，一是老年人自身，二是社会公众。从人的全生命周期视角来看，老年人退休后将经历从角色剥夺到角色转换的发展过程。随着其社会参与度降低或性质的改变，将导致出现心理老化，进而产生无用感。此外，退休也标志着进入老龄化阶段，由年龄增长引发的躯体变化和身体机能的自然衰退也会加剧这种无用感。社会中普遍存在的"老年人无用"的观念主要体现在两个方面：一是忽略了老年人过去对社会做出的巨大贡献及其所创造的价值。二是忽视了老年人积累的丰富经验、知识和专业技能优势等具有潜在的社会价值，是宝贵的社会资源。三是夸大"数字鸿沟"的现实障碍，认为老年人跟不上社会和技术变革的速度，不能有效适应经济社会发展的新需要。这种片面的看法固化为"年龄歧视"，降低了老年人继续发挥余热、贡献社会的可能性。据学者研究发现，一个65岁的美国老人平均余寿为17.7年，其中13.9年是活跃的（78.53%），仅有3.8年是依赖的；老年活跃期仍然是对经济社会、家庭、个人层面发展有着巨大潜力的价值期，也是积极老龄化的重要时期。① "老年人无用论"从本质来说是社会公众对人的全生命发展周期的认识不足，以及对新时代新老年人能力与潜力缺乏深入了解而产生的刻板印象和认知误区。

2. 代际冲突观念

代际冲突（Generation Conflict）通常又称代际竞争，是指年轻人与老年人两代人之间在思想价值观念、生活理念、行为模式、经济能力等多个层面存在差异而引起的矛盾和对立。② 美国学者玛格丽特·米德在其《文化与承诺：一项关于代沟问题的研究》一书中提出了关于代沟问题的"三喻文化概念"，即"前喻文化""并喻文化"和"后喻文化"，用以分析两代人在思想和行为上的区别。③ 周怡认为，代际冲突是一种因环境条件的剧烈变

---

① 穆光宗：《成功老龄化：中国老龄治理的战略构想》，载《国家行政学院学报》2015年第3期，第55–61页。

② 尚子娟、王书琪：《代际主体互动视角下我国家庭托育支持模式探析》，载《太原理工大学学报（社会科学版）》2024年第3期，第118–125页。

③ 曹迪、吴阿娟：《"一老一小"跨代共融为老服务模式探究：以"一老一小"成长ING项目为例》，载《信阳师范学院学报（哲学社会科学版）》2020年第2期，第32–35页。

迁、基本社会化过程被中断或格局转变从而造成代际价值观念和行为取向在选择层面产生差异、隔阂与矛盾的社会现象。① 代际冲突伴随一代一代间生命的延续而普遍存在于人类社会发展中。随着现代信息技术的变革和经济社会的加速转型发展，在人口老龄化日益加剧的社会背景下，代际冲突更加普遍并深化，究其深层次原因主要为两个方面。

一是资源分配问题。从经济社会发展的角度来看，人口老龄化导致的高抚养比意味着社会资源和财政支出在老年人口的退休金、养老服务、基础医疗、社会福利和健康保障等方面的分配比例将会增加，并且随着老龄化的加剧，这一趋势将更加凸显。从家庭层面来看，随着人口预期寿命的不断增加，加上我国长期实施的一孩生育政策，年轻一代将面临承担赡养多位老人和养育子女的双重压力；而老年人亦有可能面临退休金不足、医疗费用增加等问题造成的经济压力。特别是在农村地区，老年人贫困的现象较为普遍，其在基本养老、医疗、健康保障等领域或将面临更大的经济压力。资源分配和经济压力可谓引发代际冲突的重要源头。

二是市场就业竞争问题。由于产业转型升级、就业岗位转变、工作经验相对不足等因素，部分年轻人在就业市场中相比老年人更缺乏竞争力。就业竞争压力和年轻人失业问题成为政府与社会广泛关注的民生议题。因此，引发了更为普遍而深刻的代际冲突。社会公众普遍认为老年人应该退出就业市场，为年轻人让出更多的就业机会或岗位，甚至大部分人对老年人就业存在歧视或不理解。②

3. 家庭传统观念

受我国传统孝道观念影响，大多数家庭成员认为老年人退休后或进入老年阶段后应该颐养天年，不需要再进入劳动市场或延长工作时间。第一，家庭成员通常对老年人健康和安全的关注度较高，对老年人就业或参与具有一定劳动强度的经济生产活动存在较大担忧，甚至会劝阻老年人参与其中。第二，对于有退休金或其他稳定经济收入来源的老年人，家庭成员则认为其不需要通过就业等社会参与形式增加收入，因此对老年人就业缺乏鼓励和支持。第三，有较高收入水平的子女，则会从经济方面给予老年人更多向上的

---

① 王兆鑫：《"台前幕后"：农村家庭儿童抚育过程中祖辈、父辈的职能分工和代际关系》，载《社会建设》2020年第2期，第54－65页。

② 李朋波、白奔等：《国内老年人力资源开发的研究述评与展望》，载《中国人力资源开发》2016年第8期，第6－12页。

代际支持，同样不鼓励老年人参与工作。有研究表明，家庭成员结构与家庭状况对老年人社会参与有着显著影响，现存子女数少、与配偶和子女同住、孩子性别都为女孩、子女受教育程度高、参与隔代抚育和生活不需要照料的老年人社会参与度更高，得到家庭成员的支持更充分；60～69岁的低龄老年人获得的支持最多，尤其是情感支持。① 例如，受教育水平高的子女为父母提供参与老年大学学习等多种资源支持的可能性更大。但也有研究认为，子女受教育程度越高，为父母提供的精神慰藉反而越少。② 很多研究表明，老年人的社会参与与健康成正相关。家庭成员需打破传统的孝道观念，对老年人多种形式的社会参与给予充分的代际支持，这将有助于老年人在老年活跃期获得新的发展，创造新的价值，获得更强的幸福感。

（二）全面树立老年人力资源开发新理念

1. 培育积极的老龄观

从人的全生命周期发展来看，老年生命历程中的活跃期就是老年发展期。老年发展是制度性退休和功能性退休之间的过程。③ 老年发展是指老年人积极的社会发展，是老年期的继续社会化，是老年生活的学习化和工作化倾向。④ 在这个阶段，老年人自身累积的知识、技术、阅历、经验以及终身学习和发展，将通过参与经济生产、志愿服务等形式，为经济社会发展和人类文明进步创造新的价值和贡献。实践表明，老年人中的高级知识分子、专业技术人员、技能工匠等自身累积的文化知识、技能技术经验等，仍在科技创新、文化教育、医疗卫生等不同领域发挥着巨大的作用。而农村老年人一直处于无退休状态，持续参与劳动，为乡村振兴建设贡献了积极的力量。习近平总书记多次在会议和报告中强调要积极看待老年人，老年人是党和国家宝贵的社会财富。2024年5月，人力资源和社会保障部印发的《关于强化支持举措助力银发经济发展壮大的通知》明确提出了要积极宣传"老年财

---

① 刘赛赛：《老年人家庭代际支持、社会参与水平与健康行为的关系》（学位论文），华北理工大学2023年，第26-42页。
② 王洁：《子女数量与受教育程度对家庭养老资源供给的影响研究》（学位论文），河北经贸大学2021年。
③ John W. Rowe, Robert L. Kahn, "Human aging: Usual and successful", *Science*, 1987 (23), pp. 1493-1492.
④ 穆光宗：《成功老龄化：中国老龄治理的战略构想》，载《国家行政学院学报》2015年第3期，第55-61页。

富论",① 进一步从产业经济发展层面强调了老年人是宝贵的社会财富。2017 年发布的《"十三五"国家老龄事业发展和养老体系建设规划》也提出:"培育积极老龄观,引导老年人树立终身发展理念,引导全社会正确认识、积极接纳、大力支持老年人参与社会发展。"② 培育积极老龄观,不仅是国家政策层面的任务要求,也是社会大众支持落实积极老龄化国家战略的责任。当前,需加大关于老龄化国情,包括人的全生命周期发展、积极老龄化、老年人力资源开发、银发经济发展等相关内容的普及化宣传教育,增进全社会对老年发展阶段的了解和认知,正确看待老年人和老年人的社会参与,促进社会公众对积极老龄化的理解与支持,在全社会树立积极老龄观,为老年人力资源开发构建起思想理念基础。

2. 确立正确的代际观念

1992 年,联合国召开的老年问题国际会议上倡导关注老年人的处境、终身的个人发展、代与代之间的关系、发展与人口老龄化之间的关系,并主张建立不分年龄人人共享的社会。③ 赛勒姆、布兰切特、博奇奥、罗杰对法国的研究表明,在控制总产出不变的情况下,老年和青年之间并不存在就业替代关系,老年劳动参与率的提升反而伴随着青年就业率增加和失业比率的下降。阳义南对 OECD 国家的相关研究也表明,总体上推迟退休政策不仅延长了职工的平均退休年龄,而且还降低了青年失业率。④ 可见,老年人力资源开发以及老年人再就业与青年一代就业之间并不存在反向关系。通过"跟岗实习""以老带新"等形式,年轻人向老年人学习经验、技能技术,将有利于快速学习和掌握技术、经验等,促进其职业能力的快速发展,进而增强其就业竞争力。此外,基于终身学习理论的视角,代际间相互学习相互支持,一方面有助于促进老年人发挥文化传播和经验传授的教育功能,另一方面青年人则可以帮助老年人掌握新技术、新技能和新观念,顺利跨越"数字鸿沟";促进构建友好型代际关系,促进传统文化与现代文明的融合发展。

---

① 《强化支持举措助力银发经济发展壮大》,载《中国人力资源社会保障》2024 年第 7 期,第 62 页。
② 《"十三五"国家老龄事业发展和养老体系建设规划》,https://www.gov.cn/zhengce/content/2017-03/06/content_5173930.htm。
③ 《老龄问题宣言》,https://www.un.org/zh/documents/treaty/A-RES-47-5。
④ 阳义南:《中国老年经济学透视》,光明日报出版社 2021 年版,第 217-230 页。

3. 促进充分的家庭支持

家庭是老年人生活和社会参与的重要载体。家庭成员对老年人社会参与给予充分支持是老年人积极参与人力资源开发、实现积极老龄化最为直接的支持动力。第一，家庭成员需改变传统的孝道观念，正确认知和理解积极老龄化，从积极老龄观的视角将传统孝道观念转化为养为结合的观念，帮助老年人更好地实现人生价值。第二，家庭成员需理解老年人积极的社会参与是其实现再社会化的重要基础，也是其身心健康发展，进而实现人的全面而终身发展不可或缺的部分。第三，家庭成员需对老年人的社会参与从时间、空间、精神等多维度给予充分的支持，例如当老年人参与家庭照料劳动时，需为其预留一定的学习和参与社会活动的时间，并提供相关的资源支持或精神鼓励等。第四，家庭成员需更多地关注老年人身心健康发展的需求，对老年人的身心健康给予充分的关心和帮助，为促进其身心健康的发展提供必要的支持保障，这不仅是提升老年人生活质量的关键，也是开发老年人力资源的重要基础。

二、政策导向原则

我国老年人口体量巨大，如何顺利实现"2035年进入全球人力资源强国行列"的目标，关键之一在于有效激励老年人积极参与人力资源的开发，更好地释放全社会的人力资本潜能，构建与中国式现代化建设相匹配的人力资源结构体系。科学精准的政策导向是推动老年人力资源开发的方向和保障。老年人力资源开发作为积极老龄化国家战略的重要组成部分，其政策导向需以健康中国、乡村振兴、科教兴国、新兴产业发展、扩大内需、创新驱动发展等国家专项战略同频共振、同步实施[1]为基础，加强顶层设计和制度构建。

（一）政策制度设计需面向全体老年人

科学完善的政策制度设计，充分有效的支持保障条件，将行之有效地激励老年人广泛参与人力资源开发，实践老有所为。在国家宏观政策及各省市

---

[1] 中国老年学和老年医学学会组织编写、杜鹏主编、刘维林执行主编：《推动实施积极应对人口老龄化国家战略研究》，人民出版社2023年版，第12页。

地方实施政策设计之初,需从就业服务、薪资待遇、支持保障、激励机制等制度设计上面向全体老年人敞开人力资源开发的大门。

一是加强老年人力资源开发权益保障导向。老年人力资源开发是贯彻落实积极应对人口老龄化的国家战略的重要举措,应当视为老年人的一项基本权益,给予充分保障。其核心在于加快建立健全相关政策法规范,切实完善我国老年人力资源开发政策制度环境,明确政府、企业事业单位、社区、个人等层面的操作规范和指引,切实保障老年人力资源开发的权益。

二是强化老年人力资源开发的基础性支持保障,主要包括健康保障、教育保障、社会参与保障。三个基本保障要素既是对积极老龄化政策框架核心要素的回应,也是实现老年人力资源开发的根本性前提。在老年人力资源开发政策制度设计中,需加强对基本保障要素的支持力度和约束刚性。目前,我国对城乡大体量的务工人员和农村老年人口参与老年人力资源开发的支持保障显著不足。这一数量庞大的老年人群体处于无退休状态,缺乏必要的健康和教育资源支持保障,部分老年人因长期从事低收入劳动而处于贫困状态。统计数据显示,当以全国最低生活保障收入的 1.5 倍作为相对收入贫困线时,全样本的贫困发生率为 42.5%,近八成贫困人口集中在农村,农村户口老人的贫困发生率为 53.58%,城镇户口老人的贫困发生率为 13.14%。[①] 保障好该部分老年人的教育、健康等权益,提升其技术技能水平,将促使其转化为城镇化、乡村振兴战略的重要人才支撑;进而有效保障其福利待遇,提升其经济收入水平,是解决城乡老年贫困,提升养老服务保障水平的重要路径,也是事关中国式现代化高质量发展的重要环节。

三是政策制度设计需面向全体老年人群。在各层级各类型的政策制度设计中,需面向全体老年人群体做科学分类和精准细分,将政策支持和指引有效覆盖到各层次各类型的老年人群,有效引导老年人在技术服务、决策咨询、科研、经济生产、创业、志愿服务等领域发挥积极的作用,提升老年人力资源开发的效能。

(二)政策制度设计需做好分类开发和统筹管理

老年人力资源开发处于中国式现代化进程的宏大场景中,需在遵循资源

---

① 刘佩、孙立娟:《中国老年人多维相对贫困测度与识别研究》,载《经济与管理评论》2022年第1期,第137—150页。

优化配置和经济学关于资源开发的总体规律基础上,确保老年人力资源开发的顺序、力度以及进度与国家整体人力资源开发目标保持平衡,[①] 并与经济社会发展在不同阶段的需求相适应。具体而言,老年人力资源分类开发和统筹管理,一是要与我国经济社会发展整体经济资源开发和资源优化配置的基础环境相适应,二是要与我国整体人力资源开发目标、任务及进度相一致。基于整体性、系统化视角,结合我国老年人力资源结构、特点、优势等,做好分类开发设计和统筹管理,确保老年人力资源开发的层次、进度等与经济社会发展需求相适应,成为我国劳动力有效供给的重要补充。从我国老龄工作相关政策制度来看,老年人力资源开发最早始于各层级关工委的工作,其目标是鼓励各级退(离)休干部在关心下一代成长上发挥余热,贡献力量。长期以来,老干部、老战士、老专家、老教师、老模范类型的老年人力资源开发获得较为充分的支持与推进。受我国城乡二元结构的影响,城镇务工老年人和乡村老年人力资源开发统筹推进力度显著不足,所获得的政策支持也相对薄弱,形成了当前城乡老年人力资源开发的不均衡格局。这种差异不仅限制了老年人力资源的充分利用,也影响了城乡一体化发展的进程。老年人力资源开发政策的制度设计需统筹考量各层次各类型老年人力资源优势,有机结合区域经济社会发展需要,做好科学规划设计、分类开发和统筹管理,实施精准化、科学化开发。在政策制度设计中,还需充分关照各类老年群体的核心需求,关注老年人终身而全面的发展。

我国老年群体类型层次结构复杂,可以从学历、城乡、专业技术、职业工种等多个维度进行分层分类划分。不同类型老年群体在文化知识、技能技术、经验积累等方面均有着显著的差异,进而表现为老年人群在人力资源开发中的需求差异。做好老年人力资源分类开发,一是需全面构建老年人力资源大数据库,依据年龄、学历、专业、城乡等关键要素对老年人群做好细化分类;二是需厘清我国经济社会发展中人力资源紧缺的行业及需求类别,确定老年人力资源开发的类型、目标和任务;三是根据国家经济社会发展的重点进行战略部署,确定老年人力资源开发的长期规划和发展方向,促进城乡老年人力资源开发均衡发展,优化人力资源配置。

根据新技术新业态的发展,可以加大推进以下类型的老年人力资源的开发。一是加大对农村老年人力资源开发。我国农村人力资源中绝大部分都是

---

① 陈力:《老年人力资源的特点与开发原则》,载《中国人才》1996年第12期,第6–7页。

普通型人力资源，技能型与创新型人力资源严重缺乏。① 根据国家乡村振兴战略，可有针对性地为农村老年群体开展农业种植、养殖技术，以及互联网营销等技能培训，有效提升农村老年人的技术技能水平，促进其有效参加农村经济建设的技术，进而提升其经济收入水平，切实解决农村老年人贫困和养老保障不足等现实问题，进而促进乡村振兴发展。

二是加大推进新型服务业老年人力资源开发。在技能型社会建设背景下，家政服务、托育、养老护理、园艺种植等新型服务行业的新发展对从业人员的技能技术能力提出了新要求。调研数据显示，在城镇从事家政服务、托育、养老护理等岗位的务工群体绝大多数在50岁以上。新型服务业发展需切实加大对该类老年群体相关职业技能的培养，促进其职业能力发展，更好地适应我国技能型社会发展和新型服务行业发展的需要。

三是充分开发退休高级知识分子群体人力资源。高级退休知识分子，一般指具有副高以上职称的退休人群，该群体有着显著的专业技术能力优势，并对新兴数字化技术、学科研究等发展保持着一定的兴趣，愿意接受新事物。加大该群体在新技术新能力等方面的发展型能力开发，能促使其更充分地参与经济生产活动，服务经济社会发展，成为推动科技进步和文化发展的重要力量。

（三）政策制度设计需明确重点领域和重点方向

老年人力资源开发政策设计可依据经济社会转型发展需要，明确老年人力资源开发的重点领域或重点方向，分阶段分领域做好重点引导和推进，推动重点领域和行业的老年人力资源开发成效，促进形成辐射效应，全面带动整体老年人力资源开发。根据我国老年人力资源的优势和特点，可以重点加强以下领域老年人力资源开发的政策引导和推进。

1. 重点强化教育文化领域的政策引导

一方面，支持相关行业领域的高级知识分子、专家等退休后以各种形式继续参与科研、教学等相关工作，充分发挥其学科带头人的作用，加大对年轻人"传帮带"的培养支持，共同为行业领域的技术创新或改革贡献力量。另一方面，鼓励他们积极支持西部地区及经济欠发达地区的教育文化事业发

---

① 白宇：《我国农村人力资源开发现状、问题及对策》，载《乡村科技》2018年第17期，第10-12页。

展，有效弥补区域人力资源短缺问题，促进区域经济社会的均衡化发展。

2. 重点加强医疗卫生领域的政策引导

充分发挥该领域专家、高水平医务人员退休群体在技术攻关、学科研究、医疗团队打造等方面的引领作用。医疗卫生是政府公共服务的重要组成部分，直接关系到人民群众的生老病死和健康保障等重大民生问题。近年来，我国医疗水平和条件获得了长足的发展。但目前仍存在医疗卫生公共资源供给不足的情况，医疗水平与资源发展不均衡现象仍十分突出。通过积极的政策引导，一方面支持全国知名医生、专家等退休医务人员深入参与科学研究与医疗技术创新工作，为促进我国城乡医疗卫生发展水平贡献力量；另一方面，鼓励他们到经济欠发达地区和乡村开展医疗卫生建设帮扶，有效补充医疗卫生人力资源，并通过"传帮带"培养年轻的医疗卫生人才和团队，积极促进城乡医疗卫生水平的均衡发展。

3. 重点加强乡村振兴领域的政策引导

结合乡村振兴国家战略具体实施需要，一方面支持农业技术专家、行业能手等退休群体参与到乡村振兴建设，补充乡村振兴人力资源；另一方面引导留守农村的老年群体积极参与相关农业种植养殖等技术学习，提升服务乡村振兴建设的新技能、新能力。随着城镇化发展，社会流动性加大，年轻人口大量流向城镇，占全国老年人口约1/4的农村老年人已成为留守农村的主要劳动力。加大对农村老年人力资源开发是不可回避的重要议题。在政策制度设计中，需积极引导农业技术专家、行业能手等退休群体加大对农村老年人群体的支持与带领，构建由退休农业专业技术人员为农村老年人传授农业新技术技能的"二维"老年人力资源开发新模式，促进老年群体更有效地参与乡村振兴发展，创造新的经济社会价值。

4. 重点加强城镇服务业领域的政策引导

随着技能型社会的构建和人民群众对高品质服务业需求的日益增长，加强对服务行业的人力资源开发，提高其服务技能和素质，已成为推动新型服务业发展和满足高品质消费需求的迫切需要。因此，需从政策层面加强对老年务工人员参与新技能和新职业工种培训的支持和引导，比如实行免费培训、培训费用补贴、积分落户等激励措施；鼓励老年务工人员积极参加培训学习，有效提升他们的技能水平和综合素质，以适应技能型社会及高品质服务业发展的需要，弥补城镇服务行业人力资源不足的问题。

三、"三因"利导原则

老年人力资源开发不是一项一蹴而就的工作，需因势利导，因人利导、因循渐进；需根据我国人口老龄化特点、人力资源现状、区域经济发展水平等因素，分步骤、分阶段，有序推进老年人力资源的开发，确保老年人力资源开发效率和质量，为中国式现代化在不同阶段提供适需性、高质化的人力支撑。

（一）因势利导，有序推进

因势利导，有序推进老年人力资源开发，需把握好两个关键。一是老年人力资源开发利用需遵循经济资源开发和优化配置的总体规律，根据经济社会发展、文化教育发展的需求有序推进。确保老年人力资源开发的顺序、力度及进度与整体人力资源开发目标保持平衡，确保不对其他劳动年龄人群的就业产生制约和影响。[1]

二是将老年人力资源开发融入中国式现代化发展进程，根据各个阶段发展的重点、特点、需求等，因势利导老年人力资源开发。此外，我国老年人力资源开发还应当根据人口老龄化的各个阶段特征，以及各阶段经济生产对劳动力的具体需求，因势引导不同类型的老年人群积极参与老年人力资源开发，实现老年人力资源开发的有序推进与经济社会有序发展相融合。

（二）因人利导，分层分类推进

我国大体量的老年人力资源本身具有多类型多层次的差异性特点。因此，老年人力资源开发需要结合老年人的身心状况、个人能力、意愿等因素，鼓励老年人尽力而为，在自己能力范围内积极参与适当的工作；[2] 既要确保他们享有良好的退休生活，也要尊重个人的选择和需求。因人利导，分层分类推进老年人力资源开发，可从以下方面着手。一是可以依据老有所学、老有所乐、老有所养、老有所为四个方面，相应从学习文化知识、休闲

---

[1] 鲍春雷：《加强顶层设计　推进老年人力资源开发》，载《中国劳动保障报》2020年12月30日。

[2] 鲍春雷：《加强顶层设计　推进老年人力资源开发》，载《中国劳动保障报》2020年12月30日。

娱乐、保健养身、服务社会等四个层次分类开发老年人力资源。二是根据老年人退休准备、角色转换、潜能开发、高龄自我保护四个年龄段的需求层次差异进行老年人力资源开发。三是根据老年人需求层次，从"基础性、特色性、发展性、价值创造性"四个层次进行老年人力资源开发。不同维度不同类型的人力资源开发又可进行相应的层次细分，根据因人利导原则，精准有效地推动各类型各层次老年人群参与到人力资源开发中。

（三）因循渐进，分步骤分阶段推进

分步骤、分阶段，循序渐进地推进我国老年人力资源开发，即要求在政策制度设计中以中国现代化进程中各阶段的实际需求为导向，综合考虑我国人力资源结构的发展变化及老年人力资源的发展趋势等客观因素，合理规划短期、中期和长期的开发方案，需着重关注以下因素。

一是需依据我国各地域在经济发展基础、地理资源条件、人文社会环境，人力资源结构等方面因素，制订可行性高的推进计划。人口老龄化速度的不同将加大地域间劳动力年龄结构的分层。目前，经济较为发达地区有着较为充足的人力资源支撑并促进经济发展，而经济欠发达地区则会因人力资源流失而出现人力资源严重缺乏的现状。[①] 城乡地区的老年群体社会参与的需求和自身条件也存在着很大差异。因此，各地政府需在国家老年人力资源开发总体规划指导下，依据当地人力资源与经济社会发展需求等多方面因素，采取分步骤、分阶段的方式推进老年人力资源开发。

二是需依据经济社会发展的各阶段特点，制定重点地域和重点领域的老年人力资源开发倾斜政策。具体而言，根据我国城乡二元结构，以及东西部区域经济发展不均衡特点，需综合考虑地域经济发展需求、资源条件等因素，重点制定农村和经济欠发达地区老年人力资源开发的倾斜政策，优先开发劳动力资源紧缺地域及领域的老年人力资源，促进我国人力资源开发的均衡化发展，有效助推中国式现代化进程的高质量发展。

三是需根据我国老龄化发展进程，做好深度老龄化社会和超老龄化社会老年人力资源开发的重点部署，明确老年人力资源开发的重点阶段和主要目标，为中国式现代化在各发展阶段提供有效的人力支撑。

---

① 朱翠明：《中国现代化进程中的人口老龄化问题与应对研究》（学位论文），吉林大学2021年，第126页。

第二节　中国式老年人力资源开发的宏观策略

一、完善老年人权益保障法律法规建设

维护好、保障好、发展好老年人权益，是坚持以人民为中心的发展思想的具体体现和必然要求，是实施积极应对人口老龄化国家战略的根本目的和核心目标。① 由于我国仅用了不到 30 年的时间"跑步进入老龄化"，具有"未富先老""未备先老"等特点，老年人权益保障立法明显滞后于人口老龄化的高速发展。我国老年人权益保障发展不充分、不均衡的根本性问题仍然突出。一是城乡老年人在养老、医疗、教育等方面的权益保障不均衡问题尤其突出。对比城乡养老金水平可见一斑。2020 年，城镇职工基本养老金为 3350 元/月，而城乡居民养老金平均水平为 170 元/月。② 二是受各区域经济发展不均衡因素影响，在西部等经济欠发达地区，老年人在教育、医疗等多个维度的权益保障仍不充分。三是受老年人退休前职业、能力等因素影响，老年人参与社会及获取资源的能力与机会亦存在较大差异。四是城乡老年人贫困现实存在，贫困老年人在教育、医疗等权益保障上存在不均衡、不充分现象。我国城乡老年人合法权益保障亟须得到进一步的发展和完善。

随着国际老龄化的加剧，世界上有 140 多个国家在法律中增加了涉及老年人合法权益的条款。发达国家的老年政策法规体系比较健全，涉及老年人基本权益保障的各个方面，能充分地保障老年人就业、发展等社会参与权利，积极促进老年人力资源开发。③ 例如，日本在 1947—2021 年出台了老年人就业权益保障等相关立法近 17 部，并根据日本经济社会发展及人口老龄化社会发展各阶段特点，从国家、社会、企业、个人层面对老年人就业保

---

① 中国老年学和老年医学学会组织编写、杜鹏主编、刘维林执行主编：《推动实施积极应对人口老龄化国家战略研究》，人民出版社 2023 年版，第 130 – 133 页。
② 中国老年学和老年医学学会组织编写、杜鹏主编、刘维林执行主编：《推动实施积极应对人口老龄化国家战略研究》，人民出版社 2023 年版，第 130 – 133 页。
③ 汪地彻：《中国老龄法律体系构建论》，载《辽宁大学学报（哲学社会科学版）》2012 年第 11 期，第 104 – 111 页。

障等权益做了进一步完善和发展。日本早在1955年便实施了《高龄社会对策基本法》，第九条指出中央政府将为老年人提供各种机会，使其根据自己的意愿，通过长期的工作生活发展职业能力。日本早期的相关立法以完善老年人就业、福利、学习等各项权益保障为核心，通过立法明确禁止就业年龄歧视、促进高龄劳动者失业后再就业、企业提高中老年劳动者雇佣率等相关规定；1970年颁布的《高龄者就业促进法》是一部旨在促进老年人就业的专项立法；2021年日本修正《高龄者雇用安定法》，其旨在保障70岁以下的老年人的就业机会。① 科学、完善且有约束刚性的立法保障，促使日本老年人积极参与经济社会生产，老年人力资源得到充分开发。此外，日本还颁布实施《国民年金法》《日本老年人福利法》《日本老年人保健法》，形成了劳动就业、收入保障、医疗保健以及社会保险四大对策体系，② 为老年人力资源开发提供了坚实的保障。厚生劳动省相关数据显示，2020年，日本老年人的就业人数达到892万人，占全体就业人员的13.3%；③ 据估测，65～69岁老年人的就业率到2030年将增加至49.9%。④ 德国于1889年制定了世界上第一部老龄法——《老年保险法》（其后经过了五次修正），1957年又制定了《老年农民援助法》，1995年颁布实施了《社会护理保险法》。⑤从德国立法可见，其对老年人权益的保障亦较为全面，尤其是以专项法规的形式对农村老年人权益给予了高度保障。美国于1967年颁布实施了《就业年龄歧视法案》，明确禁止年长工人申请或强迫年长工人在特定年龄退休的规定。⑥ 上述典型的经验做法，为切实推进中国式老年人力资源开发，加快完善老年人权益保障立法建设提供了有益的借鉴。

---

① 田相菇：《中日老年人经济参与立法比较研究》（学位论文），兰州大学2021年，第14-17页。
② 曲玉萍、赵晓琴：《关于保障老年人合法权益的建议》，载《长白学刊》2006年第2期，第108-109页。
③ 薛浩：《日本老年人口达到3617万 有四分之一的女性年龄在70岁以上》，https://www.sohu.com/a/694940681_121687414。
④ 丁英顺：《日本人口老龄化与老年人力资源开发》，中国社会科学出版社2016年版。
⑤ 汪地彻：《中国老龄法律体系构建论》，载《辽宁大学学报（哲学社会科学版）》2012年第11期，第104-111页。
⑥ Laurie A. McCann, The ADEA @ 50 – More Relevant Than Ever, https://www.aarp.org/content/dam/aarp/aarp_foundation/litigation/pdf – beg – 02 – 01 – 2016/AARP – Testimony – ADEA50 – EEOC.pdf.

（一）完善积极老龄化相关法律法规

我国老龄问题相关立法发展明显滞后于人口老龄化的发展速度。目前，需进一步完善《中华人民共和国老年人权益保障法》《中华人民共和国劳动合同法》《中华人民共和国社会保险法》《中华人民共和国就业促进法》等老龄相关法律，切实完善老年人就业权益保障。

一是《中华人民共和国老年人权益保障法》需设立具体实施细则。在该法中，虽然明确了老年人社会优待、社会保障、社会参与、社会服务等方面的权益，但因缺乏具体的保障落实路径，制度执行缺乏约束刚性。此外，社会参与的规定亦未能有效引导老年人资源开发的新发展。因此，该法在具体实施细则与制定完善上仍存在较大空间。[①]

二是明确禁止就业年龄歧视。消除就业歧视、实现平等就业，是社会主义核心价值观——公平正义的重要体现，是切实保障全体公民均等享有公共利益的重要路径。虽然在人力资源和社会保障部最新印发的《关于强化支持举措助力银发经济发展壮大的通知》中明确了"维护大龄劳动者劳动权益"[②]，但其仍是从政策层面的倡导性表述，尚未明确禁止就业年龄歧视。依据国家积极老龄化政策框架，《中华人民共和国劳动法》《中华人民共和国就业促进法》尚待进一步修正完善，需通过法律条文明确禁止年龄歧视，从就业保障、劳动权利、福利待遇、健康保障、养老保险等各方面进行具体规定，将老年人纳入就业服务对象，切实保障老年人的就业权益。

三是明确激励机制。在法律法规中需进一步明确对参与老年人力资源开发的个人、企事业单位、社会组织等各方的激励机制和措施。一方面，有效鼓励和支持老年人在自身条件允许的情况下积极参与各类就业，重新进入劳动力市场；另一方面，明确企事业用人单位开发适老化的工作岗位的责任和义务，并制定有效措施激励企业加大对适老化工作岗位的开发。

（二）推进老年人力资源开发专项立法

第一，通过专项立法对政府、社会、企业、个人的责权利进行细化规

---

① 汪地彻：《〈中华人民共和国老年人权益保障法〉配套立法论要》，载《社会科利（理论版）》2022年第1期，第37-46页。

② 《关于强化支持举措助力银发经济发展壮大的通知》，https://www.gov.cn/zhengce/zhengceku/202406/content_6956292.htm。

定，即对老年人力资源开发中各方主体责任和权利进行刚性约束和实施指导，促进各方主体切实履行责任和义务。第二，明确全体老年人均等享有终身发展权益。老年人终身发展的权益保障主要涵盖生存能力、适应经济社会变革的能力、运用新技术的能力以及胜任新工作岗位的能力等方面。专项立法需重点保障老年人均等享有职业技能培训和教育的机会，从而有效提升全体老年人终身职业能力的发展水平。第三，在专项立法中需重点关照生活处于贫困状态、学历层次低、缺少技能特长的老年群体，增加其参与职业技能培训和教育的机会，切实促进该类老年人的职业能力发展，以能力发展强化健康、养老等各项基本权益的保障效果。

（三）重点关切老年人的健康权益

健康人力资本是老年人力资源开发的重要基石。老年人的健康权益保障无疑是老年人权益保护的重要内容，也是完善相关立法时需要重点关注的领域。老年人健康主要包括生理和心理两方面。生理（身体）健康主要涉及医疗卫生保障、健康水平等。在法律法规中，保障好老年人基本医疗保障、养老照护、居家照护的同时，还需明确老年人作为自我健康第一责任人的权利和义务，推动其做好自我健康照护。心理健康主要涉及人格尊严、身份认同、精神赡养、关爱陪伴、社会参与等层面。老年人离开工作岗位后，身份和环境的变化，以及生理机能的衰老和躯体功能的退化等因素，都会对其心理、认知、思想等方面带来负面影响，使老年人容易产生失落、抑郁、无助等不良心理状态或疾病，影响身心健康。因此，需从立法层面明确支持保障老年人身心健康发展的规定。首要是构建广泛支持老年人健康发展的社会文化；重点完善社区老年人健康照护机制，尤其需重点保障独居、空巢、孤寡、失能老人群体的健康照护。此外，要积极构建老年友好型社区，为老年人积极再社会化提供良好的支持环境，促进老年人积极参与社会发展，实现身心健康发展。

（四）优先保障老年人的受教育权益

教育是提高人口素质、实现老年人力资源开发最为直接的路径。在完善立法工作中，需重点关注老年人的受教育权益，优先保障老年人均等地享有受教育的权利与机会。一是教育机会均等，需在立法中以法律条文明确规定，保障老年人无差别地享有受教育的权利与机会。二是教育资源均等配置，地方政府要提供与当地经济发展水平相适应的兜底性财政支持，促进城乡各区域老年人教育经费的投入、场地、设施设备等教育资源配置均等。三是教育质量均等，即要为城乡各层次老年人提供课程、师资、教材等符合老年教育规律、特点、需求的产品和服务。四是教育目标均等，即促进城乡各层次老年人终身而全面的发展，通过积极的社会参与服务社会经济的可持续发展，以应对人口老龄化社会的问题与挑战。

在立法中，需根据人口老龄化社会的问题与挑战，明确大力发展老年人力资源开发教育，强化实施老年人终身职业教育；重点保障好城乡贫困老年群体的生存能力和职业能力发展的教育权利与机会。此外，依据经济社会的新发展，要广泛关注老年群体适应新技术和新经济业态发展的职业能力提升教育，尤其需着力为城乡老年人跨越"数字鸿沟"提供充分的教育支持；并将老年人终身职业教育与银发经济发展有机结合，促进老年人参与经济生产的职业能力发展，促进老年人广泛参与银发经济生产活动，增强老年人力资源开发应用的效能。

（五）切实保障老年人的社会参与权益

这表明，当前我国老年人社会参与主要集中在干农活、做家务、文化娱乐活动等，对于需要一定知识和技能的发展型社会参与仍然非常不足。[①] 积极的社会参与是实现老年人力资源开发的重要前提。《中国劳动统计年鉴2022》的数据表明，农林牧副渔业就业人员中60岁以上的老年人占比为30.8%，而科学研究和技术服务业就业人口中60岁以上的老年人占比为1.1%。[②] 基于老年人社会参与不充分的现状，在完善立法工作中需从以下四个方面切实保障老年人社会参与权益。一是需明确规定加大对老年人社会参与的社会支持系统的构建力度；二是需明确规定加强老年人社会参与的组织保障和协调管理；三是需明确规定面向老年人逐步开放社会治理、社会服务、文化传承等岗位或活动，促进老年人发展型的社会参与；四是需完善退休高级知识分子、高级干部、专家等参与社会经济发展的激励机制，明确该

[①] 王莉莉：《中国老年人社会参与的理论、实证与政策研究综述》，载《人口与发展》2011年第3期，第35-43页。

[②] 李桂芝：《中国劳动统计年鉴2022》，中国统计出版社2022年版，第80-81页。

类老年群体在法律许可的范畴内积极参与经济社会的生产、创新研究等，可以获取相应的劳动报酬。构建积极有效的社会参与机制，将为促进高质量的老年人才资源开发奠定良好的基础。

二、强化顶层规划设计和统筹管理

（一）构建老年人力资源开发专门机构

构建国家层面的老年人力资源开发专门机构，将有效提升该项工作的领导力度和统筹推进成效。构建国家老年人力资源开发专门机构，可由老龄委牵头，民政部、人社部、教育部等多个涉老部门联合组建老年人力资源开发领导委员会或相关领导机构，下设工作办公室。该机构首先是发挥强有力的领导职能，协调多部门共同制定国家老年人力资源开发中长期规划，确各阶段的目标、任务，明确各参与部门的责权利等；其次是发挥统筹管理职能，构建协同机制，协同多部门、多主体力量参与，强化老年人力资源开发的领导力和推进效率，并对工作开展监督评估，协调解决过程中可能遇到的问题，确保高效、高质、有序统筹推进老年人力资源开发。

（二）明确顶层规划设计

1. 设计的基本逻辑

老年人力资源开发顶层规划设计需从积极应对人口老龄化国家战略的高度，以改善我国劳动力的有效供给为中国式现代化提供强有力的人力支撑和实现中华民族伟大复兴的宏伟目标为逻辑起点，遵循以下基本逻辑。一是全面掌握我国人口老龄化各阶段整体人力资源结构，将老年人力资源开发利用纳入国民经济和社会发展总体规划范畴，纳入国家中长期人才发展规划纲要，[①] 合理设置老年人力资源开发目标。

二是需全面梳理当前老年人力资源存量、开发现状、劳动力市场需求、存在问题等，明确中国式现代化进程各个阶段人力资源开发的重点方向和领域，以及需重点解决的相关问题。

[①] 鲍春雷：《加强顶层设计 推进老年人力资源开发》，载《中国劳动保障报》2020年12月30日。

三是掌握中国式现代化进程中各阶段经济社会发展的新需求，以及新变化带来的市场用工新要求与发展趋势，精准确定与经济社会发展相适应的老年人力资源开发重点领域与重点目标。

四是老年人力资源开发顶层规划设计需紧贴乡村振兴、技术创新与产业升级、城镇化、绿色经济、积极应对人口老龄化等国家专项战略，密切对接新一代信息技术、人工智能、生物医药、现代基建、数字经济等战略性新兴产业、先进制造业发展和现代化经济体系建设的需要。从国家经济社会发展的宏观层面统筹规划，通过政策引导和支持，促进老年人力资源的有效开发与利用。

2. 需关注的重点问题

根据我国现有的人力资源结构与分布情况，以及老年人力资源开发实践现状，在老年人力资源开发顶层规划设计中，需重点关注以下问题。

一是需重点关注西部地区、农村等欠发达地区技术人力资源和高精尖人力资源不足的问题。需精准开发高需求性老年人力资源，着力促进区域间人力资源均衡发展。

二是需重点关注现有老年人力资源浪费的问题。根据公务员序列的中、高级退休干部相关管理规定，该类人员（该类退休老年群体具有高学历、工作经验丰富、领导能力水平高等特点，部分人员还具有高级专业技术职称）退休后不得到任何企事业单位再就次业，也不得参与相关经济生产活动，这在一定程度上导致了人力资源的浪费。基于盘活老年人力资源存量的核心目标，需将该类老年人群纳入老年人力资源开发体系。建议对公务员等人员退休后参与社会活动的相关政策规定作出适当调整，允许并鼓励各类型退休人员参与经济生产活动。

三是需重点关注考核评价和激励的问题。在统筹推进老年人力资源开发的基础上，需将该项工作纳入各级政府部门的绩效考核目标，依据近期、中期、长期开发目标，实施定期考核和动态考核，科学评价老年人力资源开发的成效，及时总结经验并给予相应的激励。对于考核与评估中存在的问题，可以通过借鉴先进经验及时整改落实与完善，进一步优化老年人力资源开发路径。同时，需强化对考核评价结果的应用，构建管理闭环，这将有助于强化老年人力资源的开发效能。

三、建立健全政策制度生态环境

（一）构建老年职业教育公共服务体系

教育是老年人力资源开发最为直接有效的路径。老年职业教育则是提升老年人职业能力水平的核心要素。当前，我国老年教育基本形成了以休闲娱乐、文化康养为主要内容的教育结构形态，但老年职业教育严重滞后于经济社会发展的需要。

2018 年，国务院发布《关于推行终身职业技能培训制度的意见》，提出要"深化人力资源供给侧结构性改革，推行终身职业技能培训制度，大规模开展职业技能培训"，要求"针对城乡全体劳动者，推进基本职业技能培训服务普惠性、均等化"[①]。该意见为发展老年职业育提供了重要的政策指引。构建老年职业教育公共服务体系，即需以老年人力资源开发与老年人终身职业能力发展为依据，基于国家现有的职业培训体系，构建契合老年人职业能力发展需要的职业技能培训教育供给服务体系。该供给服务体系的构建需遵循以下基本原则：一是以促进老年人职业能力发展为核心，二是与老年人生活技能需求与终身发展需求相适应，三是与老年人学习特点与学习需求相契合，四是与国家职业教育培训体系及产业经济发展紧密对接。具体可从以下方面着手：一是梳理现有职业技能培训体系中适合老年人学习与职业发展的相关课程资源；二是紧贴银发经济的新发展趋势，支持和鼓励有条件的高校、职业院校开设与老年职业教育相关的专业和课程，加强学科专业建设，提升人才开发培养质量；三是支持和鼓励有相关专业优势的高校、职业院校和老年大学，以及职业培训机构参与开发老年职业技能培训课程资源；四是推进职业教育与产业发展的深度融合，支持和鼓励企业参与老年职业教育资源开发，促进老年人力资源开发的产教融合，创新老年人力资源开发模式。同时，需健全国家、省、市老年职业教育分级分层培训服务体系，充分应用现代信息技术构建"互联网＋"老年职业教育体系，[②] 为老年人职业能力发展提供便捷、灵活、泛在的学习范式。

[①] 《国务院关于推行终身职业技能培训制度的意见》，载《中华人民共和国国务院公报》2018 年第 14 期，第 5–9 页。

[②] 杨芳：《发展老年职业教育的着力点》，载《中国社会科学报》2022 年 3 月 22 日。

(二) 完善灵活就业政策制度

1. 完善灵活就业保障政策

健全的就业保障机制是有效实施老年人力资源开发的根本性前提。一是制定和实施灵活就业政策制度，明确企业和老年人灵活就业的权益和义务，倡导企业采用灵活用工的模式。二是构建面向老年人的健全灵活的劳动力市场，鼓励企事业单位积极开发各类适老化工作岗位，促进老年人以兼职、远程、临时性等形式灵活就业。三是完善老年人灵活用工合同、福利待遇、健康保障等机制。四是完善企业灵活用工的责任与权利。例如，在日本许多公司通过返聘从自己公司退休的员工，提供推荐（或以补贴形式）帮助退休员工到分公司或者委托公司就业；日本有 1/3 的退休员工以这样的方式实现再就业。[1] 而韩国政府与企业合作者提供专门的具有针对性的岗位，明确降低老年劳动者的工时要求。[2] 灵活的工作形式不仅契合老年人身心特点的需要，同时也有助于促进用工单位聘用高水平的退休人员参与技术创新、科学研究等，增强老年人力资源开发效能。

2. 完善弹性延迟退休制度

从 2013 年《全面深化改革若干重大问题的决定》明确提出"研究制定渐进式延迟退休年龄政策"[3]，到 2024 年 7 月召开的第二十届中央委员会第三次全体会议提出"按照自愿、弹性原则，稳妥有序推进渐进式延迟法定退休年龄改革"[4]，延迟法定退休年龄作为积极应对人口老龄问题挑战、有效开发老年人力资源的重要措施，一直以来受到党和政府的高度重视，并已进入实施阶段。

我国长期实行法定年龄强制退休制度。我国最新实施的渐进式退休年龄规定，最高退休年龄为：男职工 63 岁，女职工 58（或 55）岁，亦为法定年龄强制退休制度。有学者研究指出，强制统一退休政策缺乏内在合理性，会

---

[1] Robert L. Clark, Ogawa Naohiro, "Transitions from career jobs to retirement in Japan", *Industrial Relations: A Journal of Economy and society*, 1997, 36 (2).

[2] Tetsuro Mizoguchi, Nguyen Van Quyen, "Amakudari: The Post-Retirement Employment of Elite Bureaucrats in Japan", *Journal of Public Economic Theory*, 2012, 14 (5).

[3] 新华社：《中共中央关于全面深化改革若干重大问题的决定》，载《前线》2013 年第 12 期，第 5-19、27 页。

[4] 《中共中央关于进一步全面深化改革 推进中国式现代化的决定》，载《党史文汇》2024 年第 8 期，第 2、65 页。

导致有能力的老年人力资源的浪费，使经济发展损失大量的熟练劳动力，甚至可能导致退休制度运行效率低下，形成事实上的社会利益与分配不公。① 阳义南的研究表明，延迟退休年龄并不符合职工的实际期望。② 职工对于退休年龄的预期受退休前的工资、养老金、家庭财产等经济因素，工龄、单位属性、职务、教育年限等其他因素的影响。简单地延长退休年龄显然缺乏充分必要条件。刘文等学者的研究表明，英、美、法、德等国面临人口老龄化问题，均实施延迟退休年龄与养老金制度配套改革；退休年龄调整蕴含多重目标，渐进式、弹性化延迟退休成为各国共同的发展趋势。③ 因此，一个更优的选择是采用弹性延迟退休制度，允许老年人根据自身条件和意愿自主选择退休年龄，此举更加契合我国积极应对人口老龄化问题的现实需要。

构建弹性延迟退休制度，需关切两个关键点：一是弹性延迟退休年龄上限的设计需要科学合理，否则起不到应有的作用。如目前公务员和事业单位的女性职工，副处或副高以上职称可以选择55岁或是延迟到60岁或63岁退休，其间是否可以根据身体状况等条件选择在55～63岁这个区间的任意年龄退休，即弹性延迟退休，是在政策制度设计中需高度关注的问题。

二是部分公务员或企事业单位关于退休人员返聘使用的二次退休年龄设计也需采用弹性方式。例如当前部分城市组织部下属的老干部大学，返聘退休人员参与学校的教学管理和科研工作，返聘最长期限为10年；无论性别，一旦达到此期限，均需二次退休。然而，每个人的身体状况、工作能力、意愿等不尽相同，部分人员70多岁仍然可以继续参加研究性工作。因此，需对返聘使用人员的二次退休年龄做弹性设计，以便更有效地开发和应用老年人力资源。构建弹性延迟退休制度，通过岗位调整，为有能力、有意愿、健康状况良好的老年人提供更适合的工作岗位，将有助于促进我国老年人力资源的开发应用效能。

（三）健全就业激励机制

健全老年人就业激励机制，其核心在于：一是准确识别老年群体的就业需求和动机；二是需确保老年人就业目标与企事业用工单位用人需求的一致

---

① 黎文武、唐代盛：《弹性退休制度与养老保险保障制度整合初论》，载《西北人口》2004年第3期，第39－42页。
② 阳义南：《中国老年经济学透视》，光明日报出版社2021年版，第41－45页。
③ 刘文等：《积极老龄化在东亚的发展》，经济科学出版社2021年版，第120－141页。

性；三是激励措施需公正、公开、透明、可操作，确保增强正向激励效果。老年人就业激励机制可从老年群体、企业事业用工单位两个维度进行制定。

1. 强化老年人就业促进激励机制

一是将老年人纳入现行的就业帮扶范畴，与年轻人同等享有就业支持，例如免费就业培训、推荐就业机会等。二是制定老年人就业补贴机制。例如对真实就业的老年人给予就业补贴、培训补贴、社保补贴等各种形式的奖励。三是制定老年人创业帮扶资助机制。为老年人创业提供指导、经费资助、税收优惠等，鼓励条件允许的老年人自主创业。四是完善学习激励机制。运用国家及各省市学分银行系统，鼓励老年人参加各类培训学习，计算学分，通过积累达到一定的学分便可转换为学习成果，并给予相应奖励，促进老年群体实践终身学习，不断促进终身职业能力发展。

2. 完善企业老年用工激励机制

通过制定税收优惠、社保补贴、用工补贴、培训经费补贴等激励政策，鼓励企业事业等单位积极开发适合老年人的用工岗位，有效吸纳老年人就业。一是鼓励各类企业事业单位、机构根据人口老龄化社会发展的国情，科学开发适老化就业岗位。例如开发社区志愿服务、养老护理、公共场所管理服务等工作岗位。二是鼓励企业吸纳老年人就业，为老年员工提供岗位培训和继续教育，帮助老年员工更新知识和技能，适应岗位工作变化的新要求。三是鼓励企业做好老年人健康保障，为老年人上岗提供适老化工作环境，尊重老年人身心健康发展的需求，提供弹性工作时间和必要的健康检查等。四是定期开展企事业单位老年人用工宣传活动，对优秀的用工单位给予多维度的支持、奖励和宣传，提升其社会影响力，从而强化老年人力资源开发的正向激励作用。

（四）优化社会支持服务体系

首先，从国家层面需加大老龄化国情宣传教育，提高全社会对人口老龄化问题的挑战及应对策略的认知，进一步提高社会公众对老年人是社会宝贵财富的认知，理解并尊重老年人力资源开发，消除年龄歧视，构建起广泛的社会认同，对老年人力资源开发给予积极支持。

其次，社会层面需构建促进老年人就业的环境与社会氛围，通过配套政策发动市场、社会组织、社区、家庭等多个维度的力量积极为老年人再就业提供环境支持保障，营造有利于老年人力资源开发的社会氛围。企业层面需从消除年龄歧视、积极开发支持老年人就业的工作岗位、视老年人健康状况提供灵活就业安排等方面提供支持保障。社会组织层面需从为老年人提供必要的职业介绍、就业推荐，以及法律咨询服务等方面提供支持保障。社区层面需从构建友好型老年社区，提供社区教育和终身学习机会、开发社区服务工作岗位、健康检查和健康管理服务等方面提供支持保障。

再次，家庭层面需营造支持老年人社会参与的氛围，即家庭成员需对老年人就业等各类型的社会参与给予情感与时间上的鼓励、健康关怀、学习帮助、就业协助等支持。

最后，老年人个体层面需加强老年人"老有所为"的内在价值体系的培育和建构。通过宣传教育，引导老年人全面建构积极的心理认知，形成内在驱动力，促进积极的角色转换，将被压抑或潜在的"老有所为"意识释放并转化为积极的实践行动，积极参与老年人力资源开发。

第三节 中国式老年人资源开发的中观策略

一、设立三级老年人力资源开发专门机构

老年人力资源开发是一项系统性工程，根据统筹原则和协同原则，建议组织设立省—市—区（县）三级老年人力资源开发专门机构，组织协调区域各部门形成合力，统筹落实老年人力资源开发各项具体工作。为确保该专门机构的有效运行，需从以下方面着手构建。

一是机构设置及人员配备。可建立老年人力资源开发领导小组，由各级党委或政府主要领导担任组长，由各级组织部、老龄委、老干部局、人力资源和社会保障厅（局）、教育厅（局）、民政厅（局）等涉老部门主要领导担任小组成员。在机构设置中，需明确领导小组成员构成的硬性要求，以强化领导力作用的发挥，确保有效推进多部门协同工作，提升协同效率。该领导小组的主要职能是制定区域老年人力资源开发规划和实施措施，协同各部门力量高效推进工作开展，决定实施工作中人财物保障等重大问题。领导小组下设工作办公室，负责做好老年人力资源开发具体工作推进、日常管理与协调、数据归口统计、考核评价等相关工作。该办公室可设在涉老工作重点

行政部门,由部门相关领导担任办公室主任,并抽调相应部门工作人员担任成员,明确日常工作任务和职责。

二是建立组织运行机制。为有效促进区域老年人力资源开发,可建立领导小组联席会议制度,定期召开联席会议讨论推进区域老年人力资源开发工作,协调解决推进工作中的重大事项或存在的重大问题;建立老年人力资源开发信息平台及信息定期上传报送制度,及时了解和掌握相关数据信息,为重大决策或决策的调整提供依据。

三是强化考核监督。通过科学有效的评估与监督机制,促进老年人力资源开发工作形成管理闭环,并为未来决策及工作推进提供可靠的依据。第一,将老年人力资源开发工作纳入政府绩效考核目标,督促各相关部门有效落实工作;第二,实施动态考核与阶段性考核相结合的考核机制,及时总结老年人力资源开发实施工作中的经验做法并纠正工作中存在的偏差;第三,实施内部考核监督与第三方考核监督相结合的考核机制,确保考核监督工作的真实有效,为推动老年人力资源开发工作的高质量发展提供科学依据。

二、完善老年人就业支持保障措施

(一)设立常态化专项经费,纳入各级财政预算

经费保障是老年人力资源开发有效实施的关键条件,各级政府需设立老年人力资源开发常态化专项经费,并纳入政府财政预算,切实保障老年人力资源开发实施经费。常态化专项经费主要包括以下方面:一是养老保障经费,涉及老年人健康管理、大病医疗、基本生活保障、长期照护、养老服务等重点项目经费。二是老年人就业培训教育经费,需保障好重点领域、行业和重点老年群体就业培训教育经费,对城乡贫困老年人需做适当的政策倾斜,确保免费为该类老年群体提供就业能力提升教育培训。三是老年友好型社区建设经费,包括社区公共场所等适老化改造经费,以及失能、独居、贫困等特殊老年群体的健康照护经费等。四是老年人就业创业激励经费,包括面向老年人设立就业补贴、创业奖励金、创新创业基金等费用,以及面向企业老年用工的奖励基金、税收补贴等经费;五是老年人力资源开发实施专门机构日常工作经费,包括日常管理、信息平台建设、组织运行经费等。老年人力资源开发常态化专项经费除了纳入各级财政预算,给予常态化经费保障

外,还可以采用多元化渠道进行筹措,减轻国家财政压力。一是加大力度发展银发经济,扩大银发产业、银发消费等经济效益,深度挖掘低年龄健康老年人口的长寿红利,促进经济总量增长,为老年人力资源开发提供相应的资金保障。二是向社会组织、市场资本、个人广泛筹措资金,建立老年人力资源开发公益基金。三是充分应用区域文化馆、图书馆、艺术中心等场馆资源和非遗等特色传统文化资源,通过场地和资源置换老年人力资源开发经费。

(二)"养为"结合,完善老年人就业福利保障

老年人积极参与就业是一种新型的养老形态。在一定程度上,就业福利待遇是对养老保障金的重要补充,尤其是对庞大的城镇务工人员和农村老年人群体而言,这将有助于缓解经济压力和弥补养老保障不足,从而构建积极的新型养老形态。养老保障是积极老龄化的关键所在。"养为结合"是积极老龄化重要的实践形式,将就业与养老相结合,建立健全与区域经济发展水平相适应的老年人就业福利保障措施,将有效促进老年人力资源的开发利用。

一是需完善企事业单位及机构老年用工的实施细则,明确用工单位和老年人双方的权利与责任,切实保障好老年人在就业过程中的工资、工时、休假及奖励等合法权益,确保老年用工有法可依。

二是需明确老年人灵活就业的弹性合同制度,按规定签订弹性劳动合同或协议,约定双方责权利,切实保障好老年人就业的福利待遇。例如法国创立了为57岁人员设立的弹性合同,该合同的固定期为1～2个月,且可以修改三次。而德国相关法律规定高龄员工工作满6个月后,有权要求缩短每周工作时间;老年人工作享有培训假、老人护理假等专门假期。[①] 日本企业则配合老年人的实际情况制定了正式社员、契约社员和派遣社员等多种灵活就业的雇用方式。[②] 各地方政府可参照相关做法,设立符合当地老年人就业需要的弹性合同或弹性就业形式,切实提高老年人灵活就业的可能性。

三是需落实老年人就业期间的社会保险等福利保障。目前,老年人退休后重新就业,个人和用工单位无须缴纳社会保险。未来需制定相关措施,以

---

① 安华、赵云月:《国际视域下的老年人就业:社会认同、政府支持、企业配合》,载《经济体制改革》2020年第4期,第173-179页。

② 宋强、祁岩:《日本老年人力资源开发实践及启示》,载《中国人力资源开发》2013年第19期,第83-87页。

保障老年人的工作安全及其应有的社会保险等福利待遇，例如工伤保险和工会福利等。

四是需落实老年人就业补贴保障。例如奥地利政府向月收入为650～1500欧元的老年劳动者每月补贴300欧元，对月收入1500～1700欧元的老年劳动者每月补贴150欧元；拉脱维亚对老年就业者的补贴工资最高达法定最低标准工资的100%～200%；比利时、瑞典等国家对老年就业者均采取了类似的补贴政策。[①] 各级地方政府可根据本地经济发展水平和老年人就业现状，制定阶梯式的老年就业补贴政策，从而有效促进老年人积极参与社会经济生产活动。

（三）以创新创业项目驱动，强化老年人创业激励保障

老年群体开展创新创业项目，一方面能为经济社会发展创造新的价值和贡献，另一方面能提供更多的就业机会，促进劳动就业市场的发展。如美国针对低技能的老年人提供创业管理课程，鼓励其进行创业，自己雇用自己，有效解决工作岗位短缺的问题。各级政府可结合当地财政状况和经济发展水平，以促进产业经济创新发展为驱动，针对低技能失业老年群体或有专项技术等退休老年群体出台创新创业激励措施。可根据老年群体创新创业实践类型，实施分层分类激励。

一是制定免费为老年人提供创业培训支持的措施。针对缺乏技术技能的老年群体，免费提供市场需求紧迫的相关技术技能项目培训及创业知识培训，提升老年人的技术能力和创业能力，帮助其确定创业项目，顺利开展创新创业。

二是设立老年人创新项目，并配套创新基金，鼓励和引导高技术水平的老年人以项目申报的形式开展创新创业。通过免费为老年人提供创新项目市场调研分析指导、优化调整创新创业方案、技术支持等体系化服务，鼓励老年人组建创新项目团队，开展技术攻关，实现创新创业，有效服务区域经济社会的发展。

三是需明确老年人创业经费资助措施。例如日本针对老年人创业需求设

[①] 柳如眉、赫国胜：《欧盟国家促进老年劳动力就业的公共政策及其启示》，载《辽宁大学学报（哲学社会科学版）》2018年第3期，第88-98页。

立老年人共同创业补贴金。① 可以通过多种形式为老年人创业提供经费资助，例如为老年人创业提供小额贷款和融资服务，降低老年人创业的初始资金门槛；通过设立创业基金，为有潜力的老年创业者提供一定比例的资金支持；通过为老年创业者提供税收优惠、创业场地租金优惠等形式对老年人创业给予支持保障。

四是需明确创业奖励机制。针对老年群体实施的创新创业项目，可从提供就业岗位、创造地方税收、技术创新和社会贡献等多个维度进行评价，设计多层次奖励体系，包括奖金、补贴、荣誉等多种奖励形式，以此加大对老年人创新创业的奖励与宣传力度，引导和鼓励更多有能力、有条件的老年人参与创业。

（四）以提升技能为核心，健全老年职业教育保障

新技术的快速发展不断推动着劳动力市场需求的变化。在这一背景下，拥有新技术能力对于所有年龄段的劳动者来说都至关重要。尤其是于老年人而言，提升技能技术成为其职业能力发展并适应劳动市场变化的关键因素。国际上关于老年人职业教育保障主要聚焦于两个方面：一是实施职业技能培训教育；二是保障培训经费，为老年人技能技术提升提供免费教育。例如韩国面向55岁以上的老年人免费开展的"高龄人员短期培训"项目，以提升老年人履职最低要求的业务技能和素质教育为主，结业后推荐就业岗位；而"新开始"老年教育项目，则为老年人提供企业现场进修机会。②

健全老年职业教育保障，需着力打造促进老年人力资源开发职业教育资源，优化供给服务，充分保障老年人参与教育的权益和机会。第一，需促进老年职业教育资源均衡发展。老年职业教育教育资源均衡发展包括两个维度：一是需促进城乡等区域教育资源的均衡配置，二是促进各类老年职业教育资源的构成与经济社会发展各领域、各行业相适应。从我国老年教育实践的现状来看，资源分布较为集中，我国西部地区和广大的农村地区资源严重匮乏。此外，还有大量贫困、失能、残疾的老年弱势群体，这类人群难以有

---

① 安华、赵云月：《国际视域下的老年人就业：社会认同、政府支持、企业配合》，载《经济体制改革》2020年第4期，第173–179页。

② 安华、赵云月：《国际视域下的老年人就业：社会认同、政府支持、企业配合》，载《经济体制改革》2020年第4期，第173–179页。

效获得职业教育资源。因此,健全老年职业教育保障,一是需切实加强老年职业教育经费保障,确保为城乡低技能、低学历、生活贫困的特定老年人群提供免费的职业技能培训教育,切实保障其教育权益,提升其就业能力;二是进一步优化城乡信息化设施设备配置,加强城乡老年人信息技术普及教育,进而充分应用现代信息技术,通过线上与线下相结合的教学形式,促进优质教育资源广泛覆盖城乡社区各类老年群体。

第二,需优化老年职业教育资源供给服务体系。在老年人力资源开发的现实要求下,需对现有老年职业教育课程设置、资源建设、队伍建设等进行全面优化整合,构建起以提升老年人技能水平为核心的职业教育供给服务体系,有效培养老年人适应新工作岗位、新技术、新业态需要的新能力。一是逐步推动老年职业教育共享高校、职业院校教育资源,设定相关报名学习审查程序,面向有需求的老年学习者共享各类高校学历继续教育专业、课程教学、讲座、图书馆等资源,拓宽职业教育资源供给渠道。二是构建老年职业教育模块化课程体系。以老年人学习需求和职业能力发展需求为中心,依据老年人的学历、专业、身体等基本条件,进行层次划分,将知识结构联系紧密、学习方式要求和教学目标相近的老年职业教育教学内容开发整合成相对完整独立的模块课程,建成由不同层次的职业教育模块课程构成的层次化模块课程体系;[①] 将有利于老年人自主选择相适应的职业教育模块课程,凸显因材施教的理念,实施精准的教育资源供给,有效增强老年职业教育效果。三是建设立体化职业教育课程资源。在现有课程资源的基础上,加强资源的优化整合,充分应用人工智能、互联网等信息技术,整合开发集"数字化教材与纸质教材+微课程与线下课程"于一体的立体化职业教育资源体系,实施便捷式、智慧化的学习资源供给服务,有效提高老年职业教育的效能。同时,可以鼓励互联网企业和社会教育机构共同参与立体化课程资源开发建设,丰富课程资源内容,优化课程资源层次结构,扩大资源供给,更好地满足老年人职业技能技术能力发展需求,提升老年人职业能力发展空间。

---

① 毕智高、王金玺:《地方应用型院校模块化课程体系改革探讨》,载《科教导刊》2018 年第 2 期,第 40-41 页。

三、构建老年人就业支持服务平台

(一) 建设"老年教育+人才+就业"综合服务信息平台

2022 年 8 月,中国老年人才网正式上线,标志着我国老年人才信息服务平台启动建设。[①] 部分省市陆续建立老年人才网、银色人才中心等平台。从各平台的实践情况来看,目前可供老年人选择的职位十分有限,且职业培训、劳务派遣等制度仍然存在空白;其应用对象一般为较高层次的知识分子或专业技术人员等老年人群;相关信息的发布未能深入到社区基层。目前,覆盖城乡各级各类老年人群的信息平台尚未构建,大量老年人群未能通过便捷有效的渠道及时获取市场用工需求信息,这是老年人就业的一大障碍,也将极大地影响老年人力资源的有效开发利用。

各级政府部门可依托我国城乡社区老年教育体系化办学的特点和优势,将老年教育与老年人才开发相协调发展,统筹人社部门与教育部门的资源优势,构建省、市、区(县)三级"老年教育+人才+就业"综合服务信息平台。我国老年教育经过 40 多年的发展,已形成多元主体办学的格局。其中各省市依托开放大学构建了"省—市—区(县)—街(镇)—社区(村)"五级办学体系,建成了广泛覆盖各级各类老年群体的平台和资源。因此,可依托各级老年开放大学构建老年人力资源开发综合服务信息平台,为老年人提供线下及线上的就业培训、就业咨询、就业指导、岗位推荐、跟踪反馈等多元化服务,将极大地促进老年人力资源开发效能。综合服务信息平台可实现以下主要功能:一是收集整理各类老年学员的学历、专业、特长、就业需求及方向等相关信息,建立区域老年人才信息库。二是全面开展老年人就业需求和职业能力发展需求调研,依据老年人力资源开发教育类型,提供丰富的线上及线下学习资源,优化老年教育资源供给服务,增强老年教育与老年人力资源开发之间的协调性与匹配度。三是畅通老年人就业渠道。积极链接政府、企业、院校、街(镇)、社区等各类社会资源,定期发布各类就业信息,并根据人才库信息,精准定向推送就业信息。四是建立老

[①] 王亚晶、杨文滢:《老年人重返职场,权益谁来保护?》,载《记者观察:上》2023 年第 4 期,第 2 页。

年人与用工单位的就业反馈机制。设计畅通的信息沟通反馈渠道,定期跟踪了解老年人就业状况及企事业单位用工情况,全面掌握双方的意见与需求,并据此及时调整优化,以有效促进老年人力资源开发应用效果。五是运用大数据管理技术,通过数据采集、统计、分析,为各区域老年人口资源提供精准画像,促进精准化老年人力资源开发。

通过对综合服务信息平台的有效运行管理,能全面了解市场用工和岗位要求;依据市场需求及老年人职业能力水平状况,可实施精准的老年人力资源开发教育;实现单位用工需求与老年人就业发展之间的有效对接,促进实现高质高效的老年人力资源开发应用。此外,通过对综合信息服务平台大数据的分析、筛选、挖掘等,可为政府决策提供科学依据。例如,近年来,北京市已启动老年人力资源二次开发人才库。为满足退休人员再就业需求,北京市人社局通过退休人员社会化管理服务平台,建立了老年人才数据库,录入了具备从业能力并有再就业意愿的退休人员信息。同时,借助疫情防控工作的契机,推动离退休干部积极参与北京的防控工作,如热线接听、核酸采样监督等志愿服务活动。北京市政府还鼓励退休人员参与教育、科技、信息服务、社会治安及社区建设,注重利用低龄老年人在互助养老中的作用,壮大助老志愿者队伍。目前,北京市已有84.7万名注册的老年志愿者,其中6.3万名老干部投身于社区建设。[①]

(二) 构建老年人健康就业环境

根据老年人身心特征,构建老年人健康就业环境既是爱老敬老的需要,也是以人民为中心发展的根本要求。如美国职业安全与健康管理局积极推广工作场所中的安全与健康管理,使工作环境更好地适应老年人的职业和健康特点。[②] 构建老年人健康就业环境可从以下方面着手。一是积极引导企事业单位和社区构建爱老敬老的文化氛围,着力促进老年人在工作环境中的身心健康发展。二是建立老年人健康工作环境标准,包括老年人健康工作时间标准、工作场所适老化改造标准等,为企事业单位适老化工作环境建设提供依据,强化老年人健康工作环境构建。三是加大老年人身心健康监测管理,定

---

① 《中国老年人才网上线,促进老年人再就业需要打哪些"补丁"?》,https://www.163.com/dy/article/HFLA182605129QAF.html。

② OECD, Thematic Follow-up Review of Policies to Improve Labor Market Prospects for Older Workers: Korea, OECD Publishing, 2012.

期做好老年人身体健康检查和心理健康筛查等相关工作，增强疾病预防，提升老年人身心健康发展水平。四是加强老年人精神文明建设。各级政府需构建老年精神文明建设指南，积极弘扬社会主义核心价值观，丰富老年人文化娱乐活动，促进老年人积极的社会参与。五是加强老年人基本医疗和健康发展保障，建立老年人健康管理机制和大病筛查机制，设立老年人大病医疗求助机制，组织社区卫生服务机构落实老年人健康管理，促进区域老年人力资源健康发展。

（三）行业协会推进老年人就业

行业协会作为重要的平台，在推进老年人就业中发挥了积极的作用。行业协会推进老年人就业的措施主要针对特定行业或特定群体，如会计师协会、金融协会、教育协会等来自各行业的特定会员。故此，我们将其划归为中观策略。行业协会推动老年人就业的措施主要有以下方面。一是开展技能培训和职业教育，为特定行业协会会员提供有针对性的职业培训，帮助他们掌握符合现代工作环境以及当下和未来劳动力市场的技术和知识，提升其再业能力水平；二是政策倡导，推动政府出台鼓励老年人再就业的政策，如提供税收优惠、就业激励及建立就业保障机制等；三是搭建就业平台，创建专门面向老年人的求职平台或举办招聘会，为企业和老年求职者搭建桥梁，并提供配套服务；四是促进跨行业合作，通过联合企业、教育机构和其他相关组织，促成多方合作，共同开发适合老年人的岗位，并推广灵活就业模式；五是提供心理支持和咨询服务，为行业老年会员提供职业规划咨询以及心理辅导，帮助老年人建立信心，适应职场变化，并找到适合自己的工作角色；六是开展宣传教育，提升社会公众的认知，改变社会对老年人能力的刻板印象，提倡公平、包容的就业环境，鼓励企业聘用具有技术能力、经验丰富的老年员工。

美国诸多行业协会在老年人力资源开发中形成了可借鉴的典型案例。例如新冠疫情期间，美国许多地方的医疗人员已经不堪重负，有许多人自愿提供医疗服务，但缺乏一个有效的组织机制来协调他们，导致无法系统地识别和管理志愿者，致使许多具备专业能力的人员未能得到有效利用，无法加入抗疫工作中去。美国医学协会（American Medical Association，AMA）则提供了机会，使退休的医疗专业人员能够通过《美国医学协会杂志》网络学习中心和美国医学协会教育中心进行"继续医学教育"（Continuing Medical Education, CME), 重新认证课程和技能, 从而维持或更新其行医执照, 以便回归工作岗位。这些课程通常包括最新的医疗实践、技术更新和患者护理标准。对于那些已退休数年的医生来说, 再就业可能面临更多挑战。因此, 州医学委员会联合会 (The Federation of State Medical Boards, FSMB) 建立了一个州级发布的指南库, 旨在加快对行医执照已过期的医疗工作者的重新认证。截至 2020 年 4 月 7 日, 已有 29 个州发布了相关指南, 放宽了部分医生重返岗位的要求, 以应对新冠疫情。美国医学协会也编制了《老年医生新冠资源指南》, 以指导不再执业的医生再次进入医疗行业就业。[①]

又如美国退休人员协会与麦当劳合作, 雇用老年人。美国退休人员协会虽然不是行业协会, 但它与麦当劳合作的项目所针对的是麦当劳和餐饮行业, 所以我们也将其划归为中观策略。根据美国全国餐馆协会发布的《2020 年行业状况报告》, 3/10 的餐厅经营者表示他们有难以填补的职位空缺, 而且报告预计未来 5~10 年年轻工人的数量将急剧下降。美国全国餐馆协会预测, 到 2028 年, 劳动力中 16 至 24 岁的年轻人将减少 120 万。麦当劳与美国退休人员协会合作, 雇用年长员工, 因为希望获得 "不断增长但未得到充分利用的劳动力"。这种合作关系对麦当劳公司和整个行业来说都很有意义。虽然年轻员工的比例下降, 但到 2026 年, 美国劳动力中 65 岁及以上员工的增长预计将跃升 5% 以上。根据美国劳工统计局的数据, 65 岁以上的员工是增长最快的劳动力群体, 预计到 2028 年将比青少年员工多出 1100 万, 这是一次重大的代际转变。麦当劳正在试行一项计划, 通过美国退休人员协会基金会的现有计划, 将雇主与候选人的需求和兴趣结合起来, 特许企业选择加入该计划。其他一些餐厅还通过美国退休人员协会向老年人发布招聘信息。[②]

(四) 构建老年人力资源开发宣传网络

各级地方政府可构建区域性老年人力资源开发宣传平台, 综合利用地方

[①] Amy Paturel, Retired doctors want to return to work to fight COVID-19. Here's what they need to know, https://www.aamc.org/news/retired-doctors-want-return-work-fight-covid-19-heres-what-they-need-know.

[②] Faced With A Tight Labor Market, Restaurants Recruit Retirees And Other Underutilized Workforces, https://www.forbes.com/sites/aliciakelso/2020/03/02/restaurants-navigate-a-tight-labor-market-by-recruiting-non-traditional-workers/.

电视台、广播台、报纸及数字媒体等渠道，打造功能强大且影响力广泛的宣传网络，加强对老年人就业创业成果、成功项目、典型经验的展示和推广，扩大老年人力资源开发的社会影响力和辐射效应，示范引领更多老年人参与就业创业，积极凸显老年群体的生产经济价值和社会价值。一方面，可促进社会公众对老年人就业的认知与理解，加大社会对老年人力资源开发的支持，营造积极的社会支持氛围；另一方面，鼓励老年人积极参与生产性经济活动和社会志愿服务活动，进而有效提升老年人力资源开发的整体成效。

第四节　中国式老年人力资源开发的微观策略

一、社区服务老年人力资源开发

（一）社区老年教育强化老年终身职业教育

《关于推行终身职业技能培训制度的意见》要求着力培养知识型、技能型、创新型老年劳动者。[1] 社区老年教育作为老年人获取学习资源、参与社会活动的重要平台，必然要担负起老年人终身职业教育的时代使命。

对湖南、江苏、福建、宁波、成都等地老年教育课程设置的调研结果表明，社区老年教育课程资源丰富，但以"闲暇教育"为主，老年职业技能教育几乎处于空白状态，不能有效满足老年人多层次的社会参与及职业能力发展等多维度发展型学习需求。因此，当前社区老年教育亟须强化老年职业教育，积极发挥其经济价值功能，有效助力老年人力资源开发。

研究表明，老年人劳动参与率与其拥有的技能技术能力呈正相关。根据2018 的 CLASS 数据，农村老年人口的劳动参与率为 36.7%，对比 2014 年上升 5.55%；而其中拥有专业技术职称的农村老年人口劳动参与率为22.06%，没有专业技术职称的老年人口劳动参与率为 10.72%。[2] 社区老年

---

[1] 《国务院关于推行终身职业技能培训制度的意见》，载《中华人民共和国国务院公报》2018年第14期，第5-9页。

[2] 叶忠海：《中国老年教育发展研究》，华东师范大学出版社2019年版。

教育强化老年职业教育供给,可从以下方面着力。

第一,需紧密对接新型服务产业、数字技术、乡村振兴、社区治理等领域的发展需要,根据当地老年人力资源现状,将老年人职业技能教育确定为社区老年教育发展的重点方向之一,加快老年职业技能培训课程资源体系开发及配套资源建设,促进社区老年教育与当地经济社会发展水平相适应,并有效服务当地经济社会发展。

第二,各地社区老年教育服务机构须以城镇务工老年群体及农村留守老年群体、贫困老年群体为重点对象,深入调研了解各类老年群体的就业方向与职业技能发展需求,精准开发老年职业教育课程资源,着力提升老年人职业技能素养;同时,可实施专项职业技能教育,根据政府专项资金安排,针对失业、贫困等特定老年人群,精准开展促进创业就业的专项职业技能培训,切实提升特定群体的职业发展能力,促进精准化老年人力资源开发。

第三,构建在线职业技能教育平台。以社区老年教育平台为基础,优化整合各类在线职业培训课程资源,开展普惠式职业技能培训,促进优质培训课程资源广泛覆盖各类型老年群体。例如,面向各类老年群体开展健康照护、智能家居、科学理财等技能课程的在线普及教育。

第四,发挥企业、行业协会主体作用。利用企业技术资源优势和行业协会平台资源优势,为老年人提供职业技能培训场所和课程,开展岗位实操性职业技能培训。

第五,共享职业院校资源、农业研究院所资源,按计划组织老年人免费参加大学职业技术教育课程学习。例如,在瑞典、德国、美国、澳大利亚等教育发达国家,老年人可以直接和年轻人一起参加正规大学和职业院校的各种专业、课程的学习,并享受减免学费的优惠,合格者可以获得相应证书和学位,并据此获得新的职业岗位。[①]

(二) 社区老年服务中心助力老年人再就业

依托社区资源,建设社区老年服务中心,优化中心功能,将有效畅通老年人社会参与渠道,更好地促进老年人力资源开发实践。

---

① 黄燕东:《老年教育:福利、救济与投资》(学位论文),浙江大学2013年,第108-112页。

第一方面是社区作为链接居民与社会的平台。可广泛整合政府、企业、院校、街（镇）等各类社会资源，为老年人力资源开发应用提供广泛的实践平台。一是服务中心可通过组织开展各类活动，引导老年人积极参与社区党建、文化活动、治安巡查、卫生整治、邻里帮扶等基层社区治理实践，为构建共建共享共治的社会治理格局发挥积极的作用。二是服务中心可将老年人的社会参与活动与辖区幼儿园及中小学校相结合，组织有相关专业素养的老年人开展"讲红色故事""讲传统文化"等各类型实践活动，积极发挥老年人在文化传承、代际交流等社会服务中的作用。三是服务中心可通过整合资源，组织社区老年人开展各类型社团建设，例如组建合唱、书法、保健养身等社团，在实现老年社团自组织管理的同时，发挥社团老年人的示范带头作用，并引导老年社团组织广泛参与各类社会志愿服务、展示活动、经验交流，实现更为广泛的社会参与。

第二方面是协助做好就业推荐服务。根据老年人的就业意愿和需求，服务中心可对接相关资源，协调职业发展规划指导等相关专业人员为老年人提供就业指导和职业发展规划指导，提高老年人获得就业机会的可能性；并着重解决好社区失业老年群体及贫困老年群体再就业能力发展和再就业需求。就业推荐服务可从以下方面着手：一是做好就业咨询登记，清晰了解老年人群的就业意愿、就业特长、技能技术水平、学历层次等基本信息；二是为老年人推荐适合的获取招聘信息的渠道或平台，指导其选择合适的就业方向；三是提升就业推荐的精准性和实效性。通过分析比对老年人的就业需求与岗位要求，精确挑选高匹配度的工作岗位进行推荐，以提高服务中心的工作效能，进而提升老年人就业的实践成效。

（三）社区活动丰富老年人精神文化生活

丰富的精神文化生活是促进老年人身心健康发展的重要社会参与实践形式。社区服务中心加强组织老年人的精神文化活动，不仅具有现实的必要性，而且有着深远的意义。一方面，我国空巢老人及独居老人数量持续增长。另一方面，家庭结构向小型化和核心化的转变，导致"纯老家庭"的显著增加。据广州市统计局数据，2022年广州市空巢老人为3.99万人，独居老人为2.19万人，孤寡老人为1.46万人，残疾老年人8.59万人，共计占全市老年人口的 8.31%。① 第三方面，老年人退出工作岗位后，社会参与、人际交往显著减少，其对精神赡养、心理关爱服务的需求日益增强。有研究选取 58 个城市 55 岁及以上的老年人作为研究对象，仅有 49.6% 的老年人会使用微信，日均使用微信时长为 1.37 小时，这部分老年人能通过微信与子女互动交流，由此带来家人间的微信反哺行为，② 在一定程度上实现了精神陪伴和心理关爱的功能。社区老年服务中心组织丰富多彩的文化艺术、体育健身等活动，将有效满足老年人的精神文化需求，进一步促进老年人身心健康发展，提高老年人的生活质量。

一是要充分发挥社区老年服务中心的职能。结合传统节日、党员双报到等资源，组织党员志愿服务，为老年人开展形式多样的文化娱乐活动，积极关爱老年人的身心健康，丰富老年人的精神文化生活。二是要充分发挥社会工作者和社区志愿者的作用，为独居、纯老家庭、残疾老年人提供健康照护、帮助用药、读书陪伴等关爱服务。三是丰富养老服务形式。例如开展"一老一故事"活动，面向老年人开展在线征集，把目标老年人的才艺、技能等经验价值打造成产品，进行网上传播、授课和分享，打造智慧养老云社区，创新养老模式，最大化彰显老年人力资源价值。以社区为单位，丰富老年人线下活动形式，如征集教书育人型老人，挖掘具有教育专业技术能力的老年人，与社区青少年活动相衔接，开展老年人服务社区教育活动；又如征集技能工艺型老人，为社区残障人员、失业下岗人员等讲授技能工艺课程，在丰富老年人精神生活的同时，促进老年人力资源开发；再如征集文娱特长型老年人，以老年人才艺为基础，通过他们带动社区其他老年人共同参与文娱活动，丰富精神文化生活的同时，增强老年人的人际交往与沟通。③ 四是以社区教育带动老年人的精神文化生活。社区老年服务中心充分链接街道、老年教育机构资源，引入社会工作者、志愿者的公益服务等，利用社区场地，常态化为老年人开展健康养身、合唱、书法、绘画、手工制作等各类课程，进一步丰富老年人的精神文化生活，促进老年人身心健康发展。

---

① 广州市老龄工作委员会办公室、广州市统计局：《2022 年广州市老年人口数据手册》，南方日报出版社 2023 年版，第 18－21 页。

② 易鹏、梁春晓：《老龄社会研究报告．大转折：从年轻社会到老龄社会》，社会科学文献出版社 2019 年版，第 231－245 页。

③ 易鹏、梁春晓：《老龄社会研究报告．大转折：从年轻社会到老龄社会》，社会科学文献出版社 2019 年版，第 190－192 页。

二、企业助力老年人力资源开发

企业助力老年人力资源开发，通常可以采用以下实践形式。一是岗位适配与设计，即根据老年人的身体状况、经验和技能，重新设计工作岗位。例如，提供灵活的工作时间、兼职机会或远程办公岗位，减少体力劳动。二是培训与技能提升，即为老年人提供定期的技能培训，尤其是信息技术、数字化工作技能等新兴领域的培训，以便他们能够适应新的工作需求。三是经验传承与导师角色，即设立导师或咨询顾问的角色，让老年人以指导者的身份，帮助年轻员工发展职业能力，利用其自身经验与知识促进代际交流与传承。四是健康支持与工作环境优化，即为老年员工提供健康管理支持，构建友好型企业文化。例如定期体检、健康咨询，通过工会活动等形式积极开展老年员工的人文关怀，关注其心理健康建设；改进工作环境，增加适老化设施等，确保老年员工拥有健康安全的工作环境，并促进身心健康的发展。五是开展跨代共融项目，即推动老年人和年轻员工共同参与项目创新或研发，促进不同年龄段的员工之间的互动合作，实现经验与创新的有机结合，进而增强企业文化的包容性。企业助力老年人力资源开发的实践探索，采取综合措施，从实际操作层面显著提升了老年人的就业能力与效率，为老年人力资源开发提供了具体的实践路径。

例如，2017 年，美国的一项研究提供了有益的启示。[1] 研究重点关注了位于美国明尼苏达州明尼阿波利斯—圣保罗（双城）地区的创新型美国组织，因为该地区以其开创性的公司和非营利组织以及受过良好教育和技能熟练的劳动力闻名。同时，在明尼苏达州，婴儿潮一代（通常指 1946—1964 年在美国出生的一代人）占总人口的比例高达 26%，位居全美前 20，并且预计在未来 15 年内，老年人口比例还将继续增加。[2] 发展新的组织逻辑和实

---

[1] Phyllis Moen, Erik Kojola, Kate Schaefers, "Organizational Change Around an Older Workforce", *Gerontologist*, 2017, 57 (5), pp. 847 - 856.

[2] Tom Gillaspy, Martha McMurry, The Long Run Has Become the Short Run: Budget Implications of Demographic Change, https://mn.gov/admin/assets/long - run - has - become - the - short - run - msdc - feb2011_tcm36 - 219561.pdf; Craig Helmstetter, Jane Tigan. 6 surprising trends about Minnesota's millennials, https://www.mncompass.org/data - insights/articles/6 - surprising - trends - about - minnesotas - millennials.

践，重视、投资并留住老年员工，是 21 世纪企业面临的关键挑战。为了应对这一挑战，一些组织正在破除传统的基于年龄的逻辑，在保留、培训和招聘年长员工方面开创了正式和非正式的新方式，以便更好地满足老年人的偏好和需求。其组织实施的老年人力资源开发可供借鉴的措施主要包括以下方面。

一是更灵活的退休方式。传统的退休逻辑（如退休是单向的、一旦员工达到退休年龄就必须完全退出工作）正在被组织抛弃，取而代之的是更为灵活的退休方式和工作条件，如为员工逐步减少工作量、安排弹性工作时间、居家办公等。例如，一家医疗机构将员工转移到特定项目上，并逐步减少他们的工作量。员工不需要完全换角色或突然退休，而是成为"特殊项目"的负责人，继续留在组织中，承担更为专一的职责。

二是重新雇用退休人员。各组织还以合同或项目的形式重新雇用退休人员（无论是自己的还是其他组织的）。例如，一家高等教育机构为退休人员设计了有吸引力的工作任务；一家临时工机构会安排前 CEO 和高管担任临时领导职位。

三是重新构想工作空间和流程。重新设计工作，减少员工必须在特定时间出现在工作场所的要求，减少工作中的体力要求。例如，一家大型零售组织重新设计了其总部的物理工作空间，促进移动办公，并允许员工每周远程工作 2 天。

四是将培训和发展纳入继任规划设计中。一家公用事业公司利用数据分析预测退休高峰，并通过战略性干预来增加员工留任率和知识传承率。该公司与一所技术学院合作设计了一个培训课程，帮助年长员工为该行业的工作做好准备。将劳动力分析、继任规划和员工培训相结合，使雇主能够主动构建人才储备，以应对不断变化的需求。

三、家庭支持老年人参与社会活动

家庭的有效支持与老年人社会参与度呈正相关。家庭良好的支持氛围，包括浓厚的家庭学习氛围、积极的精神文化氛围等方面。此外，家庭成员对老年人身心健康的高度关注、充足的情感支持以及对其社会活动参与的认可，均能正向促进老年人的社会参与度。家庭有效支持老年人积极的社会参与主要体现在以下方面。

一是鼓励老年人参加社区活动。家庭成员引导老年人参与社区事务和社区活动，如担任社区治安巡查志愿者、社区垃圾分类志愿者，参加合唱等各类兴趣小组、社区文娱活动，以及参加健康讲座等各类社区教育课程学习等，促进老年人有效融入社区，拓宽人际交往，提升社会归属感，进而实现积极的再社会化。

二是提供技术支持。家庭中的年轻成员帮助老年人学习使用智能手机、电脑等现代技术工具，帮助老年人掌握智慧购物、智慧交通、智慧家居、智慧金融、在线社交、在线学习等多元化现代生活技能，积极融入智慧化生活、学习、社交环境，这将有效拓展老年人线上线下社会参与形式，促进老年人更为广泛的社会参与。

三是促进代际交流与互动。一方面，家庭成员组织与老年人共同参与跨代互动项目，如家庭旅行、游戏或社区活动，能够增进代际交流，加深代际情感，增强老年人的社会参与感；另一方面，家庭成员鼓励老年人参与家庭照料，例如隔代教育、家务劳动等，能够充分发挥老年人的智慧和经验作用，老年人为家庭做出的贡献得到家庭成员的认可，将有效增强老年人的自我价值认同感。

四是帮助寻找合适的社会角色。根据老年人的兴趣和技能，家庭成员可利用自身社会交往资源和渠道，为他们推荐适合的社会角色，如社区导师、志愿者等，促进老年人通过积极的社会参与继续发挥自身价值。

五是提供情感支持和陪伴。家庭成员需正确认识和理解老年期的身心特点，从多方面给予老年人关怀和陪伴以及鼓励和支持，帮助他们缓解孤独感和抑郁情绪，并帮助他们从全生命周期理念的视角构建积极老龄观，促进他们在老年活跃期积极创造新的价值和贡献，并实现老年阶段身心健康的全面发展。

六是关注老年人的健康与安全。家庭成员在鼓励老年人参与社会活动的同时，需要切实关注他们的身体健康和安全状况，帮助他们平衡生活与社会参与的关系，确保他们能够在健康的前提下积极参与社会活动，从而有效提升他们的生活质量和幸福感。

四、老年人追求终身而全面的发展

(一) 参与终身学习：促进身心健康发展

老年人基于全生命周期发展而积极参与终身学习，是其获得新的知识、技能，以适应社会变革和新技术的发展，并实现再社会化的重要途径。随着公共教育服务水平的提升和现代信息技术的进步，老年人能够通过多种渠道广泛地参与终身学习。①社区教育与学习班。社区通常会为老年人提供专门开设的课程和讲座等非正式的学习机会，涉及健康养生、手工艺、音乐、绘画等主题。社区学习课程为老年人提供了便捷的学习机会，同时有效满足了社区老年人之间的社会交往需要。②老年大学学习。各地的老年大学为老年人提供了多元化的教育机会，一是常规班课程学习，课程涵盖广泛的知识领域，如历史、文学、艺术、信息技能等；二是课外实践学习活动；三是康养游学活动。老年大学为老年人提供了一个有组织、系统化的学习环境，更有助于老年人全面而终身的发展。③在线学习平台。互联网和移动设备的普及让老年人可以通过在线教育平台（如 Coursera、慕课、网易云课堂等）学习，在线平台有海量的学习资源，涵盖各专业领域的学习课程，老年人可以根据自己的时间和兴趣选择学习内容。这种灵活便捷的学习方式促使更多的老年人参与终身学习。④图书馆和文化中心。图书馆和文化中心通常会提供公益类学习资源和活动，包括读书会、知识讲座、文化沙龙等。老年人可以利用这些公共资源持续参与学习。⑤自主学习。老年人可以通过阅读书籍、报纸、杂志、观看纪录片等方式进行自主学习。这种方式自由度高，适合老年人根据个人兴趣自主安排学习。⑥兴趣爱好俱乐部。参与各种兴趣爱好俱乐部（如书法、摄影、健身、棋类等）是深受老年人欢迎的一种学习方式。通过与他人分享兴趣爱好，老年人不仅可以开展互教互学，还能保持社交活跃度。⑦跨代融合学习。老年人与家人尤其是年轻一代的互动也是一种积极有效的学习方式。例如，学习人工智能等新技术，了解年轻一代的生活方式和想法，从而促进代际交流与发展。

(二) 参与志愿服务活动：积极贡献

老年人参与志愿服务不仅能够回馈社会、提升自我价值感，还能够丰富晚年生活，拓展社交网络，促进终身发展。老年人根据自己的兴趣、技能和身体状况选择适合的志愿服务类型，可以通过多种方式参与志愿服务，主要有以下类型。①社区服务。老年人可以参与所在社区的志愿服务活动，如协助社区活动的组织与管理、协调邻里关系、社区卫生清洁、社区花园维护等。这类服务时间灵活，便于老年人根据自己的时间参与。②教育类志愿服务。老年人可以利用自己丰富的经验和知识，担任学校或社区教育机构的志愿者，帮助儿童、青少年或成年人进行学业辅导、语言教学、课后作业辅导等。③医疗和健康服务。具有医疗背景或相关知识的老年人可以在医院、养老院、诊所等医疗机构提供志愿服务，如低龄健康老年人为病人或其他老人提供心理慰藉、陪同就医、协助护士完成基础工作等。④文化和历史保护服务。对文化或历史有浓厚兴趣或具备相关知识背景的老年人可以参与博物馆、图书馆、历史遗址等的志愿服务，如担任博物馆导览员、文化遗产讲解员、文物整理员等，帮助公众了解历史文化。⑤环境保护。热爱自然的老年人可以参与环保志愿服务活动，如植树造林、垃圾分类、河流湖泊清洁等。在环境保护项目中，他们不仅可以贡献力量，还能享受户外活动的乐趣。⑥社会关怀和陪伴服务。低龄健康老年人可以通过志愿服务组织参与社会关怀服务，陪伴独居老人、探望残障人士、看望孤寡老人，提供情感支持和生活帮助。这类服务不仅能帮助他人，也有助于老年人自身的身心健康。⑦专业技能志愿服务。退休老年人如果在特定领域拥有专业技能（如法律、财务、工程等），可以通过志愿者组织提供免费的专业咨询服务，帮助有需要帮助的个人或社区组织。⑧文化艺术类志愿服务。爱好文化艺术的老年人可以参与相关志愿活动，如参与社区的文艺演出、公益文化活动文化传承项目等的策划与执行，发挥他们的艺术才能，丰富社区文化生活。⑨灾害应急救援。一些老年人经过专业培训后，能够参与灾害应急志愿服务，如灾区物资分发、心理辅导、帮助安置受灾人员等。在面对突发灾害时，他们可以利用丰富的人生经验，提供有效的支持。⑩跨代志愿服务。老年人还可以参与年轻一代的跨代志愿服务项目，通过分享人生经验、职业建议或传统技能，帮助年轻人应对生活和职业的挑战，同时增进代际间的理解与沟通。

（三）参与老年社团组织：互学互助

老年社团组织通常是指依法设立的以老年工作为主要内容、以老年人需求为主要活动目的或以老年人为参与主体的、非政府性的社会组织，如广州市善爱老年人协会、老科技工作者协会、老教授协会、中国老年协会等。①老年社团组织在推进社会经济发展、促进社会和谐、推动文明进步等方面发挥着积极的作用，对老年人力资源开发应用的意义重大。据广州市统计局统计数据显示，2022年全市有各类老年协会共1283个，参加人数5.82万人。②老年社团组织以老年人需求为出发点开发老年人力资源，可从以下方面着手。

一是培育老年社团行动精英，增强老年人力资源开发应用的示范效应。培育老年行动精英，以发展成熟且具有一定代表性的老年社团为基础，促使团队骨干转化为行动精英。例如可以通过组织社区合唱、书画、舞蹈等社团，以兴趣爱好和学习活动为媒介凝聚老年人的协同行动力，发挥骨干作用，助力老年人有效参与社会服务或经济生产活动。社团组织成员对社团容易产生较强的归属感和认同感，社团骨干成员的行为容易形成示范效应，将激励组织成员积极地参与社会，实现高效的老年人力资源开发。

二是鼓励老年社团成员参与养老志愿服务，凸显老年人力资源开发效能。老年社团成员通常为身体健康的低龄老年人，他们拥有较为自由且充裕的时间，并具有参与活动的意愿和动力。因此，老年社团具备参与新活动或承担新工作的良好基础。拉斯克等人认为，鼓励低龄老年人、健康老年人等群体以时间银行的保障机制参与互助养老，将提高老年人的社会融入感，使老年人通过互惠互助实现自我价值，提高生活水平，同时为自身养老储蓄做准备。③我国"9073"养老模式表明，有90%的老年人采取以家庭为基础的居家方式养老。将老年社团成员中的低龄健康成员转化为社区居家养老服务人员，可以积极有效地缓解养老服务的困境，并为完善社区居家养老服务体系做出积极的贡献。同时，这些成员在积累服务时长的过程中，亦为其将来换取相应服务做好准备，进而极大地节约养老服务的经济成本和人力资源成本，并充分凸显老年人力资源开发的经济价值和效能。

---

① 覃晓思：《省级老年大学教师引进及用人路径分析——以S老年大学为例》，载《当代继续教育》2017年第1期，第47-51页。
② 广州市老龄工作委员会办公室、广州市统计局：《2022年广州市老年人口数据手册》，南方日报出版社2023年版，第105页。
③ Judith Lasker, et al., "Time Banking and Health: The Role of a Community Currency Organization in Enhancing Well-Being", *Health Promotion Practice*, 2011, 12 (1), pp. 102–115.

第六章 老年教育强力助推
中国式老年人力资源开发

本章基于国际积极老龄化理论及老年教育作为全球公共利益的战略选择，结合我国老年教育发展的特点及所取得的成就，探讨老年教育强力助推中国式老年人力资源开发问题。本章的基本框架为：老年教育创新人力资源开发路径、依托老年教育阵地建设中国式老年智库、老年教育搭建老年人才应用平台三个部分。第一节从新时代我国老年教育发展的实践，探讨了老年教育赋能老年人力资源开发存在的主要问题，提出构建老年教育增权赋能框架，重构老年教育结构形态，实施老年人力资源分层开发策略。第二节探讨了智库建设在中国式现代化进程中的重要作用，指出老年智库是中国式老年人力资源开发迈向高层次的新境界，并就老年大学老年智库建设的强劲行动及典型案例进行了深入阐述。第三节论述了中国式老年教育的独特优势及其显著特征，提出通过创新老年教育模式，为老年人才搭建应用平台，增强老年人力资源开发效能。

第一节 老年教育创新人力资源开发路径

一、我国老年教育在新时代发展壮大

（一）我国老年教育的逐步发展（20世纪80年代—2012年）

老年教育在我国的发展可以追溯到20世纪80年代，组织部门在离休老干部中尝试开设学习班，旨在丰富老干部的生活和知识储备。1983年9月，我国第一所老年大学——山东省红十字会老年人大学成立（1986年7月改

为山东老年大学)。1984 年 3 月,我国第一所民办老年大学——广东领海老年大学成立。1984 年北京市海淀老龄大学成立,1985 年上海老年人进修学院成立(1986 年改名上海老年大学),1986 年太原市太钢老年大学成立。我国老年大学发展之初,便具备了多方力量参与办学的良好基础。1988 年 12 月,中国老年大学协会成立,全国各级县区以上政府均开办老年大学,到 1988 年底,全国老年学校已发展到 916 所,在校学员 12.48 万人。

中国老年大学协会在促进老年教育的学术发展与对外交流方面发挥了积极的作用。一方面,广泛开展各类老年教育培训、学术交流与研究活动;另一方面,增进老年教育的国际交流,有效扩大我国老年教育的影响力。1994 年,中国老年大学协会成为国际第三年龄大学协会(International Association of Universities of the Third Age,AIUTA)的会员。1995 年,协会又成为"第三年龄教育国际研究组织"(Third Age Learning International Studies,TALIS)的成员。1998 年中国老年大学协会会长张文范当选为国际第三年龄大学协会副主席。

截至 2005 年 5 月,西藏老年大学成立,全国 31 个省、市、自治区,香港、澳门两个特区,我国台湾地区,均已开办老年大学。到 2005 年底,全国老年大学和老年学校已发展到 2.6 万多所,在校老年学员已超 230 万人。预计到 2010 年,老年大学将增加 1 万所。老年大学办学的课程设置、教学设施、教学管理等方面逐步向规范化、标准化发展。①

(二)我国老年教育蓬勃发展(2012 年至今)

进入中国特色社会主义新时代,随着人口老龄社会的加速度发展,老年教育日益得到党和国家的重视。2016 年,我国印发了第一个老年教育专项规划——《国务院办公厅关于印发老年教育发展规划(2016—2020 年)的通知》,提出"保障权益、机会均等"的原则,明确了老年教育发展的目标要求及任务,② 极大地促进了我国老年教育的发展。2017 年 1 月,《国家教育事业发展"十三五"规划》明确提出"推进老年教育机构逐步纳入地方公共服务体系,办好老年大学,有效扩大老年教育资源供给",首次明确了

---

① 黄艺农、苏策:《老年大学休闲教育功能探析》,载《湖南师范大学教育科学学报》2008 年第 6 期,第 94 - 97 页。
② 《国务院办公厅关于印发老年教育发展规划(2016—2020 年)的通知》,http://www.gov.cn/zhengce/content/2016-10/19/content_5121344.htm。

老年教育属于国家公共服务体系的范畴。① 2019 年,《中国教育现代化 2035》再次明确要"构建服务全民的终身学习体系,建立全民终身学习的制度环境,加快发展城乡社区老年教育"②。2021 年 11 月,《中共中央 国务院关于加强新时代老龄工作的意见》明确提出"扩大老年教育资源供给。将老年教育纳入终身教育体系……推动扩大老年教育资源供给。依托国家开放大学筹建国家老年大学,搭建全国老年教育资源共享和公共服务平台"③。2024 年《国务院办公厅关于发展银发经济增进老年人福祉的意见》再次提出"建设国家老年大学,推动面向社会开放办学。依托国家老年大学搭建全国老年教育公共服务平台,建立老年教育资源库和师资",④ 进一步明确了老年教育公共服务的发展路径。国家层面关于发展老年教育的政策制度日益完善,有效推动了全国各地老年教育事业的蓬勃发展。一是形成多元主体参与老年教育办学的格局,开办了各具规模及特色的老年大学、学校。二是老年教育办学层次凸显。以广州市为例,2022 年广州市共有老年大学 52 所,老年学校 113 所,老年教学点 906 个,⑤ 构成了"大学—学校—教学点"三级的老年教育层次化办学。据调研,上海、福建、成都等地均构建了多层级的老年教育办学体系。三是老年教育经费在不同程度上得到了保障。部分省市老年教育经费预算纳入地方政府公共财政预算,每年按人均经费划拨,例如上海市等;部分省市老年教育经费则以财政专项经费形式划拨,例如广州市等。

我国老年教育历经 40 多年的发展,取得了显著的成绩,已发展成为世界上最大规模的老年大学,最大规模的老年学习群体,基本构建起了省、市、县(区)、乡镇(街道)、村(社区)五级办学网络以及企业、军队、高校、民间及养老机构办学为补充的老年教育体系。2023 年 3 月 3 日,国家

---

① 《国务院关于印发国家教育事业发展"十三五"规划的通知》,http://www.gov.cn/zhengce/content/2017-01/19/content_5161341.htm。

② 新华社:《中共中央、国务院印发〈中国教育现代化 2035〉》,载《中华人民共和国教育部公报》2019 年第 Z1 期,第 2-5 页。

③ 《中共中央 国务院关于加强新时代老龄工作的意见》,载《中华人民共和国国务院公报》2021 年第 34 期,第 10-15 页。

④ 国务院办公厅:《国务院办公厅关于发展银发经济增进老年人福祉的意见》,载《中华人民共和国国务院公报》2024 年第 3 期,第 23-27 页。

⑤ 广州市老龄工作委员会办公室、广州市统计局:《2022 年广州市老年人口数据手册》,南方日报出版社 2023 年版,第 104 页。

老年大学正式挂牌成立。中国老年大学协会统计数据显示,截至 2023 年 4 月,全国各级各类老年大学(学校)已达 7.6 万所,参加学习的学员 2000 多万人。省、市、县(区)、乡镇(街道)、村(社区)五级办学网络体系已经形成。课程资源也得到极大的丰富完善,从初创期的不到十门课程,发展形成具有 15 大门类、61 个专业、298 门课程的较为完整的教学体系。[①] 我国老年大学培养了一大批"老有所学、老有所为、老有所乐"的三有老人,充分发挥老年学员在政治、知识、经验等方面的优势,为经济社会发展、文化传承、社会和谐做出了积极的贡献。我国老年教育作为积极应对人口老龄化问题的制度化安排,正以体系化办学优势、资源优势、平台优势,担负起开发老年人力资源的时代使命,从老年人教育权益保障、能力发展及全面参与社会发展的权利等核心维度为老年人全面赋能,强力助推中国式老年人力资源的开发应用。

二、老年人力资源开发教育存在的主要问题

在国家积极老龄化政策的影响下,老年大学蓬勃发展的同时,老年教育开始关注为学员增权赋能,以推进老年志愿者团队和自主型学习组织建设,以及鼓励老年学员以多种形式服务社区、老人院等形式,促进老年人力资源开发应用的实践。例如上海市老年大学和上海市长宁区老年大学定期组织对老年志愿者团队骨干培训,对志愿者参加社会服务活动予以登记总结,以奖金的形式给予鼓励。又如济南老年大学与济南日报报业集团联合成立"泉城老年记者团",为老年人力资源开发应用提供了重要的实践平台。再如广州市花都区老年开放学院的"诗书雅社"学习团队自筹经费参加社区、街道的文艺表演。从总体上看,老年人力资源开发教育为老年人增权赋能的作用尚未有效彰显,主要存在以下问题。

(一)教育权益保障仍不充分

教育权益保障,是为老年人增权赋能的基础,也是老年人获得知识、能力、资源及社会参与的根本性机会和权益。2016 年 10 月,《国务院办公厅

---

① 左眉:《我国一线城市发展老年智慧教育的突破路径研究》,载《继续教育研究》2025 年第 1 期,第 43-49 页。

关于印发老年教育发展规划（2016—2020年）的通知》中明确了"经常性参加老年教育的老年人口占比达20%"的目标，有力推动了基层教学点的建设和资源的下沉。但基层老年教育仍存在资金投入欠缺、场地设施不完备等突出问题。从老年教育实践现状看，资源分布较为集中，我国西部地区和广大的农村资源严重匮乏。以广州市为例，据不完全统计，2019年经常性参与老年教育的老年人口占仅占全市老年人口的6.18%。老年教育作为积极应对人口老龄化的重要制度安排，亟须加大对老年弱势群体和基层老年人群体教育权益的保障，切实通过教育增权赋能，促进老年人口高质量发展。

（二）教育资源供给与需求相脱节

契合需求的教育资源供给是切实为老年人增权赋能的核心所在。长期以来，由于对老年教育的教育属性缺乏重视，各类型老年教育机构的办学目标和发展方向上表现出单一性，老年人力资源开发教育显著不足。在积极应对人口老龄化背景下，各类型老年教育机构未能充分认识到老年教育增权赋能老年人力资源开发的迫切性。就全国发展较为成熟的老年大学课程设置来看，虽然形成了数量众多、内容丰富的课程资源，但课程内容未能充分关照老年教育应对人口老龄社会问题并服务经济社会发展的教育目标，仍以康养、休闲、娱乐等内容为主体，课程资源呈现为高度的同质化和单一化特点，缺乏多样化、层次化、有效的教育资源供给。此外，我国各类高等院校参与老年教育发展仍然不足，高水平、高质量的学科专业教育资源尚未能被有效纳入老年教育资源体系。老年教育资源建设整体上呈低水平循环状态，尚未构建起差异化、结构化的老年教育资源供给体系。故此，我国老年教育资源供给未能有效匹配老年人力资源开发实践发展的需要，形成资源供给总量的日益丰富与老年人力资源开发学习需求相脱节的困境。

（三）教育支持环境尚不完善

支持环境是老年教育增权赋能的重要社会支持条件。过去很长一段时间，我国老年教育归属民政部门管理。1999年，"老年非学历教育"又划归文化部门管理。[①] 管理主体教育职能的缺乏，导致老年教育政策制度上的显

---

① 吴思孝：《我国老年教育的历史追溯与未来展望——基于政策发展视角》，载《成人教育》2019年第6期，第42-48页。

著性不完善。与其他教育形式相比较，老年教育在一定程度上被边缘化，缺乏顶层规划设计和政策支持。同时，由于我国老年教育发展长期定位于"精神文化活动"或"群众文化活动"，制约了"老有所为"价值体系与社会认同的构建。一是老年人力资源开发教育尚未得到相关政府部门及各级老年教育机构的重视。二是我国尚未形成老年人参与社会的文化氛围，社会公众，尤其是年轻人、家庭成员对老年人力资源开发及其教育存在一定的认知偏差与误区，甚至是歧视或不理解。三是老年人群仍保持原有的学习心理与习惯，对老年人力资源开发应用认知不足，未能内化为"老有所为"的价值追求，实践老年人力资源开发的主观能动性未能有效调动。老年人力资源开发的教育社会支持环境缺失，难以有效激发和促进老年人形成"老有所为"的内在价值驱动。

（四）教育服务有待拓展和提升

教育服务是教育教学的重要组成部分，是拓展教育增权赋能功能的重要环节。我国老年教育从教学形式上开设了第一课堂（课堂教学、学校教育）、第二课堂（开展社团活动、课外活动）、第三课堂（社区活动、社会公益活动）的教育教学活动，这在一定程度上拓展了教育增权赋能的广度，并促进老年学员参与老年人力资源开发实践。然而，受老年人学习特点和老年教育教学管理模式的影响，老年教育办学主体对老年学员的管理呈松散状态，以"教、学"关系为主体，缺乏对老年学员"老有所为"价值理念的教育引导及实践指导等支持服务。虽然部分老年大学成立了学员党支部、学员代表委员会等组织，但活动延展性非常有限。同时，各老年教育办学机构缺乏协同推进老年人力资源开发的教育理念，尚未积极链接企业事业单位、行业协会、街道社区等各类社会资源，搭建畅通的老年人力资源开发服务平台。各级老年教育主管部门及办学机构亟须加强教育服务，切实提升对老年人力资源开发的支持服务力度。

三、老年人力资源开发教育增权赋能路径

（一）老年人力资源开发教育增权赋能的理念

老年教育作为我国社会公共服务体系的重要组成部分，服务经济社会发

展应成为其价值理性追求。在现有老年教育的基础上，亟须将老年人力资源开发教育放在重要战略位置。当前，我国老年教育发展需充分认识老年人力资源开发教育的使命意义，确立老年人力资源开发教育的新理念。老年人力资源开发教育新理念即以"老年人是宝贵的财富"为依据，以人口高质量发展推动中国式现代化为逻辑起点，积极回应经济社会发展的内在要求，核心关切老年人终身而全面的发展，切实改善劳动力的有效供给，以高素质的老年人力资源为中国式现代化提供重要的人力支撑。在积极老龄化政策框架下，老年教育需着力构建各层次各类型老年人力资源开发教育服务平台，[①]全面保障老年人终身学习权益，促进其全面发展并积极参与经济社会生产活动，共享社会发展成果。各级政府需做好老年人力资源开发的支持性制度保障，统筹各类老年教育机构及全社会的力量，以新理念、新思路推动老年教育办学模式的新发展，有效为老年人增权赋能，全面提升老年人力资源开发效能，积极应对人口老龄化社会的问题和挑战。

（二）老年人力资源开发教育增权赋能的内涵

进入中国特色社会主义新时代，老年人力资源开发以老年人"参与社会及终身发展"为核心，强调老年人平等的选择和机会。[②] 老年人力资源开发包括全体老年人普遍参与的家庭照料、学习、志愿者服务、参与经济生产等形式。老年教育赋能老年人力资源开发是指以为老年人提供均等的教育机会为前提，从生命哲学的高度积极关照老年人生存和全面发展，通过提供精准的教育服务，全面提升老年人参与社会的能力，并促进其充分参与社会政治文化生活、经济生产活动等，积极创造人本价值和社会价值，有效凸显人力资源开发价值。其内涵主要包括以下三个方面。

首先，帮助老年人构建起"老有所为"的心理认知和价值追求。老年人在退休后，由于原有身份和工作环境的改变，需要重构老年活跃期的心理认知和价值追求，积极实现再社会化。因此，老年教育需加强人文关怀和心理健康教育，强化老年人积极心理建设，引导老年人顺利实现角色转换，重新评估和认识自身所蕴含的宝贵的社会价值，构建起"老有所为"的价值

[①] 沈悦、钱旭初：《老年人力资源开发与老年教育的新视域》，载《云南开放大学学报》2019年第2期，第57-61页。
[②] 宋靓珺、周显伟、黄剑焜等：《"老有所为"理论视阈下的老年配偶照顾者之价值重构》，载《中国卫生政策研究》2018年第1期，第21-27页。

理念，实现良好的再社会化。

其次，着力加强老年人能力提升或新能力的培养教育。在经济社会高速发展、信息技术日新月异的背景下，老年教育尤其需加强新技能、新理念等能力发展教育，切实开发和培养老年人适应新时代的智慧生活能力、生产能力、创新能力等，构建实现老年人力资源开发应用的能力基础。

最后，积极拓展老年人的社会参与平台，增强其广泛而有效的社会参与。社会参与是老年人力资源开发应用的必然路径。老年人退休后社会参与的渠道显著减少，有的几乎丧失。老年教育在构建老年学员间积极的人际交往的同时，需着力拓宽社会资源渠道，搭建各类社会参与平台，凸显对老年人社会参与的引导性作用，促进老年人广泛参与人力资源开发应用的实践。

（三）老年人力资源开发教育增权赋能的框架

以积极老龄化理论、老年人力资源开发理论等为依据，综合学者们的研究，可从教育机会、教育资源供给、支持环境、教育服务四个维度构建老年人力资源开发教育增权赋能的框架（见表6-1）。在该框架中，老年人均等享有教育机会，是老年人力资源开发教育增权赋能的重要基础；科学精准的教育资源供给，则是老年人力资源开发教育增权赋能的核心；支持环境则是老年人力资源开发教育增权赋能不可或缺的外在社会支持；高效充分的教育服务则是老年人力资源开发教育增权赋能的拓展和延伸。四者互为关系，相辅相成，最终形成增权赋能合力，有效促进老年人力资源开发应用（见图6-1）。

表6-1 老年人力资源开发教育增权赋能的框架

主要维度	主要内容
教育机会	老年人均等享有教育的权益，无差别地获得知识和教育机会，尤其要加大对农村老年人、残疾老年人、贫困老年人教育机会的保障，着力消除老年人被边缘化的现状
教育资源供给	构建多样化层次化的教育资源，有效契合老年人力资源开发的教育需求，保障教育资源城乡间无差别的供给
支持环境	各级政府、老年教育机构、社会公众、老年人自身形成"老有所为"的价值理念，广泛认同并支持老年人力资源开发

续上表

主要维度	主要内容
教育服务	拓展教育服务的内涵和外延,着力搭建广泛的社会参与平台,引导老年人积极参与社会活动,实践老有所为

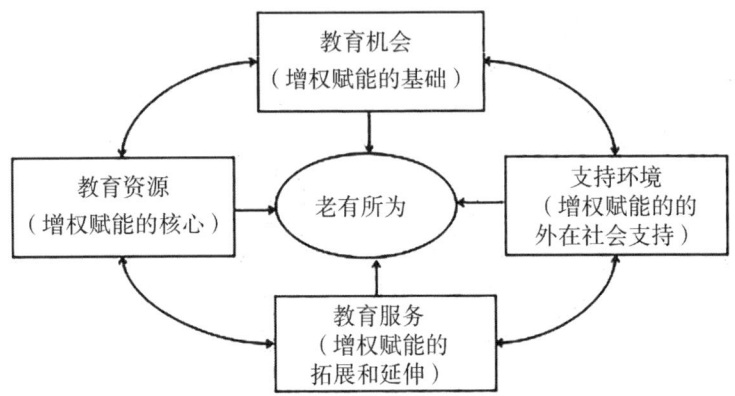

图6-1 老年人力资源开发教育增权赋能的四维关系

(四) 老年人力资源开发教育增权赋能路径

1. 健全与老年教育相关的政策法规

通过立法增权赋能是老年教育发展较为完善的国家和地区所采取的基本做法。例如,美国、日本、韩国、新加坡、中国台湾地区等均从立法的高度保障老年人充分享有教育权益,并提供就业、志愿者服务等老年人力资源开发的实践保障条件。其中,美国通过《成人教育法》《禁止歧视老年人法》《国内志愿服务法》《综合就业训练法》等相关法案,[1] 有效帮助老年人参与学习,自立自助并参与社会服务,创造人生价值和社会价值。而我国目前仅有《老年人权益保障法》和部分政策文本明确规定老年人享有终身教育和参与社会发展的权益,但这些规定缺乏主题聚焦性,条款内容不具体,刚性规定力度不够。我国亟须加快推动专门性的老年教育国家立法和地方立法,从立法高度明确各级政府、社会组织、教育机构在老年教育任务中的责任和要

---

[1] 邬沧萍:《老年学概论》,中国人民大学出版社2014年版。

求,明确老年人再就业等社会参与的保障条件,切实保障老年人的教育权益。

同时,我国需进一步完善老年教育政策制度,加快建立老年教育的经费投入机制、"适老"化教育场地建设标准,并制定鼓励老年人参与终身学习等具体实施指导政策,切实为老年人增权赋能,构建促进老年人力资源开发的教育政策制度环境。此外,还需进一步加大对西部地区、农村地区、基层社区老年人教育权益的保障,例如,可适当加大相关地区的财政倾斜力度和建设指导,有效促进各类优质教育资源无差别的城乡配置,切实保障各类老年弱势群体的教育权益。例如,英国制定相关政策规定在不同年龄群体中公平分配教育活动经费;美国则对50岁以上的老年人赋予减免学费的权利。[①]落实老年教育基础性赋权,将切实推动我国老年人力资源开发的实践发展水平。

2. 优化教育资源供给服务

在为老年人增权赋能及老年人力资源开发的现实要求下,优化教育资源供给的关键在于提高教育资源与市场需求的契合度。第一,需以老年人参与社会经济生产的各个维度为依据,提供相应层次、行业领域的教育资源体系,有效满足各类型各层次老年人力资源开发教育的需求。第二,增强老年人力资源开发专业性人才队伍建设,提升资源建设的能力水平,进一步增强资源开发的专业性、科学性、体系化,有效避免低水平重复建设,提高教育资源供给的水平与质量。第三,协同多方社会资源,包括各级各类老年大学、高校、职业院校、研究院所等多元主体参与教育资源开发,有效提高资源供给的数量与质量。第四,充分用现代信息技术,加大对名师优课等优质数字化教学资源的开发;同时,加强基层数字化设施设备的配置,并普及老年人的数字化技能教育;通过线上教育形式,促进优质教育资源广泛覆盖城乡社区。

3. 完善教育支持环境

社会公众广泛认同的老年人力资源开发价值理念,是构建教育支持环境的基础。在当前老龄化日益加剧的背景下,亟须将促进老年人力资源开发置于老年教育发展的重要战略位置,以新的老年教育价值理念推动老年人力资源开发。其核心是要突破传统老年教育"群众文化娱乐活动"的目标定位,回归教育属性,即以新时代老年人力资源开发的内涵为基础,加大对老年人

---

① 杨守吉:《我国老年教育探究》,载《继续教育研究》2011年第9期,第73-75页。

适应新技术发展及终身职业发展能力的培养力度，有效拓展与提升老年人适应经济发展新业态和社会发展新变革所需的新技能，更好地服务中国式现代化经济社会发展。在老年教育增权赋能新理念的指引下，完善教育支持环境，重点在于构建起政府、社会公众、教育机构、老年人四维的老年人力资源开发教育价值体系。具体包括以下方面。

一是各级政府需以新理念推动老年教育的发展，确立"老年人是社会宝贵财富"的价值认同，促进全社会支持老年人力资源开发。二是消除社会公众对老年人力资源开发的认知偏差或歧视，引导社会公众认同和支持老年人力资源开发。三是各类老年教育机构需要在新理念指导下积极承担提升老年人服务经济社会发展能力的教育职责，构建为老年人力资源开发增权赋能的教育教学体系，积极引导和激发老年人社会参与的意愿，促进广泛且深入的老年人力资源开发。四是加强老年人的内在价值体系的建构，树立全生命周期观念，正确理解老年各发展阶段的功能与价值，一方面，主动为各个老龄阶段的老化积极做好"全生命周期养老"准备；另一方面，树立积极老龄观并将其内化为老有所为的驱动力，积极参与社会，实践老有所为。

4. 拓展教育服务平台

教育服务平台是拓展老年人力资源开发应用实践的重要载体。老年教育办学机构在实施课堂教育教学的同时，构建起完善的老年教育综合服务平台，将为老年人力资源开发应用营造积极的生态环境。教育综合服务平台的构建，需以老年教育新理念为引领，以强化对老年人力资源开发的指导、管理、支持服务为核心。具体包括以下方面。

第一，组织开展广泛的老年人力资源开发教育实践活动。例如组织开展班会活动、学校活动、社会活动等，鼓励和引导老年人社会参与。第二，培养学员骨干。依托老年学员培育"老年志愿者服务团队""老年学习团队"等组织，培养团队领袖，引导和鼓励老年学员自发组织参与各类社会生产生活。第三，充分整合社会资源，为老年人力资源开发应用提供广泛的实践平台。老年教育主管部门或教育机构可充分整合区域内的行业、企业、学校、街（镇）、社区等各类社会资源，积极拓宽老年人力资源开发应用的实践渠道。第四，建立多元化数字服务平台，各类型老年教育机构可建立老年人力资源开发教育小程序、微信公众号、视频号等，实现学习资源、活动资讯、社会资源链接、组织管理、数据统计、表彰奖励等多元化功能，为老年人力资源开发构建起便捷、高效、畅通的服务渠道，将线下与线上教育服务有机结合，全面拓展老年人力资源开发的外在张力,增强为老年教育增权赋能的效能。

5. 构建多元协同的教育生态

多元协同的教育生态强调老年教育要突破传统单一的学校教育形式,与老年人力资源开发应用的具体工作内容或具体工作场域深度融合,促进多元社会力量的参与,有效增强老年人力资源开发的聚合力。具体包括以下方面。

第一,将老年教育与我国"关心下一代工作委员会"的工作相结合。习近平总书记就做好关心下一代工作作出重要指示强调:要支持更多老同志参加关心下一代工作,为培养社会主义建设者和接班人做出新的更大贡献。中国关工委成立 30 年来,大量老干部、老战士、老专家、老教师、老模范等离退休老同志,不忘初心、牢记使命,为促进青少年健康成长发挥了重要作用。[①] 我国老干部大学学员以退(离)休老干部、专家、知识分子为主体,是实践"老有所为"的优质人力资源,将老年教育与"关心下一代"工作相结合,进一步开发发展心理学、隔代教育等相关课程,精准提升老干部、专家、知识分子等与青年人之间的代际交流和共同发展能力,将在关心下一代的老有所为实践中做出更大的贡献。

第二,将老年教育与高校、政府机关等部门的退(离)休人员管理工作相结合。高等学校等部门的退(离)休工作人员中拥有大量的高级专业人才,是实践老有所为不可或缺的主体。结合退(离)休管理工作,精准开发契合该类群体需求的教育形式和资源,引导和鼓励高干、高知在老有所为的舞台创造新的人生价值和社会价值。例如,广西师范大学教育基金会依托友成志愿者驿站的平台,组织高校离退休教师以志愿者身份到贫困地区学校支教,[②] 有效促进了高校退休教师实现老有所为。

第三,将老年教育与中小学教育相结合。通过老年人开展讲"红色故事""科技教育""特色传统文化课堂"等活动,加强老年人与中小学生的互动,促进良好的文化传承、代际交流,从而有效增强老年人的幸福感和获得感。

第四,将老年教育与社会工作相结合。我国有大量的社会工作者和志愿者团队服务于城乡养老院、家庭综合服务中心、长者服务中心等机构。将老年教育与社会工作相结合,通过理念根植强化服务能力,将有利于促进城乡

---

① 《支持更多老同志参加关心下一代工作 为培养社会主义建设者和接班人作出新的更大贡献》,载《人民日报》2020 年 11 月 19 日,第 1 版。

② 唐小茜:《高知老年人老有所为途径探析》,载《教育观察》2014 年第 12 期,第 88-90 页。

基层老年群体，包括弱势老年群体实践老有所为，有效提高老有所为的"普适性"发展水平。不断加深老年教育与老有所为相关工作的融合程度，将更广泛地聚合多元社会力量协同参与，不断增强老有所为的聚合力。

四、重构老年人力资源开发教育结构形态

依据新时代老年人参与社会经济活动、政治文化生活的主要形式，可将老年人力资源开发教育划分为三大类型，即"职业教育、社会服务教育、生活与素质教育"（见表6-2），进而重构教育的结构形态（见图6-2）。精准实施老年人力资源分层开发教育，是实现新时代老年教育强力助推老年人力资源开发的核心所在。老年教育办学发展亦需以此为指导做好顶层规划设计，以现有的老年教育结构为基础，着力重构契合老年人力资源分层开发需要的教育结构形态，各类办学主体则需依据自身优势分别承担不同形态的教育服务功能。

表6-2 老年人力资源开发教育的类型划分

类型	主要教育内容
职业教育	各类职业技能或专业知识和能力
社会服务教育	参与各类社会服务和社会活动的知识和能力
生活与素质教育	各类生活素养、养身保健、娱乐休闲等知识和能力

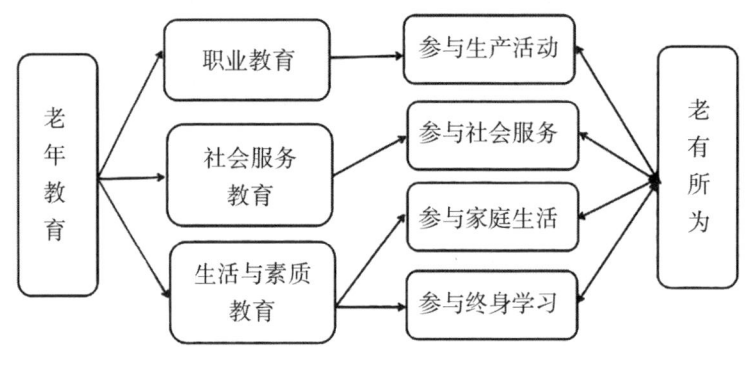

图6-2 老年人力资源开发教育的结构形态

（一）构建老年职业教育

构建老年职业教育，是我国老年人力资源开发教育的重点和关键。构建老年职业教育，首先，需将教育核心内容紧贴我国重大专项战略和经济发展新业态，着力推进老年人职业技能技术能力的开发。其次，需将各类高等学校、职业技术院校、企业办大学、各类老年大学、行业协会学会、社会职业教育机构等纳入老年职业教育服务供给体系，有效扩大老年职业教育服务资源供给体系。最后，开发建设老年职业教育资源体系。老年职业教育资源体系可由职业教育学科专业资源、职业教育模块化课程资源、职业技能培训资源、数字化技能技术普及教育资源等四个部分构成。其中，职业教育学科专业资源的主要对象为有较高学习需求的老年人，例如上海老年大学开设有体育保健、音乐表演、摄影摄像等学历教育专业。职业教育模块化课程资源是对不同的职业能力相近模块化知识结构进行课程资源开发，以满足老年人对不同职业能力模块的学习需求。职业技能培训资源则参照国家人力资源和社会保障部颁发的职业工种做相应的培训资源开发，老年人完成学习后，通过职业技能鉴定考试获取相应的职业技能证书。数字化技能技术普及教育资源针对数字化、人工智能等现代信息技术的新发展，面向老年人群开展应知应会的应用型普及教育，促进老年人全面适应新技术的变革以及生活物理空间环境的变化。

老年职业教育资源体系的开发需基于以下两点：一是需充分调研了解就业市场需求以及行业未来发展趋势，厘清老年职业教育的重点方向及重点技术工种等；二是需对老年人学习需求及就业意愿进行充分调研，并明确各类型老年人的学习层次，进而对老年人职业教育进行精准画像。在全面清晰梳理与老年人力资源开发相关的综合性因素的基础上，组建由老年教育、职业教育、人社部门、相关行业等各类专家构建的专家团队，聚集各类老年大学、职业院校、高等学校、社会教育机构等优质资源，协同开发老年职业教育立体化资源体系，确保资源建设科学合理、高效优质，避免资源建设的碎片化、重复化、低效化，进而促进老年职业教育资源能有效满足各类型各层次老年人力资源开发教育的需求。

（二）构建老年社会服务教育

构建老年社会服务教育需密切结合我国构建共建共治共享社会治理新格

局和"老有颐养、学有优教"的养老事业、精神文明建设等社会发展的新要求，着力促进老年人服务社会的素质能力发展；可在现有老年大学多元主体办学体系的基础上，充分整合应用各类公共图书馆、文化馆、博物馆、会展中心、少年宫、长者服务中心、长者饭堂、中小学校园场所等各类社会资源，提供多元化、多形态、内容丰富的老年社会服务教育资源供给，有效扩大供给规模。

老年社会服务教育资源体系开发的主体内容需核心关切老年人社会参与在康养保健、休闲娱乐、精神文化、知识学习、银发消费、人际交往等方面的重点需求。结合老年人社会参与的核心需求，老年社会服务教育资源体系开发的主体内容为志愿服务、社区服务、环境保护、文化传承、社会援助、社区治理、代际交流、社团活动、文艺活动等广泛覆盖各类型社会活动和服务的相关内容。老年社会服务教育资源体系的开发需以充分了解老年人社会服务意愿、能力基础、学习需求等要素为基础，精准划分资源开发层次及资源模块。

老年社会服务教育资源的开发，一是可充分利用现有的各类老年大学教育资源和各类社会资源，整合构建模块化老年社会服务课程资源。二是可结合中国式现代化创新发展和高质量发展的要求，针对新时代老年人优势和特点，着力开发创新型课程资源。三是立足传承弘扬优秀传统文化和培育终身学习文化氛围的需要，将区域特色传统文化和优质特色资源与老年社会服务教育相融合，通过老年人群的学习、体验实践、成果展示、代际交流等各类型社会参与，促进传统文化与现代文明的融合发展，培育浓厚的终身学习文化氛围。四是立足服务区域经济发展的需要，开发老年社会服务教育特色项目，应用我国优秀传统文化资源、非物质文化遗产、地方特色文化资源等，开发研学、康养、游学等项目的全方位立体化资源，有效扩大区域生活空间、丰富居民生活，实现文化传承，并促进区域经济社会发展。五是可以依托老年人自身能力开发课程资源。例如可以借鉴英国老年教育自助自治模式的经验，在老年教育过程中由团队成员共同参与社会服务实践课程的设计和教学，培育各类型社会服务团队和团队领袖，以有效激发老年人参与社会服务的主动性，并提升其参与度。

（三）构建老年生活与素质教育

老年生活与素质教育，是面向全体老年人的普适性老年人力资源开发教育课程,其核心意旨在于提升全体老年人口素质,帮助全体老年人更好地融入中国式现代化的高质量发展进程。老年生活与素质教育需密切结合城乡老年人日益增长的对美好生活的追求以及高品质生活服务业的发展新态势。老年生活与素质教育资源体系的构建可在整合老年职业教育资源体系和社会服务教育资源体系相关内容的基础上,充分发挥各类社会资源、社会成员以及老年人的自主性作用,全面扩展老年生活与素质教育资源服务供给体系。

老年生活与素质教育资源体系的主体内容为老年人适应人工智能、大数据、5G等信息技术条件下的智慧生活、智慧医疗、智慧家居、智慧养老等新能力发展,以及身心健康、文化素养、自我保护等适应现代化社会生活需要以提高生活质量的能力素养。老年生活与素质教育资源体系的开发,一是课程资源需以老年人的现实生活需要为落脚点,课程形式以生动有趣、浅显易懂为要,需要充分关照弱势老年群体的特殊需要。二是课程资源开发需与老年人活动场所紧密结合,富于情景感,比如对智慧家居的使用学习等,情景式教学更有利于帮助老年人学习掌握。三是充分发挥社会公众的力量,开发多元化的生活与素质教育课程。组织"能者为师"选拔活动,促进各行各业优秀的专业人才担任授课教师。例如,可以聘请司法工作人员开发老年人防诈骗课程、遗产继承课程等,聘请金融行业工作人员开发老年人理财课程等。四是充分发挥老年人的能动性,由老年学习组织或老年人协会自主开发相关生活与素质教育课程,如器乐、绘画、八段锦、太极拳、旅游英语等课程。五是老年生活与素质教育体系是实现"全生命周期养老准备"的重要基础,也是构建全民终身学习体系的重要组成部分,更是学习型大国建设不可或缺的基础,可充分应用现代信息技术,通过线下与线上课程相结合的形式,促进优质教育资源供给服务的全覆盖,切实保障城乡各类老年群体尤其是弱势老年群体的教育权益,以全面促进老年人口高质量发展,积极推进中国式现代化的高质量发展进程。

第二节 依托老年教育阵地建设中国式老年智库

一、智库的发展及作用

(一) 我国智库的发展

智库 (Think Tank),又称思想库或智囊团,一般是指在社会各个领域 (社会政策、政治、经济、军事、技术、文化等) 参与政府政策立案、为政府提供政策建议的政策研究机构,[①] 是现代国家治理体系的重要组成部分;其以公共政策为研究对象,以影响政府决策为研究目标,以公共利益为研究导向,以社会责任为研究准则。[②] 现代智库诞生于19世纪末20世纪初的美国,在第二次世界大战后迅速发展,扮演了政府"外脑"的角色。[③]

1949年新中国成立时,建立了两个国家智库,即参事室和中国科学院。随着我国经济社会高速发展,中国式现代化建设进程中出现了大量决策咨询的需求,党和政府高度重视智库建设。2012年,党的十八大报告提出坚持科学决策、民主决策、依法决策,健全决策机制和程序,发挥思想库作用,建立健全决策问责和纠错制度。[④] 2013年11月,党的文件中首次提出建设"中国特色新型智库"的目标,将智库的发展建设视为提升国家软实力的重要组成部分。[⑤] 2014年,教育部印发《中国特色新型高校智库建设推进计划》,明确了中国特色新型高校智库建设目标。[⑥] 2015年1月,中央办公厅

[①] 柳玲:《日本现代智库发展研究》(学位论文),北京外国语大学2022年。

[②] Paul Dickson, *Think tanks*, Atheneum, 1971, pp. 2 – 8.

[③] 拜争刚、黄泳淇、李刚:《循证决策理念对我国新型智库建设的借鉴作用》,载《智库理论与实践》2020年第2期,第1 – 10页。

[④] 胡锦涛:《坚定不移沿着中国特色社会主义道路前进 为全面建成小康社会而奋斗——在中国共产党第十八次全国代表大会上的报告》,载《前线》2012年第12期,第6 – 25页。

[⑤] 新华社:《中共中央关于全面深化改革若干重大问题的决定》,载《前线》2013年第12期,第5 – 19、27页。

[⑥] 《教育部印发中国特色新型高校智库建设推进计划》,载《教育发展研究》2014年第5期,第7页。

印发《关于加强中国特色新型智库建设的意见》，提出中国特色新型智库是国家治理体系和治理能力现代化的重要内容，并强调以科学咨询支撑科学决策，以科学决策引领科学发展；明确指出"到2020年，统筹推进党政部门、社科院、党校行政学院、高校、军队、科研院所和企业、社会智库协调发展，形成定位明晰、特色鲜明、规模适度、布局合理的中国特色新型智库体系"①。2017年2月，《关于社会智库健康发展的若干意见》出台，构建了社会智库扶持发展的政策框架，并规定社会智库可以"依法参与政府部门以项目招标、政府采购、直接委托、课题合作等形式开展的政策研究、决策评估、政策解读等活动"②。2017年10月，党的十九大报告再次强调要"加强中国特色新型智库建设"③。新型智库建设成为中国式现代化建设国家战略的重要构成部分。

（二）智库的重要作用

当今世界正在经历复杂而深刻的变化，智库作为国家软实力的重要组成部分和思想源泉，通过提供专业研究和政策建议，推动政策创新和治理改善，促进产业发展和社会进步，为经济社会发展做出了巨大的贡献。

1. 智力支持

智库通常由行业、专业领域的高水平专家构成，能针对社会、政治、经济、文化发展趋势或发展中重大问题等开展独立、客观、科学的研究，进而提出专业分析和政策建议，为政府和企业的领导者在决策制定过程中提供专业的智力支持。

2. 推动政策创新

智库专家对社会、政治、经济、文化发展趋势或发展中重大问题等进行深入研究，能够提出新型的政策、机制或者治理体系，通过对政策创新的实践和评估，推动政府治理和社会治理的创新。

3. 为深化改革提供动力

我国推进现代化进程正处于深化改革的深水区，改革的复杂性、敏锐

---

① 新华社：《中共中央办公厅、国务院办公厅印发〈关于加强中国特色新型智库建设的意见〉》，载《中华人民共和国国务院公报》2015年第4期，第4－8页。
② 《关于社会智库健康发展的若干意见》，载《光明日报》2017年5月5日，第7版。
③ 习近平：《决胜全面建成小康社会 夺取新时代中国特色社会主义伟大胜利——在中国共产党第十九次全国代表大会上的报告》，载《实践（党的教育版）》2017年第11期，第4－20页。

性、艰巨性更加突出，智库专家团队深入开展战略性、全局性研究，为深化改革提供科学性、前瞻性、精准性的决策参考，将进一步促进改革的深化与创新。

4. 促进公共参与

智库一方面通过广泛征集调研提升公共参与度，另一方面通过公开研究成果、组织专题研讨等方式，引导和促进公众对社会问题的关注和参与，进而增强政策决策的透明度和民主性，提高政策决策的科学性和可行性。

5. 增强大国竞争力

第一，智库研究产出的具有前瞻性、前沿性的研究成果和战略建议，有助于推动产业升级和创新发展，促进国家经济实力发展；第二，国家新型高端智库创造思想和智慧创意的累积效能，为政府形象塑造与国际传播提供重要支撑；第三，国家新型高端智库积极参与全球议题研究，产出成果将为解决全球问题提供中国智慧和中国方案；第四，国家新型高端智库在国际议题研究与合作的前沿领域拥有更高水平的研究成果与更大影响力，能够为新时期国际交往提供有效助力。①

二、老年智库建设推动老年人力资源开发

（一）老年智库建设是高层次的人力资源开发形态

为应对人口老龄化社会的问题与挑战，有关老龄健康、老龄科技、老龄化产业等智库相继成立，并发挥了积极的作用，尤其是由老年人组成的各类型智库，推动了老年人力资源开发向高层次发展。老年智库通常是指以老年人为主体组成、以智力资源开发和知识为主要目标的团体，继续发挥老年人自身富有的经验和知识优势，对社会、经济、政治、文化发展趋势及发展中的重大问题开展研究，为各级政府决策提供咨询和参考。随着全球老龄化的加剧，老年智库建设日益发展成为高层次、创新型的老年人力资源开发形态，是老年人力资源开发的新境界。

1. 国外典型的老年智库

美国国家老年人委员会（National Seniors Council，NSC）。该组织是一个

---

① 马健瑞、曹建海：《新时期我国新型高端智库建设的使命与创新发展建议》，载《全球化》2022年第3期，第114－121、136页。

非营利性组织,致力于促进老年人在政策制定和社会发展中的参与。这个组织的使命包括保护老年人的权益、提供社会服务、通过政策倡导来改善老年人的生活和福祉。例如,NSC 面向社区老年人开展调研,共有 7492 名 NSC 会员代表参与了这项研究工作,研究发布了 2023 年全国"告别医疗保险"调查结果,这项研究全面地调查评估了 NSC 成员和支持者在日常生活中面临紧迫问题时的兴趣和情绪。NSC 通过发布调研结果,并提供决策建议,敦促国会议员支持由伊利奥特·恩格尔议员发起的《2023 年保证 3%的生活成本调整法案》。①

英国老年人论坛(Age UK)。该组织旨在提供老年人权益保护、社区支持和福祉服务等方面的支持,通过实施一系列目标措施,在为老年人争取权益、提高社会对老年人的关注度等方面做出了重要贡献。一是通过有效的倡导和影响工作,支持最贫困的老年人,并以政策工作和研究为支撑,实现最大的影响;二是向老年人及他们的照顾者和家人伸出援手,提供他们所需要的公正的、个性化和专业的信息和建议;三是通过 Age UK 网络提供的高质量、当地可获得的服务,使老年人能够获得解决其健康和护理需求的服务;四是确保 Age UK 及其他社区组织在当地能坚强而持久地存在,为当地老年人提供支持和机会;五是推出对福祉有重大影响并为 Age UK 网络的服务带来长期利益的福祉项目;六是通过 Age International,Age UK 的国际慈善组织,关注世界上一些最贫困国家的老年人的需求和权利。②

加拿大退休教师协会(Retired Teachers of Ontario)。作为加拿大最大的老年人组织之一,这个协会致力于提高老年人的生活质量、推动老年人的社会参与,并为老年人争取福利保障。该组织 2022 年有 83000 名会员,其中 36550 人在 70~79 岁,占比 44.03%;6369 人小于 60 岁,占比 7.67%。③ 64%的 RTOERO 成员是积极的志愿者;成员每月平均志愿服务小时数为 20 小时;73%的成员认为志愿服务有助于他们享受退休生活;67%的成员在退休前进行过志愿服务。该组织为每位会员提供参与政治宣传运动的机会,即参加与加拿大联邦、省和市政府分享成员的观点研究和教育;RTOERO 基金会由会员捐款资助,支持健康老龄化研究基金会提供有关社会孤立问题的教

---

① National Seniors Council, Our mission, https://nationalseniorscouncil.org/our-mission.
② Age UK, What we do, https://www.ageuk.org.uk/about-us/what-we-do/.
③ RTOERO, Our community by the numbers, https://annualreport.rtoero.ca/our-community/our-community-by-the-numbers/.

育和认识，做出了积极的贡献。①

2. 我国典型的老年智库

中国老科协智库是我国最为典型的老年智库。1979年，重庆市一批退离休工程师率先组织起来，成立了重庆市退离休工程师协会，面向社会开展技术咨询和技术服务。自此，中国出现了第一个由退离休科技人员组成的、以老有所为为宗旨的群众组织。随后，全国各地相继成立了退离休科技工作者团体。1986年9月，为更好地发挥退离休科技人员的作用，中央组织部、国家科委等七部委联合向党中央提出《关于发挥离休退休专业技术人员作用的暂行规定》的报告，得到中央的高度重视。当年10月6日，中共中央办公厅、国务院办公厅发布《关于发挥离休退休专业技术人员作用的暂行规定》，从政策制度层面支持专业技术人员离退休后仍可继续从事专业技术工作，以多种方式发挥作用，极大地促进了全国各地老科技工作者团体的发展。凡具有相当于中级以上（含中级）技术职称水平，达到退（离）休或接近退休年龄的老科技工作者都可申请加入以上团体成为个人会员。②

到目前为止，中国老科协已成立行业分会18个，企事业单位团体21个。31个省、自治区、直辖市都成立了省级老科协，并建立了地市级老科协311个，县级老科协503个，乡、镇级老科协1198个，社区老科协772个；各省、自治区、直辖市老科协的直属团体增加到936个，各分会的直属团体增加到250多个。其中，18%的地市、40%的县、88%的乡镇、97%的社区等老科协组织是近几年发展起来的，个人会员总数由上届的约40万人增加到现在的近60万人。2019年10月5日，习近平总书记指示：中国老科学技术工作者协会成立30年来，团结广大老科技工作者老有所为、积极作为，为促进我国科技创新、推动经济社会发展做出了积极贡献。③ 老科技工作者人数众多且经验丰富，是推动中国式现代化高质量发展的重要支柱和宝贵资源。④

---

① RTOERO, Focus on the future—Annual Report 2022, https://annualreport.rtoero.ca/wp-content/uploads/sites/55/2023/05/1.-Annual-Report_2022_English.pdf。

② 《中国老科学技术工作者协会的发展历史》，https://ltxc.ecut.edu.cn/de/b2/c5373a57010/page.htm。

③ 中国科协改革工作办公室：《【科协"十大"经验交流】中国老科学技术工作者协会：凝聚老科技工作者智慧 打造"老科协智库"品牌》，载《今日科苑》2021年第5期，第91-93页。

④ 中国科协改革工作办公室：《【科协"十大"经验交流】中国老科学技术工作者协会：凝聚老科技工作者智慧 打造"老科协智库"品牌》，载《今日科苑》2021年第5期，第91-93页。

中国老科学技术工作者协会多年来打造了五大品牌。老科协智库是五大品牌之一，成立于2015年，在中国老科协特邀高级顾问团的带领下，围绕全面建设社会主义现代化国家新征程中的重大问题，开展调查研究，形成决策咨询建议，推进调研成果落地实施。老科协智库将研究课题作为纽带，联合多所高校、科研院所、各级老科协及涉老团体，建立合作研究机制，共同开展决策咨询课题研究，协力推动产出高水平研究的成果。老科协智库在2016—2020年期间，共开展47项课题研究，服务党和政府科学决策。其中"既有住宅加装电梯"系列报告、"老科学技术工作者家庭照护问题研究"、"关于《国家中长期科技发展规划（2021—2035年）》指导方针的建议"、"关于《科技进步法》修订的有关建议"等11篇报告获得党和国家领导人批示；"关于在我国西部六省区建设国家草种生产带的建议"和"加快农民工高技能人才开发的建议"部分观点被采纳；"关于亟需高度关注科技工作者的心脏心理健康的提案"成为2020年全国两会政协提案；开展了"老年人数字技能的现状和问题"调查研究，形成了"关于提高老年人数字技能使其更快融入智能社会的建议"；研究并推动老年科技大学建设，我国第一所老年科技大学——新疆老年科技大学于2021年成立，为提升老年人科学素养提供积极的教育服务。① 老科协智库推动老年人力资源开发在更高层次、更新境界的发展中发挥了的巨大作用。

（二）老年大学成为老年智库建设的强大阵地

1. 我国老年大学协会为建设老年智库提供了示范

中国老年大学协会成立于1988年12月，是"组织全国各地老年大学（含地方老年大学协会和老年学校）开展协作与交流的全国性非营利社会组织"。② 全国各省、市分别建设有地区老年大学协会。中国老年大学协会汇集了全国从事老年教育的力量，积极推动老年教育的学术、理论及教学研究，并取得了丰富的研究成果，有效推进了中国老年教育的现代化发展进程。中国老年大学协会分别在广州老干部大学、金陵老年大学、上海老年大

---

① 中国科协改革工作办公室：《【科协"十大"经验交流】中国老科学技术工作者协会：凝聚老科技工作者智慧 打造"老科协智库"品牌》，载《今日科苑》2021年第5期，第91—93页。
② 《中国老年大学协会"关于我们"》，https://adminapi.caual988.com/index.html?%#/。

学、武汉老年大学、山东老年大学等老年大学设立了8个研究基地,积极组织成员单位开展体系化课题研究,一是在原会长张文范领导下开展2008—2010年"中国特色老年大学教育现代化研究",二是在广州老干部大学原校长林元和领导下开展2012—2014年"中国老年大学教育现代化指标体系设计研究",三是在老年教育学术委员会组织下开展2016—2018年"老年教育学科建设和基础理论研究",四是在老年教育学术委员会和江苏省老年大学协会共同支持下开展"江苏省实现老年教育现代化的环境分析和路径选择"研究。形成理论成果《中国特色老年大学开门办学理论与实践》《老年大学的教学理念与实践创新》《中国老年大学教育现代化指标体系设计》《中国老年教育学若干问题研究》《发展社区老年教育与建设学习型社会的研究》《中国特色老年大学教育现代化研究》《中国城市老年教育研究》等。[1] 这些研究成果为推进我国老年教育现代化、特色化、科学化发展做出了重要的贡献。

中国老年大学协会还致力于推进开展国际交流与合作,于1994年8月申请加入了国际老年大学协会,1998年以来中国老年大学协会历届领导分别担任了该国际组织的副主席、理事等主要职务。中国老年大学协会积极参与国际老年大学协会的各项工作与活动,并于2004年、2013年分别在上海和广州成功举办"国际老年大学协会第22届全体会议"和"第92届国际老年大学协会理事会议暨老年大学创新发展开拓银发旅游业国际会议"。中国老年大学协会积极参与全球老龄化议题研究,为全球老年教育的发展提供了中国智慧,得到国际老龄协会和同行的高度认可和赞扬。例如广州老干部大学原校长林元和、原副校长王友农主编的《中国老年教育理论研究与国际对接(2013—2016)》《一带一路与老年教育研究》等成果积极促进了中国老年教育的国际化发展。

2. 我国老年大学建设老年智库的路径

一是老年大学办学主体加强统筹组织。老年大学办学主体,尤其是省市级老干部大学、军队老年大学、科研院所老年大学、老年开放大学等办学主体,需尽快摸清老年学员的学历、专业技术层次等现状,出台老年智库建设

---

[1] 李宣海、中国老年大学协会、上海老年教育研究院:《中国老年教育(2018)试行》,上海科学普及出版社2019年版,第115–116、216–227页。

第六章　老年教育强力助推中国式老年人力资源开发

办法，积极争取当地政府各相关部门的支持，吸收高水平老年学员加入智库，统筹开展智库研究项目，形成老年人才智慧的合力，为社会发展建言献策，为政府决策提供咨询意见，为经济生产提供技术创新等。

二是各地老年大学协同建设老年智库。多元主体参与跨界合作、系统化建设等方面协同建设，是组织自身发展的根本性选择，也是实现公共利益最优化的根本路径。一方面，区域内各老年大学协同建设专门性老年智库；另一方面，跨区域各老年大学协同建设高端老年智库。聚集各类老年学员中的优质高端人才资源，针对经济社会发展和科技创新等专门性问题或高端项目开发需要建设老年智库，形成协同行动合力，高质高效推动产出，提升老年智库建设的水平与效能。

三是积极完善老年智库建设的体制机制。完善的体制机制是老年智库切实发挥作用，实现老年人力资源更高层次开发的有效保障。①建立老年智库建设审批制度，根据条件、标准、要求审批设立老年智库。②建立老年智库经费保障机制，确保智库各项目研究的正常开展。③建立老年智库考核激励机制，根据老年智库建设发展规划，定期对智库项目进展及项目成果进行考核，一方面对研究成果显著的智库给予激励，另一方面对无效运作的"僵尸智库"进行清退，进而优先发展有活力、有创造力的老年智库，有效实现高级形态的老年人力资源开发，真正用好老年人力资源，切实推进智库成果服务经济社会发展。

四是老年大学智库建设需紧贴国家和区域重大发展战略。例如，结合乡村振兴的国家战略，可建设专门性老年智库，聚焦农业科技人才培养和乡村振兴创新技术项目开发开展专项研究，以专业性人才培养和研究成果切实支持乡村振兴的高质量发展。又如结合新一代信息技术、人工智能、航空航天、新能源、新材料、生物医药等战略性产业发展建设相关老年智库，加速推动科技创新。[①] 此外，还可重点结合银发经济、健康养老服务等老年人高度关注的问题建设老年智库，促进以老助老，切实发挥老年智库的作用，着力解决人口老龄化社会的相关问题。

---

① 谢富胜、江楠、匡晓璐：《马克思的生产力理论与发展新质生产力》，载《中国人民大学学报》2024年第5期，第1—13页。

三、老年大学建设老年智库的强劲行动

（一）老年大学建设老年智库概况

随着我国老年教育现代化的发展，各类老年大学高度重视老龄化社会问题与挑战，老年智库的发展势头强劲。我国早期的老年大学智库通常包括各级老年大学设立的研究中心、专家团队、学术委员会、老年教育研究院等类型。一是中国老年大学协会成立研究中心。2018年4月，为了深入贯彻落实国务院办公厅印发的《老年教育发展规划（2016—2020年）》中关于加强国际交流合作的有关要求，进一步提升我国老年教育理论研究与国际对接合作水平，中国老年大学协会成立国际老年教育研究中心，落址上海老年大学。二是老年大学成立研究院，如2015年，上海老年大学与上海市教育科学研究院联合成立上海老年教育研究院，开展老年教育基础理论与实践研究。三是老年大学与高校联合成立研究院。如安徽开放大学与安徽省老年大学协会合作共建安徽老年教育研究院，研究院办公室设在安徽开放大学，由其提供科学研究和机构建设的基本经费支持开展老年教育调研统计、学术研究、学术交流等。

为进一步促进高素质、高水平老年人力资源开发，切实贯彻落实中共中央办公厅《关于加强新时代离退休干部党的建设工作的意见》，福建、河北、山西、山东省委老干部局，江苏省委党校，河北工程大学等诸多省市相关单位下发《关于开展银发人才库建设的通知》。我国各级政府、老年大学（老干部大学）密切对接区域经济发展需要，加强老年智库建设，并直接按智库的规范和要求组织构建。各地区银发智库建设以强劲的势头发展，创新了高层次老年人力资源开发的平台和路径，其中较早的有湖南省社会科学院于2010年建立的"银发智库"。近年来，各类型老年智库发展迅速，主要有依托各省市老年开放大学建立的终身教育研究院、各级老干部局创办的老年大学建立的"银发智库"或研究院等（见表6-3）。

表6-3 我国近年来银发（人才）智库建设情况一览表（部分）（根据收集资料整理）

省（市）单位	名称	成立时间	成员构成	主要服务领域
河北省老干部局	银发人才库	2020年	在全省离退休干部中遴选出100名省级"银发人才"	在助力党的建设、助力经济发展、助力脱贫攻坚、助力基层治理、助力培育新人、助力老干部工作等6方面发挥积极作用
襄阳市老年大学	银发智库	2021年	老年大学高研班学员	紧紧围绕市委、市政府中心工作和重点、难点问题，精选课题、深入研究，形成一批高质量、有价值的专题调研报告
河南省老干部局	银发人才库	2022年	银发人才涵盖党建、宣传、管理、经济、法律、科技、农业、教育、医疗卫生、文化艺术等十大领域	重点开展助力党的建设、助力乡村振兴、助力基层治理、助力文化繁荣、助力科教兴省人才强省、助力生态文明建设的"六助力"行动
陕西省宝鸡市老科协	银发人才专家库	2022年	入库各类中高级专业技术人才257名。其中具有高级专业技术职称的专家型人才233名，享受国务院特殊津贴的专家型人才8名	组建"助力企业技术创新科技服务团""助力乡村振兴科技服务团""助力教育高质量发展服务团""助力医疗卫生高质量发展服务团"

续上表

省（市）单位	名称	成立时间	成员构成	主要服务领域
湘潭市委人才办	银发人才科技项目	2022年	35个银发人才"揭榜挂帅"项目，其中有21个项目启动了技术供需对接工作，并甄选了5个优质发榜项目与银发人才揭榜团队进行现场展示	紧紧围绕产业兴市"千百十"工程、做大做强12条新兴优势产业链，精准对接技术需求，广泛征"榜"，精准选"帅"，推动"企业带着困惑找专家"向"专家带着成果找企业"升级，打通产学研融合"最后一公里"，形成协同创新的强大合力
广州市老年大学（广州市老干部大学）	广州市越为银发活力研究院	2022年	已吸纳1274名银发人才，其中包含院士41人	对接领域包括电子信息、生物医药、智能制造等战略性新兴产业，对接各行业需求项目190项
福州市老干部局	银发人才库	2023年	入库银发人才1381名，其中省级银发人才113名、市级银发人才1268名	重点围绕党建党务、科教文卫、基层治理、体育艺术、法律法规、农业农村等6个领域开展
重庆市卫生健康委	银发人才库	2023年	建立"银发人才库"13个，入库人员63名，平均年龄67岁，涵盖党建、中医、心理、公共卫生、临床医疗等多个领域	助力成渝双城经济圈建设、乡村振兴、城市基层治理和"一老一小"身心健康
江西省九江市老干部局	银发人才库	2024年	从制造业、文旅业、交通运输业等10个领域入库专家，实现"银发人才"精准聚集	引导广大离退休老同志充分发挥专业优势和特长，为九江高标准建设长江经济带重要节点城市奉献光和热

（二）老年大学建设老年智库的典型案例

我国老年大学智库主要以研究院等类型为主，在促进老年人终身学习、老有所为等方面形成了大量的研究成果和决策咨询意见，为创新老年人力资源高层次开发、服务经济社会发展做了积极的贡献。其中，较为典型的一个案例是广州市越为银发活力研究院。该研究院于2022年10月成立，由广州市老年大学（广州市老干部大学）统筹建设。虽然成立时间不长，但它在创新型、高层次化开发老年人力资源，推动地方经济社会发展等方面做出了巨大贡献，形成了积极的社会影响，是我国老年大学智库建设的典范。

2023年，《中共广州市委人才领导小组2023年工作要点》明确了"建设银发人才库，推进羊城银发人才二次开发"；① 接着，广州市委全面深化改革委员会出台《关于推进新时代广州老年教育高质量发展的意见》（穗改委发〔2023〕1号），这是广州市老年教育首个指导性文件；并明确了"积极开发老年人力资源""聚集银发智力资源，发掘老年人面向世界科技前沿、面向经济主战场、面向国家重大需求、面向人民生命健康方面的人才潜力，贡献银发高端力量"，以及"助力大湾区交流合作""积极促进老年教育在大湾区教育合作、就医养老、文化交流、生态环境联防联建联治等方面发挥作用"等要求，强调要全面促进老年人作用的发挥。② 在国家、省市政策文件指导下，广州市越为银发活力研究院应运而生。

广州市越为银发活力研究院（银发智库）是粤港澳大湾区首个银发智库，该智库结合广州市战略性新兴产业重点发展方向，选取生物医药作为重点发力领域，共同推动组建广州市新药械创新联盟。该银发智库自成立以来，吸纳了科技、教育、经济和人文等领域高端银发人才1274名（含院士41名），集政策咨询、老年人才开发、老年教育拓展、科技产业服务、经济项目孵化等多功能于一体，构建了"研学+项目+产业+服务"的一体化运营模式，创建了新型银发人才智创平台。自成立以来，该银发智库已对接各行业需求项目202项，推动建成"广州光电·存算芯片融合创新中心"，形成《黄埔区、广州开发区推进未来产业发展战略研究》报告，支持成立

---

① 《银发智库专家交流会活动在广州国际生物岛召开》，https://baijiahao.baidu.com/s?id=1770007430086204390&wfr=spider&for=pc。
② 《广州出台老年教育首个指导性文件推进新时代老年教育高质量发展》，https://www.gzlgdx.com/gzlgdx/News.shtml?p5=113690。

全球首个"基因递送研究院",助推创立广州市首个银发经济产业园和出台"银发经济十条"支持政策,组建"银发名师团"、承接"村(居)银龄科普学堂",让"大咖"走入群众身边,组织"海交会银发科技人才峰会论坛""创交会老青科学家对话"等,银发智库实现调动初老科技人才资源、组织调动好广州现有的科技骨干人才力量,为广州未来的科技创新提供了根本性动力,集聚起强大的人才支撑,为推进粤港澳大湾区建设和中国式现代化广州实践做出了积极贡献。[1]

此外,襄阳市老年大学银发智库自2021年成立,以"老年大学高研班"为特色项目,聚集一批退休老专家、老干部围绕社会关切、群众所需的相关主题开展课题研究,推动成果转化,为市委、市政府提供决策参考。银发智库先后聚焦"农村文化发展""医院护理"等项目开展研究。仅2023年,襄阳市老年大学"银发智库"高级研究班撰写课题调研报告30篇,其中,9篇调研报告获省委常委、市委领导批示肯定,为襄阳引领"襄十随神"城市群协同发展和推进"一极两中心"建设高质量发展积极贡献了"银发力量"。[2]

第三节 老年教育搭建老年人才应用平台

一、中国式老年教育的办学优势

自20世纪80年代初以来,我国老年教育事业在党和国家的引领下蓬勃发展。一方面着眼于服务国家战略大局,秉持"以人为本"的基本原则,另一方面服务于"老有所为"的国家老龄化重要工作目标,坚持以"学为结合"作为一以贯之的核心教育目标,形成了一套独具特色的中国式老年教

---

[1] 《广州市越为银发活力研究院》,https://baike.baidu.com/item/%E5%B9%BF%E5%B7%9E%E5%B8%82%E8%B6%8A%E4%B8%BA%E9%93%B6%E5%8F%91%E6%B4%BB%E5%8A%9B%E7%A0%94%94%E7%A9%B6%E9%99%A2/64364304?fr=ge_ala。

[2] 《银发智库聚焦"我市住院陪护工作"开展调研座谈》,http://www.xyslndx.com/gzdt/xydt/202408/t20240821_3660888.shtml。

育体系。历经 40 多年的发展，我国老年教育不仅构建了由党委领导、政府主导，社会各界广泛参与的多元化办学格局，还在人才培养、教育教学管理、课程资源建设等方面积累了丰富的经验，形成了鲜明的中国特色。

（一）"学为结合"的学员自主式管理

1. 老年学员自主式管理的基本遵循

我国各级各类老年大学在办学中实践始终坚持"以人为本"的基本原则和"学为结合"的人才培养目标；注重老年人终身而全面的发展，积极促进老年人作用的发挥，这是中国式老年教育办学的一个鲜明特点。各级各类老年大学以学员自主参与教育教学管理的方式引导学员积极的社会参与，实践老有所为，主要有以下遵循。

一是基于实践的教育理念。美国著名的教育家杜威于 1899 年在《学校与社会》的著作中提出"教育即生长、教育即生活、教育即经验的持续不断地改造"。我国著名教育学家陶行知先生在杜威的基础上提出了"生活即教育、社会即学校、教学做合一"的理念。[①] 从以上理念来看，教育发生在所有的生活与实践中，是教学做的合一，即知行合一。老年大学将教学管理与课程教学设计融为一体，发动老年学员广泛参与教育教学管理的实践过程，其优势在于充分发挥老年人的主体性作用，尊重老年人自身特点与学习特点，强化"以人为本"的人性化管理，有效推动老年人在教育教学管理实践中实现终身学习与自我发展。

二是基于积极老龄化理论。依据积极老龄化理论框架"健康、参与、保障"的核心要素，积极的社会参与是实现老年人力资源开发的重要途径，老年人有效参与自主式教育教学管理，则是一种积极的社会参与形态，能真正实践"学为结合"。[②] 老年大学对教育教学管理过程进行分层设计，鼓励老年学员积极参与自主式管理，为其提供了多层次多途径的社会参与机会，并促使其在教育教学管理实践中逐步实现人生价值。

三是基于老年人自身的特点。老年大学员大多是退休人员，有丰富的工作经验、专业知识以及社会阅历，且身体健康、富有学习热情，并有充裕时

---

① 涂乐春、李秋丽、颜玄洲:《乡村教师在乡村振兴中发挥作用的困境与对策分析》，载《现代农村科技》2019 年第 9 期，第 5-7 页。
② 赵莹、吴长春:《"老有所养"与"老有所为"关系研究》，载《人民论坛》2014 年第 8 期，第 144-146 页。

间。老年学员自身的特点，为实现全过程参与老年教育教学管理实践提供了充分必要条件。

2. 老年学员自主式管理的实践

老年学员自主式参与教育教学管理实践主要分为以下三个层次。

（1）老年大学学员管理层面。

学员自主式管理过程充分凸显"五自"特色，即自我教育、自我完善、自我管理、自我服务、自主学习。老年大学组织和引导学员开展个体层面的自主式管理，一般采用以下四种形式。

一是成立学员管理委员会。学员管理委员会一般由有热情、有特长、有管理经验、乐于奉献的优秀学员构成。参照一般大学学生会的架构，可以根据需要设置艺术部、学习部、宣传部等部门或社团，组织学员们开展校内校外学习活动。学员管理委员会在老年大学的指导下，制定相应的管理规定和章程，如《优秀学员评选与奖励办法》《优秀班长评选与奖励办法》《班级管理规定》《课堂管理规定》等，并组织实施日常管理与学习活动、考核评选等全过程的自主式管理。

二是制定老年大学章程。办学规模较大的老年大学，可以通过广泛征集老年学员对学校改革发展的建议和意见，组织学员管理委员会参与老年大学章程的编制。老年大学章程作为立校办校的"宪法"，是学员自我管理的有效指引。学员自主式管理一方面切实增强了老年学员对学校的归属感、集体荣誉感，另一方面将促进老年学员积极参与社会活动，并在学员自主式管理过程中形成凝聚人心、积极向上的校园文化。

三是培育学习型团队。老年大学结合课程设置，招募各课程骨干学员及意愿强、积极性高的学员，组建老年学员学习型团队，对团队学习及社会参与活动给予一定的支持和鼓励，一方面促进老年学员通过互学互助实现自我发展；另一方面促进老年学员以团队形式积极参与各类型社会服务及活动，例如参加社区志愿服务、咨询服务等。

四是成立学员临时党支部。这是中国式老年教育办学的又一鲜明特色。一方面，有利于发挥老年学员中党员干部的模范带头作用，发挥趣缘型党组织的带动作用，促进更多的老年学员积极参与社会活动，创造新的社会价值和贡献。另一方面，有利于发挥老年大学政治建设、思想建设、组织建设主阵地作用，突出政治引领力，凝聚党员力量，发挥支部战斗堡垒作用。例如云南红河州开远市老年大学成立了4个临时党支部，探索"支部+民族团结"、"支部+创建文明城市"、"支部+关心下一代"服务模式,在支部党员的带动下,老年学员立足服务群众,有效发挥了银发作用。①

(2)老年大学班级管理层面。

老年大学班级管理有着其自身的特殊性。第一是学员的特殊性。其一,班级成员都是具有丰富人生阅历、工作与生活经验的成年人;其二,与其他学习阶段的学员构成相比,学员构成上存在着一定的年龄差异。第二是课程教学的特殊性。老年大学教学由三个课堂构成,教学从内容层次、场地安排、教学形式等维度形成较强的实践性与广泛性。第三是班级的流动性。老年大学学员报名和选课有着充分的自主性,因学员学习的迟度差异、报读课程变化及学习需求变化等原因,老年大学班级呈现出一定的流动性。因此,老年大学的班级管理是实施个性化管理和学员自主式管理的难点和重点所在,需要着力促进老年学员参与班级管理。首先,确定班主任。从老年学员中挑选富有热情、能力强,能持续学习并有充裕的自主时间的学员担任班主任,负责协助老年大学各项教学与实践活动的组织策划与安排。其次,成立班委会。在班主任的指导下,按照一定的程序选举,可组建由多名班长+各类班干部+课程委员构成的班委会,分工负责开展班级管理工作。班委会主要担负起教学秩序保障、考勤记录、班级宣传、活动组织开展等日常管理工作。最后,建立班级管理激励机制。例如,建立班干部培训机制,每年给予班干部一次以上的培训学习机会,对全体班干部实施轮训制度,切实提升班干部管理能力和水平;建立奖励机制,对于担任班主任的学员给予一定的劳务报酬作为补贴,对于担任班干部并发挥重要作用的学员给予表彰、奖学金、学费优惠或课程赠送等多种形式的奖励,从精神和物质层面以多种形式对学员参与自主式管理给予充分的肯定。

(3)老年大学社团管理层面。

老年大学普遍设立有合唱、舞蹈、书法、绘画等多个项目的社团组织。例如,哈尔滨老年人大学按系的划分,成立了国画研究会、青山诗社、摄影研究会、英语研究会等七个研究会和一个艺术团。② 广州老干部大学建立有中医经络同学会、摄影协会、钢琴联谊会、英语俱乐部、晚晴诗社、模特

---

① 《开远市老年大学临时党支部让百名老党员"老有所为"》,http://lzfz.org.cn/show-215201.html。

② 中国老年大学协会课题组:《中国特色老年大学开门办学理论与实践研究》,中国矿业大学出版社2017年版,第260—263页。

队、舞蹈队、合唱团、书画研究院等众多由学员自主成立的社团组织。社团组织是学习型团队的重要表现形式，也是老年大学开展第二课堂的重要依托。老年大学社团自主管理实践中，社团骨干力量或社团领袖发挥着重要的作用。社团骨干或社团领袖一般由具有较高特长水平或能力的学员担任，他们一般也是社团的发起人，在社团管理规定、社团活动组织、经费筹集及使用管理、宣传等方面起到统筹管理作用。同时，根据社团运作及活动开展的需要，社团成员亦通过分工协作，积极参与社团各项工作，在组织管理社团各类学习与实践活动的开展的过程中，实践积极的社会参与。例如，徐州老年大学10多年来，校外活动站在市区范围内先后培养各类学员骨干2000多人，建成文艺体育活动团体70多个，积极分子达3000人；其中约620名学员成为校外活动站的带头人或业务骨干，约占活动总人数的20%，在学员自主管理方面发挥了积极的作用。①

（二）"三个课堂"的老年人力资源开发实践

1. 老年人力资源开发教育"三个课堂"的建设目标

我国老年大学近四十年的发展形成了颇具特色的"三个课堂"，即第一课堂，校园内开展的课堂教学、课堂活动以及大量的线上课堂（直播或录播课程资源）等。例如，国家老年大学已初步建立起覆盖全国的老年教育公共服务平台，建设了国家级的老年教育资源库，整合了总时长达397.3万分钟的40.7万门在线老年教育课程。② 第二课堂，各老年社团、志愿者服务队、学习团队等在校外开展的课外实践活动、社团活动、社会实践等，如研学、游学等实践活动，第三课堂，老年学员及老年社团参与的各类社区服务活动、社会公益活动等，如老年大学艺术团参加社区公益表演、老年社团到福利院开展义务健康咨询、到中小学校开展"讲红色故事"活动等。③

"促进老年人的全面发展"是老年教育的核心要义。结合我国《老年教育发展规划（2016—2020）》的目标要求，老年教育要实现两个基本目标：一是通过"老有所教、老有所学"，促进"老有所乐、老有所为"，实现

---

① 中国老年大学协会课题组：《中国特色老年大学开门办学理论与实践研究》，中国矿业大学出版社2017年版，第105页。
② 姜燕：《中国式现代化视域下老年教育高质量发展路径探究》，载《江西开放大学学报》2024年第2期，第45–50页。
③ 张少波、李惟民：《老年教育管理学》，同济大学出版社2014年版，第171–173页。

"学为结合",提升其生活和生命质量并实现人生价值;二是促进老年人终身而全面的发展,为经济社会可持续发展提供人力资源支持,有效应对人口老龄化社会问题。老年教育的基本目标是老年人力资源开发教育课程资源体系建设的逻辑起点和哲学基础,并为其建设提供理论指导。以实现老年人力资源开发教育目标价值为核心,其课程资源体系建设可分为三个层次。

一是完善基础性课程体系。在现有以满足老年人"休闲娱乐"为主体的课程资源基础上,根据社会经济、信息技术等发展变化,关注老年人心理健康、生命教育、知识普及等教育,进一步完善基础性课程体系建设,促进老年人老有所乐,提高其生命和生活质量。

二是加强发展型课程体系建设。在积极老龄化政策的指引下,发展型课程体系建设需核心关切老年人全面发展与老年人职业能力发展,紧扣老年人力资源开发,服务我国经济社会发展建设的需要。

三是注重本土化、特色化课程体系建设。我国历史悠久,传统文化资源丰富,各地区的文化、习俗等各具特色。充分挖掘优质传统文化资源,建设本土化、特色化课程体系既是弘扬我国优秀传统文化的重要路径,也是满足老年人本土化学习的现实需要。

在各类课程体系建设过程中,需结合老年人学习的特点,高度关注课程的适老化建设,充分凸显课程的实践性、体验性特点。依据老年教育的基本目标和老年人力资源开发教育课程体系结构层次的要求,"三个课堂"的课程设置及资源开发需充分发挥老年大学的平台作用,着力促进老年学员"学为结合",积极促进老年学员实践"老有所为"。

2. "三个课堂"开发老年人力资源实践

"把学校放到社会里,把课堂扩展到校外,把社会生活渗透到课堂中"是中国式老年大学开门办学的特色,[①] 老年大学"三个课堂"则是其生动的实践,亦是老年人力资源开发重要的阵地和载体。"三个课堂"相辅相成、相互促进,高度契合老年人学习特点及老年人力资源开发的目标价值。

第一课堂采用"教师启动—师生互动—学员自动"的教学模式,[②] 激发老年学员的学习兴趣和学习参与。将教师课堂授课和学员自主式学习相结

---

① 中国老年大学协会课题组:《中国特色老年大学开门办学理论与实践研究》,中国矿业大学出版社 2017 年版,第 161-163 页。
② 中国老年大学协会课题组:《中国特色老年大学开门办学理论与实践研究》,中国矿业大学出版社 2017 年版,第 222 页。

合，有效促进老年人掌握新理念、新知识、新技能、新技术等，促进老年人新技术和新能力的发展，为实现"学为结合"打下坚实的基础。

第二课堂作为第一课堂的有效补充和延伸，进一步巩固第一课堂的学习效果，充分展示老年学员风采，促进老年人更广泛的社会参与。第二课堂结合第一课堂的学习成果，开展各类型文艺比赛、书画等作品展示、成果汇报等多种形式的实践教学，一方面有效拓展老年人社会参与的平台，提升了老年人的社会参与度；另一方面展示了老年人的积极向上的精神风貌，促进构建积极老龄化的社会氛围。

第三课堂则为老年学员实践"学有所为"提供了更为宏大的社会课堂场景和平台。第三课堂以推进老年人社会参与为目标，促进老年人将从第一、二课堂上所学到的知识及自身累积的经验、技能等服务于社会，从更广泛的层面实践社会参与，实现学有所为的价值目标，推动更高层次的老年人力资源开发。例如，引导和组织老年学员积极参与社区党建、垃圾分类、治安巡逻，参与各类志愿服务活动；引导老年学员参与教育教学改革、课题研究等。

二、老年教育拓宽老年人才应用平台

政府主导的中国老年教育在资源整合与链接方面具有极为强大的优势，这为搭建老年人力应用平台提供了坚实的基础。第一，由各级政府部门直接管理的老年大学，如老干部局所办的老年大学，自身具备丰富的资源，并且能够有效地链接各类机构和组织。第二，老年大学的学员来自各行各业多领域的退休人员，形成了多元化的人才库。对于办学规模较大的老年大学而言，其能够有效掌握老年人才分布的具体情况。例如，广州市老年大学（老干部大学）每年报读注册的学员人数超过4万人次。第三，各类老年大学应用自身资源构建的各类综合信息服务平台，为开发应用各类老年人才资源架起了与社区、街道、企事业单位及社会各相关部门间的桥梁，成为拓展老年人力资源开发应用的重要载体。

（一）深度链接城乡社区

随着老年教育资源不断下沉基层，以及教学形式日益创新，老年教育广泛覆盖城乡社区、工厂、学校等领域，与社区紧密相连，为老年人力资源的开发应用提供了广阔的平台;同时,老年教育组织和引导老年人积极参与社区志愿服务、社区管理、社区文化发展活动等各类社会服务活动,发挥了积极的作用。例如,厦门老年大学"老妈妈关爱团"自成立起至2016年,"情系高墙寂寞身,心挂深院残疾童",为失足青少年、残疾儿童送温暖,挽救了几百名失足青年,帮助了1000多名失足者走上正道,受到社会各界高度赞扬。德化县老年大学在第三课堂实践中,有32%的学员参与基层社会治理,学员们成了知三农、接地气、为三农的时事宣传员、民事调解员等农民群众喜爱的"十大员"。① 哈尔滨老年人大学社团"英语研究会"的学员除了参加英语歌曲比赛、全省演讲大赛外,还组织学员到旅游景点为外宾当导游,提供讲解服务。老年教育链接起城乡社区广阔的平台,切实提高了老年人力资源开发应用服务经济社会发展的效能。

(二) 精准对接企业创新需求

我国老年大学是连接企业等生产单位的天然平台。首先,我国的老年大学多由政府主办,拥有完善的办学体系,具备有效协调整合各类资源的有利条件,能有针对性地将老年人才与各类企业相链接,促进其参与企业生产和技术创新。其次,我国老年大学的各类学员大多是来自党政机关及企事业单位的离退休领导干部,他们自身具有丰富的资源链接优势,能够为老年人才提供信息资源及整合渠道。我国老年大学在精准链接企事业生产单位、促进各层次老年人才参与经济生产和技术创新开发应用上发挥了重大作用。例如,广州市老干部大学成立"银发智库",精准对接企业,首个落地项目为"广州光电·存算芯片融合创新中心"。该项目由两院院士许宁生教授和粤芯半导体技术股份有限公司陈卫总裁担纲,整合了复旦大学、中山大学等高校与芯片制造企业、政府等相关资源,引进资金20亿元,助力新型电子信息产业核心芯片的可持续和健康发展,形成了科技和产业的国际竞争力。② 再如,安徽省芜湖市红杨镇岗山村老年学校,由1名退休村长和两名退休副镇长担任校领导,主要课程设置为农技课、法制、时政课等,学校接受村里15亩地的退耕还林任务,30亩水面经改造养鱼。全校学员每年集体劳动4

---

① 中国老年大学协会课题组:《中国特色老年大学开门办学理论与实践研究》,中国矿业大学出版社2017年版,第105-106页。
② 《广州银发智库:打造新型银发人才智创平台》,https://baijiahao.baidu.com/s? id=1770027061857151063&wfr=spider&for=pc。

次，每次5天，共投入800个劳动日，① 老年学员通过参加经济生产，创造经济收入，为乡村振兴贡献力量。

（三）广泛链接国际资源

我国老年大学协会积极加入国际第三年龄大学协会（AIUTA）、国际老年教育学习组织（TALIS）、联合国教科文组织等，积极参与并推动国际老年教育的发展，高度关注人类命运共同体的构建，做出了显著成效和积极贡献；并将AIUTA平台与中国"一带一路"倡议对接，全面促进老年大学的国际化发展，为老年人力资源开发应用搭建了国际化平台。

1. 促进国际化老年教育工作人才的培养

在我国"一带一路"倡议背景下，经济、文化、教育等领域的交流、协作的跨国化、跨民族性、跨域性会日益增强，这对老年教育工作者的国际化素养提出了更高的要求。培养国际化老年教育工作人才将进一步促进我国老年教育高质量国际化发展及高层次老年人力资源开发应用。我国老年大学可充分应用国际交流平台，加大对国际化老年教育工作人才的培养。借鉴林元和、王友农对老年教育工作者国际化素养内涵的界定，需着重从以下方面强化其能力培养：一是思想认识上，增强报效祖国的社会责任感和对老年教育的职业责任感；二是国际视野上，增强对世界发展历史、当今格局、发展趋势、时代问题等了解和认知；三是专业知识上，着力培养扎实的老年教育职业素养和国际老年教育活动所必需的技能，并具备较强的研究能力；四是工作能力上，培养和提升其创新能力、学习能力和解决问题的能力，以及国际沟通协调能力和较强的国际活动组织能力等；五是综合素养上，培养浓厚的人文素养、科学素养、信息素养等。②

2. 促进国际化老年人力资源开发应用

应用老年教育国际交流平台，开展老年教育国际教学合作，促进我国老年教育国际化发展。在内容方面，老年教育国际化合作可从引入国际老年教育课程资源，共建师资、互建游学项目，共同组织成果展示等多方面深入推

---

① 中国老年大学协会课题组：《中国特色老年大学开门办学理论与实践研究》，中国矿业大学出版社2017年版，第199-200页。

② 林元和、王友农：《"一带一路"与老年教育研究》，北京师范大学出版社2020年版，第218页。

动发展。尤其是在共建共享老年教育课程资源方面，目前有了积极的探索和推进。例如，联合国教科文组织2022年全球学习节于11月6—9日在澳大利亚墨尔本举行，全球共有超过55个学习活动在全球进行直播分享，这是课程资源共享的典型形式。广州老年开放大学推送了广州终身学习大讲堂老年课程——"秒变手机摄影达人"公开课。在形式上，老年教育资源国际化合作可以采用线下和线上两种合作形式。在现代信息技术高速发展的今天，线上合作将大大提高资源整合与学习的效率。从资源的契合度而言，一方面需充分了解不同层次老年学员的学习需求；另一方面在国际化老年人才培养方面需结合国家战略需要，针对重点人群实施精准化培养，有效引进国际老年教育资源，切实提升国际化老年人才培养的质量与效果。

自1989年以来，我国老年教育在促进国际交流与人才培养上取得了显著的成效。我国老年大学协会以及武汉、上海、广州等地的老年大学分别组织举办了5次老年教育国际会议。2013年5月，广州市老干部大学组织举办了AIUTA第92届理事会暨国际研讨会，会议通过了国际《老年大学宪章》，该宪章以科学性、人文性、现代性语言开辟了全球老年教育的未来，意义十分重大。同时，天津、上海、山东、重庆、哈尔滨、南京、宁波、武汉、广州等地的老年大学先后接待了日本、美国、英国、新加坡、加拿大、德国、法国、印度等来华交流的老年教育组织。其中，金陵老年大学为新加坡快乐学堂举办了"南京历史文化""二十四太极拳"等体验班，为澳大利亚布里斯班老年大学22位学员开办了"中国画""中医养身"等课程。此外，景德镇老年大学瓷乐团代表市政府出访韩国；老年大学学员京剧票友举办了美国行、欧洲行、东南亚行等海外专场演出活动，[①] 在国际舞台上展示和弘扬中华优秀传统文化，充分体现了老年人力资源开发应用的国际化效应。

3. 积极开拓国际老年教育合作平台

我国建成了世界首个具有国际水准的游学基地——烟台天马维拉斯国际老年培训中心，该中心由国际老年大学协会与烟台天马栈桥文化发展有限公司合作建立，总面积约3000平方米，建设了全球唯一一个国际老年大学发展史博物馆，以及集专业教室、活动基地、演出舞台等于一体的有机教学平台。该基地直通全球56个会员国的老年大学及文化旅游胜地，成为连接中

---

① 中国老年大学协会课题组：《中国特色老年大学开门办学理论与实践研究》，中国矿业大学出版社2017年版，第83—86页。

国与世界的重要平台。① 国家老年开放大学成立后,成为我国与国际老年教育合作发展的又一重要平台。国家老年开放大学举办了"APEC 低龄老年人数字能力研讨会"等国际会议,与世界各国老年教育领域的专家学者进行研讨;组织代表团赴日本、法国、爱尔兰等国家开展国际交流,总结推广中国经验、中国方案,② 积极促进了老年教育的国际化合作与发展。

---

① 中国老年大学协会课题组:《中国特色老年大学开门办学理论与实践研究》,中国矿业大学出版社 2017 年版,第 297-298 页。
② 《喜迎国家开放大学四十五周年:打造老年教育新标杆,国家老年大学点亮银发岁月》,https://lndx.edu.cn/newsInfo/information/866_42.html。

参 考 文 献

[1] WALKER A, MALTBY T. Active ageing: a strategic policy solution to demographic ageing in the European Union [J]. International Journal of Social Welfare, 2012 (17): 117-130.

[2] SCOTT A J, ELLISON A, SINCLAIR D A. The economic value of targeting ageing [J]. Nature Aging, 2021, 1: 616-623.

[3] BÖRSCH-SUPAN A, WEISS M. Productivity and age: evidence from work teams at the assembly line [J]. The Journal of the Economics of Ageing, 2016, 7: 30-42.

[4] DEPP C A, JESTE D V. Definitions and predictors of successful aging: a comprehensive review of larger quantitative studies [J]. The American Journal of Geriatric Psychiatry, 2006, 14 (1): 6-7.

[5] NEUMARK D, BUTTON P. Did age discrimination protections help older workers weather the great recession? [J]. Journal of Policy Analysis and Management, 2014, 33 (3): 566-601.

[6] ROWLAND D T. Global population aging: history and prospects [M]. Peter Uhlenberg (eds). International Handbook of Population Aging. International Handbooks of Population, vol 1. Springer, Dordrecht.

[7] CUMMING E, WILLIAM E H. Growing old: the process of disengagement [M]. New York: Basic Books, 1961.

[8] CUNHA F, HECKMAN J. The technology of skill formation [J]. American Economic Review, 2007, 97 (2): 31-47.

[9] HARBISON F, CHARLES A M. Education, manpower and economic growth: strategies of human resource development [M]. Toronto: McGraw-Hill Company, 1964.

[10] BECKER G. Investment in human capital: a theoretical analysis [J]. Jour-

nal of Political Economy, 1962, 70 (5, Part 2): 9 – 49.

[11] OEPPEN J, VAUPEL J V. Broken limits to life expectancy [J]. Science, 2002, 296 (5570): 1029 – 1031.

[12] ROWE J W, KAHN R L. Human aging: usual and successful [J]. Science, 1987, 237 (4811): 143 – 149.

[13] ROWE J W, KAHN R L. Successful aging [J]. The Gerontologist, 1997, 37: 433 – 440.

[14] FOSTER L, WALKER A. Gender and active ageing in Europe [J]. European Journal of Ageing, 2013 (10): 3 – 10.

[15] GRATTON L, SCOTT A. The 100 year life—living and working in an age of longevity [M]. London: Bloomsbury Press. 2016.

[16] ARMSTRONG – STASSEN M, URSEL N D. Perceived organizational support, career satisfaction, and the retention of older workers [J]. Journal of Occupational and Organizational Psychology, 2009, 82 (1): 201 – 220.

[17] MARMOT M, ALLEN J J. Social determinants of health equity [J]. American Journal of Public Health, 2014, 104 (4): S517 – S519.

[18] MORROW-HOWELL N, HINTERLONG J, SHERRADEN M. Productive-aging: Concepts and challenges [M]. Baltimore, MD: John Hopkins University Press, 2001.

[19] LEE R. The demographic transition: three centuries of fundamental change [J]. The Journal of Economic Perspectives, 2003, 17 (4): 167 – 190.

[20] AKSOY Y, BASSO H S, SMITH R P, et al. Demographic structure and macroeconomic trends [J]. American Economic Journal: Macroeconomics, 2019, 11 (1): 193 – 222.

[21] 蔡昉. 中国式现代化发展战略与路径 [M]. 北京: 中信出版集团, 2023.

[22] 杜鹏, 李龙. 新时代中国人口老龄化长期趋势预测 [J]. 中国人民大学学报, 2021 (1): 96 – 109.

[23] 杜鹏, 王武林. 论人口老龄化程度城乡差异的转变 [J]. 人口研究, 2010 (2): 3 – 10.

[24] 杜鹏. 推动实施积极应对人口老龄化国家战略研究 [M]. 北京: 人民出版社, 2023.

[25] 杜鹏,等. 从人口大国到人力资源强国：改革开放四十年中国教育发展成就与人力资源发展 [J]. 国家教育行政学院学报, 2018 (11)：3-12.

[26] 封进. 人口老龄化、社会保障及对劳动力市场的影响 [J]. 中国经济问题, 2019, 9 (5)：15-33.

[27] 郭凯明, 余靖雯, 龚六堂. 家庭隔代抚养文化、延迟退休年龄与劳动力供给 [J]. 经济研究, 2021 (6)：127-141.

[28] 侯佳伟. 从七次全国人口普查看我国人口发展新特点及新趋势 [J]. 学术论坛, 2021 (5)：1-14.

[29] 胡湛, 彭希哲, 吴玉韶. 积极应对人口老龄化的"中国方案" [J]. 中国社会科学, 2022 (9)：46-66, 205.

[30] 刘文, 焦佩. 国际视野中的积极老龄化研究 [J]. 中山大学学报（社会科学版）, 2015, 55 (1)：167-180.

[31] 陆旸, 蔡昉. 人口结构变化对潜在增长率的影响：中国和日本的比较 [J]. 世界经济, 2014 (1)：3-29.

[32] 罗荣渠. 现代化新论：世界与中国的现代化进程 [M]. 北京：北京大学出版社, 1993.

[33] 穆光宗. 成功老龄化：中国老龄治理的战略构想 [J]. 国家行政学院学报, 2015 (3)：55-61.

[34] 唐钧, 李军. 健康社会学视角下的整体健康观和健康管理 [J]. 中国社会科学, 2019, 284 (8)：130-148, 207.

[35] 童玉芬, 李玉梅, 刘传奇. 我国城镇化进程中的城乡人口老龄化趋势及政策启示 [J]. 人口与经济, 2014 (6)：12-21.

[36] 童玉芬, 刘志丽, 宫倩楠. 从七普数据看中国劳动力人口的变动 [J]. 人口研究, 2021 (3)：65-74.

[37] 王广州. 新中国 70 年：人口年龄结构变化与老龄化发展趋势 [J] 中国人口科学, 2019 (3)：2-15, 126.

[38] 邬沧萍. 老年学概论 [M]. 北京：中国人民大学出版社, 2014.

[39] 易鹏; 梁春晓. 老龄社会研究报告 (2019)：大转折：从年轻社会到老龄社会 [M]. 北京：社会科学文献出版社, 2019.

[40] 张同斌, 等. 从数量型"人口红利"到质量型"人力资本红利"：兼论中国经济增长的动力转换机制 [J]. 经济科学, 2016, 38 (5)：5-17.

后　　记

　　长期以来，老年教育与终身教育一直是我关注的主要研究领域。随着实践经验的积累与理论研究的深入，我对人口老龄化社会问题及其对策的认识也在逐步深化。基于前期对老年教育公共服务均等化发展的系列研究到老年教育赋能新时代"老有所为"策略相关研究成果的深化，我认为，新时代老年教育的发展目标应当是在促进个体终身全面发展的基础上，积极服务于国家经济社会发展与中国式现代化进程。

　　伴随着我国人口老龄化的日益加剧，老年人力资源的开发已经成为老年教育发展的关键方向，这是时代赋予老年教育的新使命和责任。2023年，我成功申请了广东省教育科学规划课题（高等教育专项）"积极老龄化背景下老年职业教育发展路径创新研究——以广州为例"（2023GXJK661）及广州市高等教育教学质量与教学改革工程项目"家庭服务人才培养产教融合实训基地"（2023CJRHJD007）两个项目，基于这些项目研究的开展与积累，我产生了撰写《老年人力资源开发：我国积极老龄化的现实路径》一书的想法。

　　然而，中国式现代化进程中的老年人力资源开发是一个极为复杂的系统性工程，涉及马克思主义中国化、经济学、人口学、管理学和老年学等多个学科领域。为了进一步深化对这一学术议题的研究，我与广州市老年干部大学原副校长王友农进行了深入的探讨。王友农教授从事老年教育实践与研究工作30余载，学术造诣高、治学严谨，是一位不可多得的良师益友。经过与王教授多次讨论，他关于老年教育与老年人力资源开发的独特见解对我产生了重要影响。同时，我与华南理工大学博士生导师韩莹莹教授就专著撰写涉及的相关学术问题进行了深入的探讨。韩教授不仅是我的硕士研究生导师，也是我学术生涯中的引路人。她从学术理论的高度对本书的撰写提出了许多具有价值的意见，为我开展专著写作提供了极大的帮助。经过充分研讨及深入思考，从理论到实践层面，我对本书的撰写框架思路日益清晰。在

后 记

此，谨对两位教授的指导和帮助表示衷心的感谢！

在本书的撰写过程中，我还得到了张佳慧（加州大学洛杉矶分校）、刘唯楚（中南财经政法大学）、郭睿（肇庆学院）等学生的大力帮助和支持。在我的指导下，他们协助完成了文献整理、数据筛选与分析、文字校对等工作，并与我一起完成了部分章节的初稿撰写。其中，张佳慧、郭睿参与了第一章、第二章初稿撰写，刘唯楚参与了第四章初稿撰写。张佳慧是我见过的最为优秀的青年学子之一。她具备扎实的理论功底、治学态度严谨，且英文水平十分出色，特别是在本书的外文部分资料收集、整理及校对方面，她投入了大量心血，为本书的质量提升做出了重要贡献。在此，我向张佳慧及其他各位参与者表示诚挚的谢意！

在本书撰写期间，我还得到了广州市教育局高等教育处副处长童锋、李建平等领导的悉心指导与帮助；同时，广州开放大学党委书记丘卫青、校长熊军、党委副书记陈雪曼、副校长郭文、副校长孙彬、纪委书记刘燕等多位领导，以及王洪兵、崔珍珍等诸位同事均给予了我深切的关怀与指导。对此，我深表感激与敬意！此外，本书的完成还受益于众多学者的研究成果与优秀文献，我在此同样致以诚挚的感谢与敬意。

老龄化是一个全球性的议题，它不仅是社会进步和发展到一定阶段的自然结果，也是每一个社会成员必须面对的客观现实。作为终身教育领域的研究者，持续学习、努力工作、潜心研究不仅是出于个人的职业热情，更因为肩负着时代的使命与责任。撰写此书，旨在为我国积极应对人口老龄化国家战略，实现中国式现代化和中华民族的伟大复兴尽一份绵薄之力。寒来暑往，岁月更替。从提笔到最终完稿，历时一年多的写作过程充满艰辛，但仍感到有许多不足之处，期待同行专家和广大读者的批评指正。大家的鼓励和批评都将鞭策我在未来不懈努力，我将继续致力于老年教育公共服务体系的建设和老年人力资源开发的研究，以期为这一领域的未来发展做出更大的贡献。

是为记。

谢宇
2024 年 10 月于广州